Flucht im geteilten Deutschland

Bettina Effner
Helge Heidemeyer (Hg.)

Flucht im geteilten Deutschland

Erinnerungsstätte Notaufnahmelager Marienfelde

be.bra verlag

Bibliografische Information der Deutschen Bibliothek
Die Deutsche Bibliothek verzeichnet diese Publikation in der Deutschen Nationalbibliografie; detaillierte bibliografische Daten sind im Internet über http://dnb.ddb.de abrufbar.

KulturBrauerei Haus S
Schönhauser Allee 37, 10435 Berlin
post@bebraverlag.de
Redaktion: Michael Lauble
Umschlag: Bauer + Möhring, Berlin
Satz: Ulrike Künnecke, Berlin
Schrift: Stempel Garamond, 10,8 Pkt.
Druck und Bindung: Bosch Druck Landshut
Gedruckt mit Mitteln des Fonds zur Förderung wirtschaftlicher, sozialer und kultureller Projekte in den neuen Bundesländern (Mauerfonds).

ISBN 3-89809-065-5

www.bebraverlag.de

Inhalt

Vorwort

Am 14. April 2005, dem 52. Jahrestag der Einweihung des Notaufnahmelagers Marienfelde durch Bundespräsident Theodor Heuss, haben wir im ehemaligen Hauptgebäude des Lagers unter reger öffentlicher Anteilnahme die neue Dauerausstellung „Flucht im geteilten Deutschland“ eröffnet.
Mit ihr wurde verwirklicht, was rund 12 Jahre zuvor mit der Eröffnung einer kleinen Ausstellung zur deutsch-deutschen Fluchtbewegung und wenig später mit der Gründung unseres gemeinnützigen Vereins nach außen sichtbar wurde: die feste Absicht, der Flucht von insgesamt mehr als vier Millionen Bewohnern der SBZ/DDR ein Denkmal am authentischen Ort zu setzen und so an einen der bedeutsamsten Komplexe der deutschen Teilungsgeschichte zu erinnern.
Auf dem Gelände des Aufnahmelagers – das heute für die Unterbringung von Spätaussiedlern aus der ehemaligen Sowjetunion genutzt wird – ist auf diese Weise ein eindrücklicher Ort historischen Gedenkens und historisch-politischer Bildungsarbeit entstanden.
Denn das Notaufnahmelager Marienfelde veranschaulicht die Geschichte der deutsch-deutschen Flucht wie kaum ein anderer Ort: Als Symbol für Freiheit und Hoffnung stand es nahezu 40 Jahre – von 1953 bis 1990 – im nationalen wie internationalen Rampenlicht; es war ein Ort der Hilfe und ein politischer Seismograph zugleich. Allein in Marienfelde wurden 1,35 Millionen Flüchtlinge und Ausgereiste aufgenommen, versorgt und in die Länder der Bundesrepublik Deutschland weitergeleitet.
Die Ausstellung zeigt vor allem ihre Geschichte; es ist die Geschichte ihrer Motive, ihrer Flucht, ihrer Ankunft im Westen und letztlich ihrer Integration in der Bundesrepublik Deutschland. Aber sie zeigt noch mehr: Der vorliegende Band „Flucht im geteilten Deutschland“ beleuchtet in seinen Beiträgen auch Aspekte der Geschichte des Notaufnahmelagers wie die Abwicklung des Aufnahmeverfahrens oder die Aktivitäten der Staatssicherheit.

Flüchtlinge vor dem
Notaufnahmelager Marienfelde, 14. August 1961

Als Träger der Ausstellung wünscht sich der Verein Erinnerungsstätte Notaufnahmelager Marienfelde besonders, dass das Ergebnis seiner Arbeit über die persönlich Betroffenen hinaus vor allem jene (jungen) Menschen erreicht, für die die Teilung Deutschlands keine erlebte Geschichte mehr ist. Neben all den wissenswerten Fakten können sie, die in Freiheit und Demokratie aufwachsen, erfahren, welchen Stellenwert Grundrechte – freie Wahlen, Meinungsfreiheit, Pressefreiheit, Recht auf Freizügigkeit – immer dann haben, wenn der Staat sie nicht gewährt.
Unser ganz besonderer Dank geht an die Herausgeber und an die Autorinnen und Autoren dieses Buches, die mit ihrer Arbeit wesentlich zum Gelingen der neuen Dauerausstellung beigetragen haben.
Mein persönlicher Dank richtet sich an die vielen ehrenamtlichen Mitarbeiterinnen und Mitarbeiter, die unsere Arbeit in den vergangenen Jahren durch ihr großes Engagement unterstützt haben.

Harald Fiss
Vorsitzender des Vereins
Erinnerungsstätte Notaufnahmelager Marienfelde

Bundespräsident Theodor Heuss bei der Einweihung des Bundesnotaufnahmelagers in Berlin-Marienfelde, 14. April 1953.

Flucht im geteilten Deutschland

Die Erinnerungsstätte Notaufnahmelager Marienfelde
Bettina Effner und Helge Heidemeyer

Zwischen Ost und West: Das Notaufnahmelager Marienfelde

„Es kam wie eine Sturmflut", sagte Bundespräsident Theodor Heuss am 14. April 1953, „und die Frage hat sofort ein Doppelgesicht bekommen: das menschliche und das verwaltungstechnische."[1] Heuss sprach von den Tausenden Flüchtlingen aus der DDR, die Monat für Monat nach West-Berlin strömten. Anlass für die aufrüttelnde Rede des Bundespräsidenten war die Einweihung eines neuen Flüchtlingslagers im Südwesten der Stadt. Das Notaufnahmelager Marienfelde sollte helfen, das Flüchtlingsproblem in den Griff zu bekommen. Die Siedlung mit ihren dreistöckigen Wohnblocks aus Beton war größer und moderner als die bisherigen Aufnahmelager in Berlin; und weil sie außer den Flüchtlingen auch zahlreiche Behörden und Organisationen aufnahm, bot sich die Chance, das Aufnahmeverfahren zu beschleunigen. Versorgungs- und verwaltungstechnische Verbesserungen, wie Heuss sie einforderte, verbanden sich also tatsächlich mit dem Notaufnahmelager, doch seine Bedeutung reichte weit darüber hinaus: Marienfelde wurde zum Schauplatz der wechselvollen politischen Geschichte von Ost und West im Kalten Krieg. Rund 1,4 Millionen Menschen passierten bis 1990 das Aufnahmelager auf ihrem Weg in die Bundesrepublik. Sie machten es zu dem Ort, der wie kein anderer die massenhafte Flucht aus der DDR und die Bereitschaft zur Aufnahme der Ankommenden symbolisierte. Marienfelde, das enge „Tor zum Westen", stand als Inbegriff von Hoffnung und Freiheit beinahe vier Jahrzehnte lang immer wieder im öffentlichen Rampenlicht. Bundesrepublik und DDR trugen hier ihren Systemkonflikt auf dem Feld der Flüchtlingspolitik aus, bis die „friedliche Revolution" von 1989 die deutsche Zweistaatlichkeit beendete.
Ausschlaggebend für die politische Bedeutung Marienfeldes war unter anderem seine Lage. Notaufnahmelager gab es auch andernorts – in den westdeutschen Städten Gießen und Uelzen –,

Marienfelde aber war in Berlin, der Stadt, in der sich die deutsche Teilung am deutlichsten manifestierte. 1961 zerschnitt die Mauer die Stadt brutal in zwei Hälften. Doch trotz Abschottung blieb West-Berlin für die DDR ein Stachel im Fleisch, den sie nicht abschütteln konnte. Außerdem war gerade Berlin in den fünfziger Jahren am stärksten von der Fluchtbewegung betroffen. Seit die DDR-Führung die Staatsgrenze zur Bundesrepublik 1952 abgeriegelt hatte, konzentrierten sich die Fluchtwege auf die Vier-Mächte-Stadt, denn hier konnten die Sektorengrenzen von Ost nach West noch überschritten werden. Nicht zuletzt hat die besondere Situation der Stadt auch die öffentliche Wahrnehmung der Fluchtbewegung beeinflusst. Berlin war im Krieg schwer zerstört worden und erholte sich – immer wieder von politischen Krisen betroffen – wirtschaftlich nur mühsam. Die Insellage erschwerte die Aufnahme der Flüchtlinge zusätzlich. Anders als in der Bundesrepublik konnte der Flüchtlingsstrom hier nicht rasch kanalisiert und verteilt werden, so dass es oftmals zu dramatischen „Flüchtlingsstaus“ kam. Die Notlage der Flüchtlinge, die Schwierigkeiten ihrer Versorgung und Unterbringung bis hin zur Gefahr von Epidemien waren in Berlin überdeutlich. „Ohne die Hilfe Westdeutschlands und des Auslandes können wir der Situation nicht Herr werden“, stellte der Regierende Bürgermeister Ernst Reuter im Januar 1953 fest.[2] Die Bundesregierung und die Westmächte waren gefordert – zuerst der geflohenen Menschen wegen, aber auch, weil die Bewältigung des Flüchtlingsproblems mit dem politischen Behauptungswillen West-Berlins verbunden war. Seine Politiker appellierten an die westliche Welt, um des freien, demokratischen Teils von Deutschland willen die Aufnahme der Menschen aus dem anderen Teil zu bewerkstelligen. Diese Aufnahme leisten zu können und damit politische Stärke zu zeigen, war eine der Hoffnungen, die sich mit dem Notaufnahmelager Marienfelde verbanden.

Der Regierende Bürgermeister von West-Berlin, Ernst Reuter, hier vor dem Abgeordnetenhaus im März 1952, appellierte wegen des Flüchtlingsproblems immer wieder an die Öffentlichkeit.

Nach Marienfelde kamen Menschen, die sich einem Leben unter der Herrschaft der SED im östlichen Teil Deutschlands entzogen hatten. Wie viele kamen und warum sie kamen, beobachtete die westdeutsche Öffentlichkeit genau, um Aufschluss über die Situation in der DDR zu gewinnen. Die Fluchtbewegung war ein Seismograph der politischen Verhältnisse, der sehr empfindlich reagierte. Dies erwies sich etwa 1953, als die rapide ansteigenden

Fluchtzahlen anzeigten, dass die DDR auf eine schwere innenpolitische Krise zusteuerte. Bereits ehe sich die Konflikte im Volksaufstand vom 17. Juni entluden, trieben die mit dem „Aufbau des Sozialismus" einhergehenden Pressionen Tausende zur Flucht. Auch im Vorfeld des Mauerbaus kündigte sich der bevorstehende politische Einschnitt in der Zahl der Flüchtenden an, die wegen der befürchteten Abriegelung Berlins ab Juli 1961 wiederum sprunghaft in die Höhe schnellte. Marienfelde spiegelte demzufolge die politischen Erdbeben wider, aber auch kleinere Erschütterungen in der DDR: Zahl und Berichte der Flüchtlinge boten Einblick in ostdeutsche Politik und Lebenswirklichkeit. Hier im Notaufnahmelager waren die Auswirkungen des SED-Regimes unmittelbar zu spüren. Dieser Umstand macht die Erinnerungsstätte Marienfelde heute zu etwas Besonderem: Anders als die Mehrzahl vergleichbarer Gedenkstätten thematisiert sie die Folgen der SED-Diktatur an einem Ort, der nicht auf dem Gebiet der ehemaligen DDR liegt. In Marienfelde wird deutlich, dass die Geschichte der DDR keine Regionalgeschichte der neuen Länder ist, für die allein die ostdeutsche Bevölkerung zuständig wäre, sondern zum Erbe der gesamten Bundesrepublik gehört.

Der gesamtdeutsche Bezug der Erinnerungsstätte erweist sich noch in anderer Hinsicht. Denn von Marienfelde aus schaut man nicht nur nach Osten auf einen Staat, dessen Politik seine Bewohner zur Flucht trieb und gleichzeitig mit allen Mitteln am Weggehen zu hindern versuchte; vielmehr gerät von hier aus auch die zweite Seite der Grenze und der Fluchtbewegung in den Blick. Wie ging es mit den Flüchtlingen weiter, wenn sie im Westen angekommen waren? Wie bereitwillig wurden sie aufgenommen, wie gut versorgt, wie erfolgreich integriert? In Marienfelde fing der Westen an – mit Hilfe und Unterstützung, aber auch mit

Eingangsbereich des Notaufnahmelagers, 1953.

bürokratischen Hürden und vielen Befragungen, mit Hoffnung auf ein neues Leben, aber auch mit Angst vor der unsicheren Zukunft. Das Notaufnahmelager ist damit Teil der Geschichte beider deutscher Staaten. Für die Bundesrepublik und für die DDR war es ein wichtiger und umkämpfter Ort. Der westdeutsche Staat demonstrierte hier seinen politischen Willen, die „Ostzonen"-Flüchtlinge als Deutsche aufzunehmen. Für die DDR war das Lager Ausdruck westlicher „Feindtätigkeit", die es mit Hilfe von Propaganda und eingeschleusten Agenten zu hintertreiben galt. Hinter dem Ringen um die Flüchtlinge stand in Ost wie West die Frage der eigenen politischen Legitimation. Die Bundesregierung sehe in der Fluchtbewegung ein überzeugendes Indiz für die innere politische und wirtschaftliche Schwäche des Ulbricht-Regimes, schrieb der „Tagesspiegel" Anfang August 1961 und zitierte den Bundesminister für gesamtdeutsche Fragen, Ernst Lemmer, der vom „grenzenlose[n] Fiasko kommunistischer Politik auf deutschem Boden" sprach.[3] Politiker und Presse der DDR konterten mit der Behauptung, die Flüchtlinge seien Opfer des Westens: von den Medien verführt, von Agenten weggelockt oder gar verschleppt von Menschenhändlern. „Dies ist keine politische Emigration", sagte Walter Ulbricht zur gleichen Zeit wie Lemmer über den Flüchtlingsstrom.[4]

Die Fluchtbewegung führte zu Konflikten, auf Seiten der DDR zu Abschottung und Mauerbau. Gleichwohl macht gerade sie nicht nur das Trennende in der Geschichte der beiden deutschen Staaten, sondern auch deren Verflochtenheit deutlich. Die Fluchtbewegung war bis 1961 ein Massenphänomen, das weder Bundesrepublik noch DDR ignorieren konnten, und in den Aus-

Flüchtlinge füllen in der Neuaufnahme des Notaufnahmelagers Marienfelde Anmeldeformulare aus, 8. Oktober 1953.

einandersetzungen darum blieben beide Staaten aufeinander bezogen. Rund vier Millionen Menschen verließen von 1949 bis 1990 die DDR. Ihr Weggang war ein gemeinsamer Faktor in der Entwicklung von West- und Ostdeutschland – mit je sehr unterschiedlichen Folgen für Politik, Wirtschaft und Gesellschaft zwar, aber prägend für beide Seiten. Und schließlich waren es die Flüchtlinge selbst, die Ost und West verbanden. Sie trugen ihre Erfahrungen aus der DDR mit hinüber in die Bundesrepublik und hielten wenn möglich den Kontakt zu den im Osten gebliebenen Freunden und Verwandten. Entgegen der Absicht der SED-Führung, den sozialistischen deutschen Teilstaat politisch, wirtschaftlich und im Selbstverständnis seiner Bürger vollständig vom Westen zu scheiden, umgriffen ihre Biografien das ganze Deutschland. Auf diesen Lebenswegen von Ost nach West war Marienfelde ein Ort des Übergangs und des Dazwischen. Die Menschen, schreibt die Autorin Erika von Hornstein als Resümee ihrer Interviews mit Flüchtlingen im Aufnahmelager, „sind von ‚drüben' geprägt; hierher, zu uns, gehören sie noch nicht, das Leben in Freiheit hat für sie noch nicht begonnen."[5] Trennung und Abschied waren so schnell nicht bewältigt, das eigentliche Ankommen stand erst bevor. So war Marienfelde mehr als ein Ort an der Nahtstelle der Systeme. Für die Flüchtlinge war es die biografische Schnittstelle zwischen ihrem alten Leben in der DDR und dem ersehnten neuen in der Bundesrepublik. Marienfelde ist damit nicht nur ein politischer, sondern für die vielen betroffenen und beteiligten Menschen auch ein ganz persönlicher Erinnerungsort.

Ein authentischer Ort der Geschichte: Die Dauerausstellung der Erinnerungsstätte

Die Dauerausstellung der Erinnerungsstätte Notaufnahmelager Marienfelde möchte diesen beiden Seiten des Ortes, seiner politischen und seiner biografischen Dimension, gerecht werden. Errichtet im ehemaligen zentralen Verwaltungsgebäude des Notaufnahmelagers, dokumentiert sie die Geschichte der deutsch-deutschen Fluchtbewegung von den beiden Staatsgründungen 1949 bis zum Umbruch von 1989/90. Sie zeigt Ursachen, Dimen-

Uwe Bennies erzählt in der Ausstellung seine Geschichte. Er wurde 1988 zu einer zehnmonatigen Freiheitsstrafe verurteilt. Nach seinem Freikauf durch die Bundesrepublik Deutschland im April 1989 reiste er über Gießen nach West-Berlin aus.

sion und Entwicklung der Fluchtbewegung ebenso wie den Umgang von Bundesrepublik und DDR mit den Flüchtlingen. In die Darstellung eingewoben sind Biografien und Fallgeschichten von geflohenen oder ausgereisten Menschen. Systematisch setzt die Ausstellung auf diese Weise politische Entwicklungen mit subjektiven Erfahrungen der Betroffenen in Beziehung. An vielen Audio- und Videostationen kommen Zeitzeugen darüber hinaus unmittelbar zu Wort und berichten ihre Eindrücke und Erlebnisse. Ausstellung und Buch sind also einem biografischen Ansatz verpflichtet, und aus diesem Grund griffe das Konzept zu kurz, wenn es sich allein auf die Geschehnisse im Notaufnahmelager beschränken wollte. Denn die Erfahrung von Flucht umfasste weit mehr: zunächst natürlich den Grenzübertritt, oftmals unter großen Gefahren vollzogen und mit starken Emotionen besetzt; daneben aber auch das Davor und das Danach dieses entscheidenden Augenblicks. Wie es zum Verlassen der DDR kam, auf welchen Wegen die Menschen die Grenze überwanden und wie sie anschließend in ihr neues Leben im Westen hineinfanden, sind demnach Leitfragen von Ausstellung und vorliegendem Buch.

Weggehen – Ankommen

Die Gründe zu gehen waren vielfältig und individuell. Jeder Flüchtling hatte seine eigenen Motive, die häufig ein Gemisch aus politischen, privaten sowie wirtschaftlichen Wünschen und Konfliktlagen bildeten. Doch zeigt sich auch, dass selbst die auf den ersten Blick unpolitisch scheinenden Beweggründe ihren Ursprung oft im politischen System der DDR hatten. Die sozialistische Umformung des Staates, von der allein regierenden SED mit Zwang und Gewalt betrieben, erfasste alle Bereiche von Politik, Wirtschaft und Gesellschaft bis hinein in das persönliche Lebensumfeld des Einzelnen. Ohne es darauf angelegt zu haben, gerieten deshalb etwa selbstständige Bauern und Handwerker in den fünfziger Jahren mit der Politik in Konflikt und sahen sich zur Flucht getrieben. „Den meisten der Flüchtenden wird das Schicksal vom Staat gemacht“, schreibt Erika von Hornstein.[6]

Die Wege über die Grenze, dafür sorgte die DDR-Führung, wurden im Lauf der Zeit immer enger und gefährlicher. Die Ausstellung dokumentiert einerseits, mit welchen Bedingungen es die Fluchtwilligen zu tun hatten: mit dem Ausbau des Strafrechts als Handhabe gegen „Republikflucht“, der Errichtung eines militärischen Grenzregimes an der innerdeutschen Grenze und mit dem Bau der Mauer in Berlin. Andererseits wird aber auch deutlich, welche Fluchtwege die Betroffenen unter diesen Bedingungen auf sich nahmen. Typisch für die fünfziger Jahre war die „Flucht mit der S-Bahn“ von Ost- nach West-Berlin – über die Sektorengrenzen hinweg noch möglich, doch eine gefährliche Reise mit Bangen. Zeitzeugen erinnern sich an ihre Angst angesichts scharfer Kontrollen und drohender Verhaftung. Nach 1961 war jeder direkte Weg in den Westen versperrt. Unter Lebensgefahr versuchten Fluchtwillige nun, die Grenze auf Umwegen durch die Luft, über das Wasser oder unter der Erde zu passieren. Neben diesen Fluchten werden ganz bewusst andere „Wege in den Westen“ nachgezeichnet. Denn nach Marienfelde kamen auch Menschen, die sich für ein offizielles Verlassen der DDR entschieden hatten. Seit Mitte der siebziger Jahre stellten mehr und mehr DDR-Bürger einen Ausreiseantrag. Auch deren Geschichten werden hier erzählt. Sie entbehren zwar der Dramatik spektakulärer Fluchten, sind aber gleichwohl von der Repression des SED-Regimes geprägt, das Ausreisewillige häufig mit Bespitzelungen und Berufsverboten verfolgte.

Wer floh oder ausreiste, gab viel auf. Das Ankommen im Westen konnte sich nach dem Verlust von Hab und Gut, von Arbeit und Freunden über Monate, ja Jahre erstrecken. Für viele der Flüchtlinge und Übersiedler aus der DDR war es ein schrittweises Ankommen, begleitet von einem Leben im Provisorium: Oft wanderten sie von Lager zu Lager, bis eine eigene Wohnung gefunden war. Auch beruflich folgte dem Weggang vielfach ein langes Suchen und Tasten, war eine Neuorientierung notwendig. Die Bundesregierung unternahm viel, um die Eingliederung mit Unterstützungs- und Förderungsleistungen zu erleichtern. Gleichwohl blieb der Neuanfang für viele Betroffene eine schwierige persönliche Herausforderung. Denn Integration heißt auch, wie eine Übersiedlerin 1988 in einer Fernsehdiskussion formulierte, eine „Trennung zu bewältigen. […] Ich kann jetzt, nach acht Monaten, für mich sagen, dass ich noch nicht raus bin."[7]

Nicht allen gelang es, in der Bundesrepublik Fuß zu fassen. Einige von denen, die vom Westen enttäuscht waren oder Heimweh hatten, gingen zurück in die DDR. Rund zwei Drittel der Menschen, die zwischen 1949 und 1990 in den Osten übersiedelten, waren solche „Rückwanderer". Die übrigen bezeichnete die DDR als „Zuziehende". Auch diese West-Ost-Migration gehört in den Zusammenhang der deutschen Teilungsgeschichte, die Historiker als „asymmetrisch verflochtene Parallelgeschichte" beschreiben. Ebenso wie die Abwandernden verbanden die Zuwanderer in die DDR in ihren Biografien beide deutsche Staaten. Doch in diesem Zusammenhang wird neben der Verflochtenheit vor allem das Ungleichgewicht in der Entwicklung von Bundesrepublik und DDR deutlich: Den rund vier Millionen Flüchtlingen aus der DDR standen lediglich 600 000 Zuwanderer gegenüber, die zudem überwiegend nicht politische, sondern private Gründe für ihren Schritt hatten.

Der Ort

Ein Schwerpunkt von Buch und Ausstellung ist die Geschichte des Notaufnahmelagers. Sie war von den vielfältigen politischen Interessen bestimmt, die sich auf das Lager Marienfelde richteten. Dokumentiert wird, wie sich diese Interessen im Notaufnahmeverfahren niederschlugen und dass das Aufnahmelager seine Bri-

Flüchtlinge im Notaufnahmelager Marienfelde wollen nicht erkannt werden, 13. Juli 1961.

sanz als Brennpunkt der großen politischen Auseinandersetzung zwischen Ost und West teilweise verlor, als die Fluchtbewegung abebbte. Auch die Aktivitäten der Staatssicherheit vor Ort, die die Organisation des Lageralltags und das Erleben der Flüchtlinge beeinflussten, werden beleuchtet. In diesen Punkten gehen Ausstellung und Buch über den augenblicklichen Stand der Forschung hinaus. Zwar sind in der Bundesrepublik bereits in den fünfziger Jahren erste Studien zur Aufnahme der Flüchtlinge,[8] in den neunziger Jahren dann auch umfangreichere Untersuchungen vorgelegt worden.[9] Doch dokumentieren sie die Flüchtlingspolitik der Bundesregierung und ihre Integrationsmaßnahmen ohne detaillierten Bezug auf Marienfelde. Hier erfolgte die Rekonstruktion mit Hilfe von Archivmaterial und Zeitzeugenaussagen. Gleiches gilt für die Entwicklung des Notaufnahmelagers seit 1953 und für seine „Aufklärung" durch das Ministerium für Staatssicherheit, dessen tragende Rolle bei der Fluchtbekämpfung gleichwohl gut sichtbar gemacht werden kann.

Die Abwicklung des Notaufnahmeverfahrens war die zentrale Aufgabe Marienfeldes. Alle Ankommenden wurden registriert, untersucht und wanderten dann von Büro zu Büro: zu den alliierten Sichtungsstellen, die sie befragten; zu Fürsorgerischem Dienst, deutschen Befragungsstellen, dem Aufnahmeausschuss und vielen anderen, ehe die Transportstelle endlich den Flug nach Westdeutschland einleitete. Für die Beteiligten war das Verfahren ein Spagat: Den Flüchtlingen sollte geholfen werden; sie wurden versorgt und betreut. Gleichzeitig hatte der bundesdeutsche Staat ein Interesse daran, ihre Daten zu erfassen, ihre Fluchtgründe zu

Rekonstruierte Flüchtlingswohnung in der Erinnerungsstätte Marienfelde mit Mobiliar aus den fünfziger Jahren.

prüfen und sie nach wirtschafts- wie bevölkerungspolitischen Gesichtspunkten auf die Bundesländer und West-Berlin zu verteilen. Bei der Verabschiedung des dem Verfahren zu Grunde liegenden Gesetzes war es das Ziel der Bundesregierung gewesen, die Zuwanderung aus der DDR zu regulieren. Nur politisch verfolgte Menschen sollten in den Westen kommen, andere Gründe wollte man bei der Aufnahme nicht anerkennen. So verkörperte das Notaufnahmegesetz den Gedanken des politischen Asyls, während es paradoxerweise mit Menschen zu tun hatte, die keine Ausländer, sondern per Grundgesetz Bundesbürger waren. Hinzu kamen die politischen Interessen der Alliierten, die aus sicherheitsstrategischen Erwägungen Informationen von den Flüchtlingen gewinnen wollten. Auf der anderen Seite standen die Menschen. Sie befanden sich in einer so ungewöhnlichen wie schwierigen Situation und erlebten das Verfahren vielfach als bürokratischen Zwang. Am Notaufnahmeverfahren lässt sich somit das Spannungsverhältnis zwischen staatlich-administrativem Handeln und individuellem Erleben abbilden, wie es für Migration auch an anderen Orten und zu anderen Zeiten charakteristisch ist.

Der Ablauf des Verfahrens blieb über die Jahre im Kern unverändert. Die Belegung und mit ihr die Bedeutung des Aufnahmelagers aber wandelten sich in Abhängigkeit von der politischen Entwicklung. Drei Phasen sind erkennbar: In den fünfziger Jahren war Marienfelde der Ort, der nicht für die Flucht Einzelner, sondern für die Flucht der Vielen stand. Monatlich, täglich kamen Tausende von Menschen – nicht allein die offenkundigen Gegner des Systems, die Widerstandskämpfer und Dissidenten, sondern bis dahin oftmals unpolitische Menschen, Junge und Alte, allein oder mit Familie, aus den unterschiedlichsten Schichten der Bevölkerung. Mit dem Mauerbau endete 1961 die Massenflucht aus der DDR. Er bildete die tiefste Zäsur in der Geschichte des Notaufnahmelagers. Von nun an wurde es dort ruhiger: Zwar kamen immer noch Menschen, die als „Sperrbrecher", Ausgereiste oder freigekaufte politische Häftlinge die DDR verlassen konnten, doch waren es weit weniger als zuvor. Dass Marienfelde damit einen Teil seiner symbolischen Kraft verlor, bezeugen unter anderem die seltener werdenden Besuche von Politikern. Das Lager blieb ein Ort der Hilfe, aber als Bühne öffentlichkeitswirksamer Solidaritätsbekundungen eignete es sich nun weniger. Verstärkt wurde dieser Trend durch eine Neuorientierung in der Deutschlandpolitik. „Wandel durch Annäherung“ lautete die Formel für das neue Verhältnis zu „Ostblock“ und DDR, die Willy Brandt propagierte und ab 1966 zunächst als Außenminister, dann als Bundeskanzler durchsetzte. Seitdem erschienen offene Kritik und Konfrontation nicht mehr opportun. Erst Mitte der achtziger Jahre, als die DDR vermehrt Ausreisen genehmigte, rückte das Aufnahmelager wieder stärker ins Blickfeld der Öffentlichkeit. Das Interesse allerdings war ein anderes geworden: Nicht Systemkonflikte zwischen Ost und West wurden an seinem Beispiel diskutiert, sondern die Integrationsschwierigkeiten der Menschen, die in die Bundesrepublik gekommen waren.

Kontinuierlich war dagegen das Interesse des Ministeriums für Staatssicherheit (MfS) an Marienfelde. Solange das Aufnahmelager bestand, blieb es für das Ministerium ein „Feindobjekt“. Als „Lockmittel des Westens“ förderte es aus Sicht der Staatssicherheit Fluchten und Ausreisen, die jede für sich einen Affront gegen die DDR darstellten; außerdem sprachen die Menschen in Marienfelde offen über die DDR und spielten so den gegnerischen Geheimdiensten wertvolle Informationen in die Hand. Durch die Aktivitäten der Staatssicherheit wurde das Aufnahmelager zu einer Arena, in der es Schlachten von Spionage und Gegenspionage zu schlagen galt: Das MfS überwachte das Lager, sammelte Informationen über Mitarbeiter und platzierte eigene Agenten vor Ort, die Flüchtlingen und Fluchtwilligen schweren Schaden zufügten. Die Geheimdienste der Amerikaner, Briten und Franzosen versuchten all dies zu verhindern. Sie wollten die

Der US-amerikanische Vizepräsident Lyndon B. Johnson besucht das Notaufnahmelager. Rechts neben ihm der Regierende Bürgermeister von West-Berlin, Willy Brandt, 20. August 1961. Bis zum Mauerbau nutzten Politiker Auftritte in Marienfelde häufig, um Mitgefühl mit den Betroffenen und Kritik an der DDR zu bekunden.

Flüchtlinge schützen, hatten darüber hinaus aber auch ein Interesse, mit ihrer Hilfe selbst gezielt Informationen über die DDR und andere „Ostblock"-Staaten zu gewinnen. Die Aktivitäten der Geheimdienste zeigen, dass Marienfelde durch seine Lage an der Schnittstelle der antagonistischen Machtblöcke über den deutsch-deutschen Kontext hinaus Bedeutung hatte. Es war ein Ort, an dem die globalen Gegensätze zwischen Ost und West aufeinander prallten.

Heute offenbaren die Akten der Bundesbeauftragten für die Unterlagen des Staatssicherheitsdienstes dessen „operative Maßnahmen" bezüglich Marienfeldes und sind eine Quelle für seine Geschichte. Akten ganz anderer Art entstanden im Notaufnahmeverfahren, in dessen Verlauf für jeden Zuwanderer bzw. seine Familie ein eigener Vorgang mit Personalfragebögen und Dokumentation der Flucht- oder Ausreisegründe angelegt wurde. Diese Akten bilden neben anderen Unterlagen und Sachzeugnissen die behördliche Seite des Fluchtgeschehens ab. Die Sicht der Betroffenen, ihr Erleben und Erinnern dokumentieren beispielsweise Briefe, Tagebücher und Fotos ebenso wie persönliche Gegenstände, die sie auf der Flucht begleiteten. Wie umfassend sich der Wechsel von der DDR in die Bundesrepublik auf das Leben des Einzelnen auswirkte, veranschaulichen darüber hinaus künstlerische Zeugnisse. Autoren, Musiker, Filmemacher und bildende Künstler setzten sich mit Flucht auseinander und gaben den Erfahrungen des Weggehens wie Ankommens sichtbar und hörbar Ausdruck. Soweit sie selbst die DDR verlassen mussten, äußerten auch die Künstler sich als Betroffene. Andere kommentierten als Zeitzeugen die Fluchtbewegung in ihren gesellschaftlichen und politischen Auswirkungen. Doch gleich wie die Standpunkte der Künstler waren – ihre Arbeiten trugen das Thema in die Öffentlichkeit und prägten die Sicht auf die deutsch-deutsche Fluchtbewegung in Ost wie West.

Die Antwort der Kunst

Welche Bilder, welche Sprache haben Künstler gefunden, die sich mit dem Weggehen, dem Ankommen und der Grenze beschäftigten? Entschieden in ihren Wertungen zeigten sich diejenigen, für die ein Aufgreifen des Themas mit einer politischen Stellungnahme verbunden war. Dies gilt etwa für die fünfziger und sechziger Jahre: In dieser Zeit entstehende Werke waren von den Spannungen des Kalten Krieges geprägt. Künstler aus Ost wie West zeichneten den jeweils anderen Teil Deutschlands als Gegenbild zur positiven Entwicklung im eigenen Land. Die Thematisierung von Flucht und deutscher Teilung fügte sich dieser Sicht – manchmal vorsichtig abwägend wie in Christa Wolfs Erzählung „Der geteilte Himmel" (1963), manchmal einseitig wie in Anna Seghers Roman „Die Entscheidung" (1959). Später wurden für andere, die selbst gehen mussten, die damit verbundenen persönlichen Herausforderungen und Konflikte wichtiger als eine explizite Auseinandersetzung mit den politischen Verhältnissen in der DDR. Es ging um den Bruch in der Biografie, um das Aufeinanderprallen von Erfahrungen aus beiden deutschen Staaten, das zu Unsicherheit und Befremden führen konnte. Abschied war daher ein häufiges Thema, ebenso die Schwierigkeit, sich vom alten Leben zu lösen und im neuen anzukommen. A. R. Penck malte und beschrieb mehrfach den langen Prozess des „Übergangs"; ein Gemälde von Trakia Wendisch zeigt Seiltänzer über der Grenze.[10] Dass das Balancieren im „Dazwischen" nicht nur produktiv, sondern auch zerstörerisch sein konnte, schildert Katja Lange-Müller in einem Text von 1988.[11] Im Mittelpunkt der Erzählung steht eine Frau, die aus der DDR in die Bundesrepublik kommt, sich dort nicht zurechtfindet und letztlich heimat- und ruhelos bleibt.

In vielfältiger Form griff die Kunst der DDR den Ost-West-Konflikt sowie Flucht und Ausreise auf. Neben Büchern und bildender Kunst spiegeln auch Filme und Popsongs diese Themen wider.

Ausblick

Damit sprechen die Künstler grundlegende Erfahrungen von Migranten an, die über den deutsch-deutschen Kontext hinausweisen. Sie zeigen, wie sich das Thema weiterdenken lässt: Flucht und Ausreise aus der DDR bilden eine der umfangreichsten europäischen Migrationen der Nachkriegszeit. Von ihr aus kann man einen Bogen sowohl zu anderen vergangenen wie auch zu gegenwärtigen Wanderungsbewegungen schlagen. Die Ausstellung gibt Hinweise auf mögliche Vergleiche. Der nächstliegende Anknüpfungspunkt findet sich, wenn man aus dem Fenster schaut – denn auch heute leben Menschen in Marienfelde. Sie stammen überwiegend aus der ehemaligen Sowjetunion und kommen als so genannte Aussiedler nach Deutschland. Wenn sie deutsche Vorfahren und eine Orientierung an deutschem „Brauchtum" in ihrem Herkunftsland nachweisen können, gelten sie – wie die Menschen aus der DDR – als Deutsche. Dennoch ist die kulturelle und sprachliche Kluft, die sie bei ihrem Schritt Richtung Westen zu überbrücken haben, oftmals eine weitaus größere.[12] Ein Vergleich mit den Flüchtlingen aus der DDR kann helfen, das Verständnis von Integrationsvoraussetzungen und -bedingungen zu schärfen. Wie groß ist die Aufnahmekapazität einer Gesellschaft, und welche Eingliederungshilfen müssen geboten werden?

Fragen, die auch für eine andere Migrantengruppe bedeutsam waren, deren Geschichte – als Erfahrungs- und Leidensgeschichte der Betroffenen – in den letzten Jahren verstärkt öffentliche Aufmerksamkeit findet: für die Vertriebenen, die infolge des Zweiten Weltkriegs ihre Heimat verlassen mussten. Als Angehörige deutscher Minderheiten in Polen, der damaligen ČSR und anderen osteuropäischen Staaten hatten sie in Westdeutschland keine sprachliche Hürde zu überwinden. Gleichwohl gestaltete sich auch ihre Integration im Vergleich zu den DDR-Flüchtlingen schwieriger. Beim Zug der Vertriebenen nach Westen handelte es sich um eine Zwangswanderung, die von der UdSSR und den betroffenen Staaten mit Duldung der westlichen Siegermächte innerhalb kurzer Zeit durchgesetzt wurde. So kam es, dass die Vertriebenen geballt in Westdeutschland eintrafen, die meisten von ihnen in den Jahren 1945 und 1946. Ihre große Zahl erschwerte die Eingliederung, zusätzlich trafen sie im kriegszer-

Senator Harry Liehr besucht am 4. Juli 1971 den Deutschunterricht von Aussiedlerkindern. Seit Anfang der sechziger Jahre waren in Marienfelde neben DDR-Flüchtlingen auch Aussiedler – zunächst vor allem aus Polen – untergebracht.

störten Deutschland auf denkbar ungünstige Voraussetzungen. Der Zustrom der DDR-Flüchtlinge dagegen erstreckte sich – mit unterschiedlicher Intensität, aber kontinuierlich – über einen Zeitraum von 40 Jahren. Bis in die erste Hälfte der fünfziger Jahre hinein hatten auch sie mit den schwierigen Nachkriegsbedingungen zu kämpfen, dann ermöglichte der einsetzende Wirtschaftsaufschwung mit seinem steigendem Arbeitskräftebedarf eine reibungslose Eingliederung dieser gut ausgebildeten Zuwanderer.

Doch nicht nur Vergleiche mit anderen deutschen Migranten sind interessant – auch und gerade vor dem Hintergrund der aktuellen Asyl- und Zuwanderungsdiskussion lohnt ein Blick auf die deutsch-deutsche Fluchtbewegung. Zwar fallen zunächst die Unterschiede ins Auge: Heute suchen Ausländer vorrangig aus Entwicklungsländern und Krisengebieten Aufnahme in der Bundesrepublik. Damals wanderten Menschen von Deutschland nach Deutschland in der historisch seltenen Konstellation, dass sie sich innerhalb eines Sprach- und Kulturraums, zwischen zwei Staaten und über die Systemgrenze zwischen Ost und West hinweg bewegten. Viele Fragen jedoch, mit denen Politiker sich vor allem in den fünfziger Jahren befassen mussten, stellen sich heute auf ähnliche Weise neu: Sind nur diejenigen „echte" Flüchtlinge, die auf Grund von politischer Unterdrückung ihr Land verlassen? Stehen nicht hinter wirtschaftlichen Gründen, die Menschen zum Weggehen treiben, häufig politische Ursachen? In welchem Maße kann Arbeitsmigration der Wirtschaft des Aufnahmelandes dienen? Ausstellung und Buch möchten über ihre engeren Fragestellungen hinaus auch für diese Zusammenhänge Anregungen geben.

Karikatur von Klaus Espermüller, 1992.

Blick in die Ausstellung.

Die Flucht in Zahlen

Bettina Effner und Helge Heidemeyer

Die Zahl der Flüchtlinge aus der DDR genau zu bestimmen, fällt schwer. Zu ungenau sind die Statistiken, die den Zuzug abbilden. Deshalb werden an dieser Stelle zwei Statistiken für die Jahre von 1949 bis 1990 dargestellt, deren Zahlen deutlich auseinanderfallen. Es handelt sich dabei zum einen um die bei den Meldeämtern ermittelte Wanderungsstatistik und zum anderen um die Statistik des Bundesnotaufnahmeverfahrens. Beide Statistiken bilden nicht die exakte Zahl der Menschen ab, die in der Bundesrepublik und in West-Berlin verblieben, weil sie die Rückwanderung von Flüchtlingen in die DDR, die nach den sichersten Schätzungen etwa 400 000 Personen umfasste, nicht berücksichtigen. Deshalb ist die Gesamtzahl, die sie über die Jahre hin ausweisen, zu hoch.

Die Werte der Zuwanderungsstatistik liegen insgesamt aus einem weiteren Grund zu hoch: Die Statistik zählt die Menschen mehrfach, die zwei oder mehrere Male aus der DDR in die Bundesrepublik kamen und ihren Wohnsitz im Bundesgebiet nahmen, zwischenzeitlich jedoch in die DDR zurückkehrten. Allerdings berücksichtigen diese Zahlen West-Berlin nicht.

Die Werte der Statistik des Notaufnahmeverfahrens liegen demgegenüber aus zwei Gründen zu niedrig: Einmal zählt diese Statistik nur Anträge. Ein in Marienfelde oder einem der anderen Notaufnahmelager ankommendes Ehepaar oder eine Familie stellte nur einen Antrag. Häufig sind also durch einen Antrag zwei, drei oder mehr Menschen erfasst. Außerdem war ein aus der DDR Kommender nur rechtlich, aber nicht praktisch gezwungen, die Notaufnahme zu beantragen. Noch Mitte der fünfziger Jahre schätzte die Hamburger Sozialsenatorin Emilie Kiep-Altenloh, dass mehr als die Hälfte der in Hamburg lebenden DDR-Flüchtlinge am Verfahren vorbei in die Hansestadt gekommen seien.[1] Der Anteil derjenigen, die das Verfahren umgingen, nahm bis zum Ende der fünfziger Jahre jedoch stark ab.[2]

Diese Faktoren gilt es bei der Betrachtung der folgenden Zahlen zu berücksichtigen.

Die Zuwanderung aus der SBZ/DDR/den neuen Ländern 1949–1990 (in Tausend)[3]

	Wanderungsstatistik Zuwanderung aus der DDR incl. Ost-Berlin in die Bundesrepublik ohne West-Berlin	**Notaufnahmestatistik** Antragsteller
1949		59,2
1950	337,3	197,8
1951	287,8	165,6
1952	232,1	182,4
1953	408,1	331,4
1954	295,4	184,2
1955	381,8	252,9
1956	396,3	279,2
1957	384,7	261,6
1958	226,3	204,1
1959	173,8	143,9
1960	225,4	199,2
1961	233,5	207,0
1962	15,3	21,4
1963	35,0	42,7
1964	29,5	41,9
1965	29,5	29,6
1966	24,3	24,1
1967	20,7	19,6
1968	18,6	16,0
1969	20,6	17,0
1970	20,7	17,5
1971	19,9	17,4
1972	19,7	17,2
1973	17,3	15,2
1974	16,2	13,3
1975	20,3	16,3
1976	17,1	15,2
1977	11,6	12,1
1978	14,4	12,1
1979	15,4	12,5
1980	15,8	12,0
1981	18,3	14,5
1982	15,5	12,8
1983	13,4	10,7
1984	42,3	38,7
1985	28,4	26,3
1986	29,5	26,2
1987	22,8	19,0
1988	43,3	39,9
1989	388,4	343,9
1990	395,3	238,4
Gesamt	4961,6	3812,0

Die Ausstellung der Erinnerungsstätte Notaufnahmelager Marienfelde präsentiert die monatlich ermittelten Zahlen des Notaufnahmeverfahrens. Da Marienfelde einer der Orte ist, an denen das Verfahren durchgeführt wurde, lag es nahe, mit diesen Zahlen zu arbeiten und nicht auf eine andere Überlieferung zurückzugreifen. Auf Grund ihrer feineren zeitlichen Einteilung erlaubt die Aufnahmestatistik zudem tiefere Einblicke in die Hintergründe des Flüchtlingsstroms.

Zunächst fallen die außerordentlichen Spitzen auf, die die Statistik aufweist. Zweimal erreichte die Fluchtbewegung einen ungewöhnlich starken Umfang: 1952/53, als die SED-Regierung die DDR im Gefolge der II. Parteikonferenz forciert nach sozialistischen Maßstäben umstrukturieren wollte, die Staatsführung aber gleichzeitig mit Einsparungen und Steuererhöhungen auf eine finanzielle Krise reagieren musste; und 1989/90, als die Menschen die Möglichkeit zum Verlassen der DDR, die der Mauerfall eröffnete, in Massen ergriffen.

Den schärfsten Einschnitt in der Zahlenkurve bedeutete der Mauerbau vom 13. August 1961, der den Flüchtlingsstrom zu einem Rinnsal werden ließ. Kamen im Juli 1961 noch 30415 Menschen in die Aufnahmestellen, so waren es im Dezember des gleichen Jahres nur mehr 2420. Die tiefe Zäsur, die der Mauerbau für die Geschichte der DDR und der deutsch-deutschen Beziehungen darstellte, ist somit auch an den Fluchtzahlen ablesbar.

Aber auch andere, weniger elementare Ereignisse haben sich auf die Aufnahmestatistiken ausgewirkt: 1955 scheiterte die Genfer Gipfelkonferenz der Siegermächte; Bundesrepublik und DDR wurden Mitglied der beiden militärischen Allianzen NATO und Warschauer Pakt. Ihre jeweilige Einbindung in den „West"- und in den „Ostblock" ließ eine Überwindung der deutschen Teilung in immer weitere Ferne rücken. Zugleich erfolgten in der DDR vermehrt Zwangsrekrutierungen für die Volkspolizei. Unter diesen Umständen entschlossen sich immer mehr Menschen zur Flucht.

Ein Anwachsen der Fluchtbewegung zeigt sich ebenso in den Jahren 1960/61, als die DDR erneut Anlauf nahm, die Wirtschaft – etwa durch die Kollektivierung der noch verbliebenen privaten landwirtschaftlichen Betriebe – sozialistisch auszurichten. Diese Anstrengungen gingen mit einer Phase wirtschaftlicher Schwie-

rigkeiten einher, in der die SED regelrechte Versorgungskrisen bewältigen musste. Zudem war die internationale Lage angespannt: Chruschtschows Berlin-Ultimatum von 1958, in dem die Sowjetunion die Umwandlung West-Berlins in eine politisch „neutrale" Einheit ohne Präsenz der Westalliierten gefordert hatte, hatte Verunsicherung ausgelöst. Befürchtungen machten die Runde, die DDR werde auch den letzten, vergleichsweise frei passierbaren Übergang von Ost- nach West-Berlin schließen. Die Daten veranschaulichen, dass es nicht allein Gegebenheiten in der DDR waren, die Fluchtwellen hervorriefen. Ebenso konnte die internationale Lage bei dem Entschluss, in den Westen zu gehen, eine gewichtige Rolle spielen.
Auch für die Zeit nach dem Mauerbau behält die Fluchtstatistik ihre Aussagekraft. Wenn 1984 die Zahl der Aufnahmeanträge plötzlich ansteigt, so spiegelt dies die überraschende Genehmigung von etwa 30 000 Ausreiseanträgen, durch die die Honecker-Regierung innenpolitischen Druck abzubauen versuchte.[4] Doch genau das Gegenteil trat ein: Von den Genehmigungen ermutigt, stellten immer mehr Bürger der DDR einen Ausreiseantrag. Diesem Druck konnte sich die DDR nicht entziehen. Die Antragstellungen im Aufnahmeverfahren hielten sich in der Folgezeit über dem Niveau der Jahre vor 1984, als nur wenige, vornehmlich Rentner, hatten ausreisen können. 1988 ist gar ein weiterer Anstieg zu verzeichnen, wobei diese Entwicklung nicht allein auf die höhere Zahl genehmigter Ausreiseanträge zurückzuführen ist. Vielmehr hatte die SED-Regierung zu diesem Zeitpunkt die Möglichkeiten, in den Westen zu reisen, liberalisiert. Viele der Westreisenden entschlossen sich, nicht mehr zurückzukehren; andere kamen zwar zurück, stellten dann jedoch einen Antrag auf Ausreise aus der DDR.[5]
Die Zahlenreihen vermitteln, wie stark verwoben Flucht und Ausreise mit der Lage in der DDR waren. Beim Blick auf die monatlichen Werte, insbesondere in der Zeit vor dem Mauerbau, sticht zudem eine Wellenbewegung ins Auge. Sie fällt jeweils zum Jahresende hin ab, um zur Jahresmitte hin wieder anzuschwellen: In den Monaten Juli bis November liegt die Anzahl der Fluchten über dem Durchschnitt, in den anderen Monaten darunter. Dieser Jahreszyklus der Fluchtbewegung lässt vermuten, dass, wer nicht akuter Gefahr auswich, eher die wärmere Jahreszeit nutzte,

in der auch die Arbeitslosigkeit saisonbedingt geringer ausfiel als in den kalten Monaten. Die höchsten Werte erreicht die Fluchtkurve regelmäßig im Juli und August, den klassischen Ferienmonaten, die niedrigsten im Dezember. Offenbar versuchten einige, ihre Flucht als Reise zu verschleiern – auch, um eventuell unbehelligt zurückkehren zu können –, während das bevorstehende Weihnachtsfest die Menschen von einem Aufbruch abhielt. Auch dies waren einige der vielen unterschiedlichen Einflussfaktoren, die Entwicklung und Umfang der Ost-West-Wanderung bestimmten.

WALTER KÜHN

Die menschliche „Sturmflut" aus der „Ostzone"

Die Flucht aus der DDR und ihre Folgen für Berlin und die Bundesrepublik

Gerhard A. Ritter

Zur politischen Bedeutung der Flucht

Solange die DDR bestand, kehrten ihr rund vier Millionen Menschen den Rücken, um in die Bundesrepublik zu gehen.[1] Dieser massenhafte Weggang bedeutete einen schweren politischen Ansehensverlust für die DDR. Er war – wie es zeitgenössisch hieß – eine Abstimmung mit den Füßen, die den Anspruch der DDR, der bessere deutsche Staat zu sein, untergrub. Die Flucht von überwiegend jüngeren und häufig gut qualifizierten Arbeitskräften schwächte die DDR zudem ökonomisch. Ihre Führung reagierte darauf mit der Schließung der innerdeutschen Grenze 1952 sowie mit dem Bau der Mauer in Berlin und dem Ausbau der Sicherungsanlagen an der Grenze zur Bundesrepublik 1961. Durch den Mauerbau konnte sich die DDR kurz- und mittelfristig festigen; langfristig hat die Mauer die DDR jedoch national und international in Misskredit gebracht. Nachdem die Mauer durch den Druck der Menschen im Osten im November 1989 gefallen war, folgte binnen eines Jahres das Ende der DDR.

Die Westzonen haben sich zunächst gegen den Zustrom von Hunderttausenden von Menschen gesträubt, da die Zuwanderer als Konkurrenten um die knappen Güter Wohnraum, Nahrungsmittel, Brennstoff und später auch Arbeitsplätze angesehen wurden. Die Länder der nachmaligen Bundesrepublik und insbesondere die amerikanische Besatzungsmacht haben vor allem von 1945 bis 1947 Flüchtlinge mitunter zwangsweise zurückgeführt. Danach hörte die zwangsweise Rückführung auf, aber noch 1950 und 1951 wurden fast zwei Drittel der Antragsteller im Bundesnotaufnahmeverfahren abgelehnt. Die Abgelehnten erhielten ebenso wie die unter Umgehung des Aufnahmeverfahrens Eingewanderten kein Anrecht auf die Zuteilung von Wohnraum und

◄ Mauerbau an der Harzer Straße, 18. August 1961.

auf andere Vergünstigungen. 1952 ging die Ablehnungsquote auf 21 Prozent zurück und lag schließlich in den letzten vier Jahren vor dem Mauerbau bei nur noch einem Prozent. Die Flüchtlinge konnten inzwischen ohne Schwierigkeiten in den bundesdeutschen Arbeitsmarkt integriert werden und haben als überwiegend qualifizierte Kräfte einen wesentlichen Beitrag zum wirtschaftlichen Aufbau, dem so genannten Wirtschaftswunder, geleistet. Noch stärker als die Vertriebenen haben sie den notwendigen Strukturwandel der deutschen Wirtschaft – den Rückgang der Landwirtschaft zugunsten der Industrie und besonders des Dienstleistungssektors – als besonders mobile Arbeitskräfte wesentlich erleichtert.

Die Haltung der Bundesregierung zur Flucht aus der Ostzone/DDR

Wie Helge Heidemeyer in seiner Studie[2] gezeigt hat, gab es jedoch auf Seiten der Bundesrepublik – im Gegensatz zu den Behauptungen der SED-Führung – nie eine Politik, die die Bewohner der DDR bewusst zur Flucht animierte. Im Gegenteil, auch nachdem die Flüchtlinge seit Mitte der fünfziger Jahre eher einen ökonomischen Gewinn als eine zusätzliche Belastung darstellten, blieb die offizielle Politik der Bundesrepublik darauf ausgerichtet, keinesfalls einer Entvölkerung der DDR Vorschub zu leisten. Man befürchtete nämlich, die Fluchtbewegung könnte den Druck in der DDR in Richtung eines Regimewechsels ab-

An der innerdeutschen Grenze in Oberfranken, 13. Juni 1956.

schwächen und damit die Chance einer zukünftigen Wiedervereinigung mindern. Zu dieser Zurückhaltung trugen im Übrigen auch finanzielle Engpässe und die Sorge der Organisationen der Vertriebenen bei, sie müssten die ihnen zugedachten Leistungen mit den Flüchtlingen aus der DDR teilen. Dass die zunächst sehr eingeschränkte Aufnahmepraxis zunehmend großzügiger wurde, hing vor allem mit dem Druck der großen Fluchtwelle 1952/53 und mit der besonderen Notlage Berlins zusammen. Nach der Absperrung der Zonengrenze im Sommer 1952 blieb trotz schikanöser Kontrollen der Verkehrswege nach und innerhalb von Berlin der Übergang vom Ost- in den Westteil der Stadt der einzige relativ ungefährdete Fluchtweg. Die Folge war, dass sich die Flüchtlinge in den Aufnahmelagern Berlins konzentrierten. Daher bestand großes Interesse daran, sie nach ihrer Anerkennung nach Westdeutschland auszufliegen. Die Bundesregierung hat auf Druck der Länder, insbesondere Nordrhein-Westfalens, aber auch der sozialdemokratischen Opposition, gegen den hinhaltenden Widerstand des Bundesfinanzministers seit 1952/53 Bundesmittel für den Wohnungsbau von Zuwanderern aus der DDR zur Verfügung gestellt. Zudem wurde eine Reihe von Gesetzen und Verordnungen erlassen, die die Integration der Zuwanderer aus der DDR fördern und damit deren soziale und wirtschaftliche Lage verbessern sollten. Der eng begrenzte Kreis der begünstigten Zuwanderer, zu denen zunächst nur die Flüchtlinge mit politischen Gründen gehörten, wurde erweitert. Auf diese Weise erhielt zugleich der Anspruch der Bundesregierung Nachdruck, als einzig legitimierte deutsche Regierung für alle Deutschen zu handeln.

Die DDR und die Fluchtwelle

Die DDR bemühte sich seit 1952/53, die Flüchtlingswelle und den mit ihr verbundenen ökonomischen Aderlass zu stoppen. Bereits Ende 1952 hatte Ulbricht Moskau um Erlaubnis zur Abschließung und Kontrolle der Sektorengrenze zwischen Ost- und West-Berlin durch bewaffnete Polizeikräfte gebeten und zunächst auch die Zustimmung der sowjetischen Führung erhalten. Wenige Tage nach Stalins Tod wurde diese Zustimmung am

18. März 1953 jedoch widerrufen, da eine Absperrung das Leben der Stadt stören, zur Desorganisation der Berliner Wirtschaft führen und zudem das Ansehen von DDR und Sowjetunion bei der Bevölkerung Deutschlands sowie ihre Position gegenüber den Westmächten schwächen würde. Ohne diesen Widerruf wäre es also schon neun Jahre vor dem Bau der Mauer zur Abriegelung West-Berlins gekommen. Die Flucht aus der DDR abzustoppen, war für die Sowjetunion der wichtigste Grund, einen „Neuen Kurs" in der DDR zu erzwingen. Diese abrupte Kurskorrektur – ohne propagandistische Vorbereitung vom Politbüro der SED am 9. Juni beschlossen und in Verordnungen des Ministerrates vom 11. Juni 1953 veröffentlicht – löste den Volksaufstand vom 17. Juni 1953 aus, der allerdings sehr viel tiefer liegende Ursachen hatte.

Während sowjetische Quellen die wahren Gründe der Fluchtbewegung – die Verschärfung des Klassenkampfs von oben und die schlechte Versorgungslage – richtig analysierten, bezeichnete die DDR auch in internen Quellen fälschlich die bewusste Abwerbung von Seiten der Bundesrepublik, die Hetze gegen die DDR in den westdeutschen Medien und das Verschleiern der wirtschaftlichen und sozialen Probleme, die die Flüchtlinge im Westen erwarteten, als Ursachen der Fluchtbewegung. Angeblich ermunterten auch die Briefe von so genannten Republikflüchtlingen andere zur Flucht aus der DDR. Seit Ende 1953 wurden monatliche Berichte der Vorsitzenden der Kreis- und Bezirksräte der DDR über die „Republikflucht" angefordert und Maßnahmen zur Eindämmung der Flucht ergriffen. Insbesondere bemühte man sich, die Abwanderung von Fachkräften und der so genannten technischen und wissenschaftlichen Intelligenz zu verhindern. Dazu dienten unter anderem Prozesse gegen „Abwerber" sowie die Agitation der DDR-Medien und der Massenorganisationen gegen die Flucht. Zunehmend wurden auch wirtschaftliche Gründe für die Fluchtbewegung ins Feld geführt, insbesondere der Lastenausgleich in der Bundesrepublik, der viele Vertriebene zur Abwanderung veranlasse, sowie schließlich auch die ökonomischen Schwierigkeiten in der DDR.[3]

DDR-Politik gegenüber Rückkehrern und Immigranten

Wie die Arbeit von Andrea Schmelz über die West-Ost-Migration in die DDR in den fünfziger und sechziger Jahren zeigt, hat sich die DDR seit 1953 bemüht, den Verlust an Bevölkerung und Arbeitskräften durch die Förderung der Rückkehr von Flüchtlingen und den Zuzug von Bewohnern der Bundesrepublik auszugleichen. Insgesamt gingen im Zeitraum von 1950 bis 1968 ca. 600 000 Personen in die DDR, von denen etwa zwei Drittel Rückkehrer und ein Drittel Zugezogene aus der Bundesrepublik waren.[4] Bei den Rückkehrern handelte es sich vor allem um Auswanderer, die im Notaufnahmeverfahren abgelehnt worden waren, im Westen keine Arbeit und keine Wohnung erhielten oder zu ihren Familien zurückkehrten. Auch bei den aus der Bundesrepublik zugezogenen rund 200 000 Personen überwogen familiäre und wirtschaftliche Gründe, während nur etwa zwei Prozent der Zugezogenen politische Motive für die Einwanderung in die DDR angaben.

Insgesamt war die Haltung der DDR zur Rückkehr von Auswanderern und zum Zuzug von Immigranten aus dem Westen durch einen Zick-Zack-Kurs geprägt. Bis 1952 stand die DDR diesen Menschen wegen des Mangels an Wohnraum, des Überangebots an Arbeitskräften und des vordringlichen Problems der Eingliederung von Vertriebenen aus dem Osten und von Kriegsheimkehrern restriktiv gegenüber. Im Juni 1953 erzwang die Sowjetunion eine Verlangsamung des Tempos beim „Aufbau der Grundlagen des Sozialismus“, den die II. Parteikonferenz der

II. Parteikonferenz der SED, 9. bis 12. Juli 1952. Das Podium mit Wilhelm Pieck am Rednerpult.

SED vom 9. bis 12. Juli 1952 beschlossen hatte. Im Rahmen dieser Politik des „Neuen Kurses" sah sich die DDR zu einem Richtungswechsel auch bei der Behandlung der Rückkehrer genötigt. Am 11. Juni 1953 wurde den ausgewanderten Bauern und den anderen Flüchtlingen in Aussicht gestellt, sie könnten ihr nach der Flucht beschlagnahmtes Eigentum zurückerhalten; sofern das nicht möglich war, sollten sie einen Ersatz oder doch zumindest verbilligte Kredite erhalten. Ausdrücklich wurde ihnen zugesichert, dass sie keine Nachteile befürchten müssten. Die Maßnahme beunruhigte diejenigen, die von der Beschlagnahmung fremder Vermögen profitiert oder zurückgelassene Wohnungen übernommen hatten. Zudem glaubten jetzt viele DDR-Bürger, die schon vorher enteignet worden waren, fälschlicherweise, die Verordnung über die Rückgabe von Vermögen und Wohnungen an zurückkehrende Flüchtlinge betreffe auch sie. Tatsächlich hat die Verordnung, die Mitte Oktober 1953 auslief, nur wenige zur Rückkehr bewogen.

Die Werbung um Zuzug aus der Bundesrepublik galt zudem nicht den westdeutschen Mitgliedern der KPD und der FDJ, die in der Bundesrepublik eine Schwächung von Staat, Wirtschaft und Gesellschaft bewirken sollten und denen man daher häufig die Aufnahme verweigerte. In der Bundesrepublik haben die gezielten Bemühungen der DDR um die Übersiedlung von Jugendlichen Mitte der fünfziger Jahre bewirkt, dass die Integrationsangebote für jugendliche Zuwanderer aus der DDR erweitert wurden.[5]

Die DDR ihrerseits ging, nachdem sie von 1953 bis zum Sommer 1957 die Zuwanderung gefördert hatte, vom Winter 1957/58 bis zum Mauerbau 1961 (mit Ausnahme einiger Monate des Jahres 1959) wieder zu einer Abschottungspolitik gegenüber der Bundesrepublik über. Grund dafür war, dass man über die Einschleusung von Agenten und den angeblich hohen Anteil „Arbeitsscheuer", so genannter „asozialer und krimineller Elemente", an den West-Ost-Migranten beunruhigt war. Nicht unähnlich dem NS-Sprachgebrauch war in inflationärer Häufung von „Asozialen" die Rede. In der DDR waren schon seit Sommer 1953 Aufnahmestellen für Immigranten errichtet worden, wo man diese systematisch überprüfte. Später wurde die Entscheidung über die Aufnahme an die Grenze vorverlegt; dort wurden

zum Beispiel im dritten Quartal 1958 zwei Fünftel der Einreisewilligen zurückgewiesen.
Insgesamt hat die West-Ost-Migration im Vergleich zur Flucht und Zuwanderung aus der DDR nur eine marginale Rolle gespielt. Viele Rückkehrer und Zugezogene wurden zudem berufsfremd in niedrig entlohnten Arbeiten beschäftigt und oft in eine gesellschaftliche Randlage gedrängt. Eine große Zahl von ihnen kehrte in die Bundesrepublik zurück, solange das noch möglich war. Mit dem Mauerbau endete auch eine nennenswerte West-Ost-Wanderung.

Flucht im Herbst 1989

Die Mauer war eine der Existenzbedingungen der DDR. Achtundzwanzig Jahre lang hat die SED-Führung sie perfektioniert: Stacheldraht wurde zunächst durch Hohlblocksteine ersetzt, an deren Stelle dann eine dreieinhalb Meter hohe Betonplattenwand trat. Streckmetallgitterzäune, elektronische Alarmsysteme, Beobachtungstürme, Kettenhunde, Kfz-Sperrgräben kamen hinzu. Lichttrassen leuchteten den Todesstreifen taghell aus, so dass auch nachts günstige Sicht- und Schussverhältnisse herrschten.
Zwischen 1961 und 1989 wurden mehrere hundert Menschen getötet und mehr als tausend zum Teil schwer verletzt, die trotz der Minen an der innerdeutschen Grenze und ungeachtet des Befehls, rücksichtslos von der Schusswaffe Gebrauch zu machen, einen Fluchtversuch wagten. Allein der Versuch, die Berliner

Erich Honecker dankt Angehörigen der Grenztruppen für ihren Einsatz beim Ausbau der innerdeutschen Grenze, 15. September 1961.

Mauer zu überwinden, endete für mehr als einhundert Menschen tödlich. Zehntausende, die ihren Staat verlassen wollten, wurden kriminalisiert und eingesperrt.

Doch auch wenn die Mauer technisch immer perfekter geworden war – politisch wurde sie in den achtziger Jahren brüchig. Dabei wirkten innere und äußere Faktoren zusammen. Zum einen war die DDR in einem ökonomischen Niedergang begriffen. Zum anderen sah sie sich durch die auf Helsinki folgenden KSZE-Konferenzen in Madrid und Wien zur Anpassung an Menschenrechtskonventionen genötigt. Und schließlich kam 1989 ein weiterer äußerer Druck zur Veränderung hinzu. Die Sowjetunion steckte in einer tiefen Krise. Gorbatschow entließ die Warschauer-Pakt-Staaten zunehmend in die Selbstständigkeit. Polen und Ungarn leiteten als Erste demokratische Reformen ein. Um das Wettrüsten zu beenden und damit ihre Militärausgaben zu begrenzen, war die Moskauer Führung zu Zugeständnissen bei Menschenrechtsforderungen bereit. Im Januar 1989 unterschrieben mit der Sowjetunion auch all ihre Verbündeten das Wiener KSZE-Abkommen. Darin verpflichteten sie sich, jedem gesetzlich das Recht zu garantieren, aus seinem Land auszureisen und auch dorthin zurückzukehren.

Doch am 5. Februar wurde in Berlin erneut geschossen: Der 20-jährige Chris Gueffroy wurde getötet, als er versuchte, über die Mauer zu fliehen. Jetzt zeigten die internationalen Proteste Wirkung. „Lieber einen Menschen abhauen lassen, als in der jetzigen politischen Situation die Schusswaffe anzuwenden", gab Erich

Die Berliner Mauer mit beleuchtetem Mauerstreifen am Potsdamer Platz, 1. Oktober 1982.

Honecker als Parole aus – und hob heimlich am 3. April den Schießbefehl auf.

Als Reaktion auf die Wiener KSZE-Konferenz versuchte Honecker zudem, den Druck von über 100 000 Anträgen auf ständige Ausreise durch eine Lockerung der Ausreisebeschränkungen abzubauen; er bewilligte im ersten Halbjahr 1989 mehr Ausreiseanträge als insgesamt in den vier Jahren zuvor – 46 000 bis Anfang Juli. Doch statt den Druck zu vermindern, bewirkte die „großzügige“ Genehmigungspraxis das Gegenteil: Die Zahl der Ausreiseanträge stieg weiter an. „Jetzt muss langsam Schluss sein!“, forderte Honecker am 5. Juli – doch stattdessen brach der Damm an einer anderen Stelle.

Am 2. Mai 1989 begannen ungarische Grenzsoldaten demonstrativ mit dem Abbau des Stacheldrahtzauns zu Österreich. Am 12. Juni wurde der Beitritt Ungarns zur Genfer Flüchtlingskonvention rechtskräftig. Das war zunächst noch kein Grund zur Sorge im SED-Politbüro, da ungarische Behörden offiziell versicherten, DDR-Bürger seien davon nicht betroffen. Kaum jemand rechnete zu diesem Zeitpunkt damit, was im Sommer passieren sollte: Ausreisewillige Ostdeutsche besetzten die Ständige Vertretung der Bundesrepublik in Ost-Berlin und die bundesdeutschen Botschaften in Warschau, Prag und Budapest, Tausende zumeist jugendliche DDR-Bürger traten ihre Urlaubsfahrt nach Ungarn mit der Absicht an, nicht mehr in die DDR zurückzukehren, sondern über Österreich in die Bundesrepublik auszureisen. Budapest verwandelte sich allmählich in ein Flüchtlingslager.

Die Außenminister Ungarns und Österreichs, Gyula Horn (rechts) und Alois Mock (links), zerschneiden den Grenzzaun bei Sopron, 27. Juni 1989.

Am 10. September kündigte die ungarische Regierung der SED ihre Rolle als Hilfs-Grenzpolizei auf. Sie öffnete die Grenze zu Österreich auch DDR-Bürgern.
Die Mauer bröckelte, doch noch fand die SED Unterstützung in Prag. Die tschechoslowakische Regierung verschärfte die Kontrollen für DDR-Bürger an ihrer Grenze zu Ungarn. Als Folge hielten sich Ende September über 10 000 DDR-Bürger in der Botschaft der Bundesrepublik in Prag auf, um ihre Ausreise in die Bundesrepublik zu erzwingen. Am 30. September gab Honecker nach und ließ die Botschaftsflüchtlinge ziehen.
Die SED-Machthaber standen vor der Frage, entweder eine befriedigende Lösung für das Reiseproblem zu finden oder aber die DDR auch nach Süden hin abzuriegeln. Erich Honecker entschied sich für den zweiten Weg: Am 3. Oktober ließ er die Grenze zur ČSSR schließen. Und er befahl, Demonstrationen „im Keime zu ersticken".
Während die Partei- und Staatsführung Feierlichkeiten zum 40. Jahrestag der DDR inszenierte, wurden die Ausreisewelle und die Schließung der Grenze zur ČSSR zum Auslöser für offenen politischen Protest. In Leipzig drohte am Abend des 9. Oktober eine „chinesische Lösung". Honecker und Staatssicherheitschef Mielke gaben den Befehl, „Zusammenrottungen" und „Krawalle" zu unterbinden – doch zu viele Menschen gingen auf die Straße. Am Ende kapitulierte die Staatsmacht vor 70 000 friedlichen Demonstranten. Während im Politbüro Erich Honecker

Die erste Leipziger Montags-Demonstration zieht nach dem Friedensgebet in der Nikolaikirche über den Innenstadtring, 25. September 1989.

gestürzt und Egon Krenz als sein Nachfolger eingesetzt wurde, breiteten sich in kurzer Zeit Demonstrationen im ganzen Land aus und erreichten auch die Klein- und Mittelstädte. Die Demonstranten forderten überall freie Wahlen, die Zulassung von Oppositionsgruppen und vor allem Reisefreiheit.

Am 6. November veröffentlichte die SED-Führung den beim Sturz Honeckers versprochenen Entwurf für ein Reisegesetz. Er sollte öffentlich diskutiert und noch vor Weihnachten von der Volkskammer in Kraft gesetzt werden. Doch statt politischen Druck abzubauen, heizte die Vorlage des Entwurfs die kritische Stimmung auf den am selben Tag stattfindenden großen Demonstrationen in zahlreichen Städten zusätzlich an. Streikdrohungen in den südlichen Bezirken veranlassten die SED-Führung, die Sperre für Reisen in die Tschechoslowakei ab dem 1. November aufzuheben. Umgehend füllte sich die bundesdeutsche Botschaft in Prag erneut mit ausreisewilligen DDR-Bürgern. Unter dem Druck der tschechoslowakischen Regierung entschloss sich die SED-Führung, ihren Bürgern ab dem 4. November die Ausreise in die Bundesrepublik über die ČSSR zu gestatten. Damit stand der Eiserne Vorhang nicht nur über den Umweg durch Ungarn, sondern auch durch die direkt benachbarte ČSSR offen. Innerhalb weniger Tage benutzten 50 000 DDR-Bürger diesen neuen Weg. Die ČSSR erhob in Ost-Berlin schärfsten Protest gegen die Völkerwanderung durch ihr Land und forderte die SED ultimativ auf, ihre Probleme selbst zu lösen.

Am Morgen des 7. November tagte das Politbüro. Ein Vorziehen des gesamten Reisegesetzes lehnte die Mehrheit seiner Mitglieder ab, weil ihr die Bereitstellung von Devisen für die Reisenden nicht möglich schien. Allein den Ausreiseteil des Reisegesetzentwurfs in Kraft zu setzen, hatte keinen Sinn. Die SED-Führung steckte am Vorabend des 9. November in einer schier ausweglosen Lage.

Die Öffnung der ungarisch-österreichischen Grenze hatte das Machtverhältnis zwischen Regime und Bevölkerung verschoben. Der Ausreisesog erzeugte in der DDR sozusagen eine Gegenströmung: In ihr artikulierten sich diejenigen, die bleiben wollten und nun zum ersten Mal die Chance sahen, dafür dem Regime Bedingungen zu stellen: „Wir bleiben hier, aber nur, wenn es nicht so bleibt, wie es ist“, lautete eine frühe Leipziger Demonstrationslosung. Nach dem Bau der Mauer hatte die SED durch die dosierte Genehmigung von Ausreisen das oppositionelle Potenzial noch schwächen können; denn die Ausreise von Verwandten, Freunden und Bekannten in den Westen hatte die Zurückgebliebenen zumeist mehr deprimiert, als dass sie politischen Protest hervorgerufen hätte. Im Herbst 1989 lagen die Dinge jetzt erstmals seit 1961 anders: Die Möglichkeit der Ausreise ließ sich als Druck- und Drohmittel einsetzen, um für das Bleiben einen politischen Preis zu verlangen. Die Abwanderung schwächte das politische Widerspruchspotenzial nicht länger, sondern gab ihm gesellschaftlichen Nachdruck. Die Massenausreise im Sommer und Herbst 1989 wurde so zur Voraussetzung und Bedingung des sich entfaltenden Massenprotests.

Die Fluchtwelle 1989/90 und die deutsche Einigung

Welche Bedeutung hatte nun die anhaltende Fluchtwelle *nach* dem Fall der Mauer als Katalysator des deutschen Einigungsprozesses? Die ersten Flüchtlinge, die über Ungarn und die Tschechoslowakei im Spätsommer und Frühherbst 1989 in die Bundesrepublik kamen, waren begeistert begrüßt worden. Diese Haltung im Westen änderte sich jedoch, nachdem die Mauer am 9. November 1989 gefallen war. Jetzt erschienen die Übersiedler aus der DDR als Belastung des durch hohe Arbeitslosigkeit

Menschen auf der Mauer am Brandenburger Tor, 10. November 1989.

gekennzeichneten Arbeitsmarktes und als Konkurrenten um den knappen Wohnraum. Immer häufiger wurde ihnen vorgeworfen, sie belasteten die deutschen Sozialkassen. Die Zuwanderer aus der DDR erhielten nämlich im Notaufnahmelager eine Erstbetreuung und eine einmalige Zuwendung von 200 DM. Zudem hatten sie Anspruch auf zinsverbilligte Einrichtungsdarlehen und westdeutsche Sozialleistungen, insbesondere Arbeitslosengeld und eventuell auch Rente.

Der saarländische Ministerpräsident Oskar Lafontaine, der auch nach dem Fall der Mauer lange Zeit bewusst an der Zweistaatlichkeit in Deutschland festhielt, machte sich zum Sprecher einer Politik, die den Strom der Übersiedler mit administrativen Maßnahmen stoppen wollte. Am 25. November 1989 schlug er vor, den Zuwanderern sollte der Zugriff auf die sozialen Sicherungssysteme der Bundesrepublik verwehrt werden, und stellte sogar die Beibehaltung der gemeinsamen Staatsbürgerschaft, die im Grundgesetz verankert war, in Frage. Während dieser radikale Schritt auch von seiner Partei, der SPD, nicht unterstützt wurde, fand seine spätere Forderung – mit der er auf das Notaufnahmegesetz vom 22. August 1950[6] zurückgriff –, den Bürgern der DDR die Aufenthaltserlaubnis und damit den Zugang zu deutschen Sozialleistungen zu entziehen, ein starkes Echo, insbesondere bei den Kommunen und bei den Ländern, die die Hauptlast bei der Eingliederung der Zuwanderer zu tragen hatten. Dass Lafontaine bei der Landtagswahl im Saarland am 28. Januar 1990 fast 55 Prozent der Stimmen erhielt, mag dafür als Beleg gelten und untermauerte seinen Anspruch, bei der im Herbst anstehenden Bundestagswahl von der SPD als Kanzlerkandidat aufgestellt zu werden. Laut einer repräsentativen Umfrage des Forsa-Instituts vom 21. bis 23. Februar 1990 sprachen sich inzwischen die Bundesbürger mehrheitlich für einen Einreisestopp für Zuwanderer aus der DDR aus und vertraten die Ansicht, die Übersiedler genössen „ungerechtfertigte Vorteile“ und nähmen ihnen Wohnungen und Arbeitsplätze weg.

Die Entscheidung der Bundesregierung, trotz dieser Stimmungslage im Westen an der bestehenden Praxis festzuhalten und keine künstlichen Mauern aus Verordnungen und Gesetzen zu errichten, war mitentscheidend für die Dynamik des deutsch-deutschen Einigungsprozesses. Die Politik der Regierung stellte dabei eine gefährliche Gratwanderung dar. Sie durfte weder eine Radikalisierung der anhaltenden Demonstrationen auf der Straße provozieren, die zu gewaltsamen Auseinandersetzungen und zur Intervention der Sowjetunion hätte führen können, noch durfte sie durch die Bewilligung der von der Regierung Modrow geforderten großzügigen finanziellen Soforthilfe eine Stabilisierung der noch immer von der SED bzw. PDS geführten DDR-Regierung bewirken. Damit wäre der Weg zur sozialen Marktwirtschaft und zur weiteren Demokratisierung der DDR versperrt und die Chance der deutschen Einheit verspielt worden.

Zudem fiel schwer ins Gewicht, dass der Massenexodus aus der DDR neben den Demonstrationen der sichtbare Ausdruck für die mangelnde Akzeptanz des Regimes und den Willen der DDR-Bürger zur Vereinigung mit der Bundesrepublik war. Die massenhafte Zuwanderung von knapp 350 000 Personen im Jahr 1989 und weiteren 184 000 – oder 2 000 pro Tag – in den Monaten von Januar bis März 1990 führte allerdings zur Zuspitzung der Lage auf dem Arbeitsmarkt der Bundesrepublik. Im Durchschnitt der Monate Januar bis März 1990 waren 135 000 Übersiedler arbeitslos. Dazu kamen etwa 130 000 arbeitslose Aussiedler, vor allem aus Polen, der Sowjetunion und Rumänien, so dass Bundesarbeitsminister Norbert Blüm am 8. Februar 1990 wegen der „europäischen Dimension" dieser Arbeitslosigkeit bei der zuständigen Kommissarin der Europäischen Kommission eine „Gemeinschaftsinitiative zur Förderung der beruflichen Eingliederung" der Übersiedler und Aussiedler verlangte.

In dieser Situation setzte sich zunächst das Finanzministerium für eine Währungsunion mit der DDR ohne Übergangsfristen ein. Diese Politik, die im Widerspruch zum Sachverstand der wirtschaftswissenschaftlichen Experten und der Bundesbank stand, wurde von Bundeskanzler Helmut Kohl und den Führern der Koalitionsparteien übernommen. Das am 7. Februar 1990 erfolgte Angebot einer Wirtschafts- und Währungsunion war ein Signal an die DDR-Bürger, in ihrem Staat zu bleiben. Die Bundesregierung nahm damit gleichsam den Slogan auf, mit dem immer mehr DDR-Bürger in Demonstrationen und auf Plakaten ihren Unmut über die Verhältnisse in der DDR zum Ausdruck brachten: „Kommt die D-Mark nicht zu uns, gehen wir zur D-Mark." Durch das Angebot der Währungs-, Wirtschafts- und

später auch der Sozialunion, das die nach der Volkskammerwahl vom 18. März 1990 neu gebildete Regierung de Maizière aufgriff, wurde die Entwicklung zur deutschen Einheit – ohne den Umweg über die von Modrow gewünschten konföderativen Strukturen – unumkehrbar gemacht.
Die Auswanderung aus der DDR, die dann tatsächlich in der zweiten Jahreshälfte 1990 auf 110 000 Personen zurückging, hatte also nicht nur wesentlichen Anteil am Fall der Mauer am 9. November 1989. Sie hat auch den politischen Prozess, der am 3. Oktober 1990 zur deutschen Einigung führte, entscheidend beschleunigt.

Rund eine Million Menschen feiern die Wiedervereinigung Deutschlands vor dem Brandenburger Tor, 3. Oktober 1990.

DEM SOZIALISMUS GEHÖRT DIE ZUKUNFT
WERKTÄTIGE EINZELBAUERN
WERDET MITGLIEDER DER
LPG

Motive für Flucht und Ausreise aus der DDR

Henrik Bispinck

Die DDR in Richtung Westen zu verlassen – ob in den fünfziger Jahren durch Flucht oder nach dem Mauerbau zumeist in Form der Ausreise –, bedeutete im Leben jedes Betroffenen einen tiefen Einschnitt. Eine Rückkehr in die DDR war zwar möglich, wurde im Lauf der Zeit aber zunehmend schwieriger und war oft mit unkalkulierbaren Risiken verbunden. Wer aus der DDR floh oder ausreiste, verließ meist für immer seine Heimat, ließ Familie, Freunde und Kollegen zurück und gab einen sicheren Arbeitsplatz auf. Die Notwendigkeit, die Fluchtabsicht auch vor nahestehenden Menschen geheimzuhalten, machte es oft unmöglich, persönlich Abschied zu nehmen; materielle Güter konnten höchstens in geringem Umfang mitgenommen werden. Viele Flüchtlinge kamen mit einem Handkoffer, der nur das Nötigste fasste, andere gar nur mit dem, was sie am Körper trugen. Im Westen erwartete sie eine ungewisse Zukunft – die Ankommenden mussten in einer für sie fremden Gesellschaft mit einem unbekannten politischen und wirtschaftlichen System zurechtkommen und einen privaten und beruflichen Neuanfang wagen. Was trieb Millionen von Menschen unter diesen Bedingungen dazu, die DDR zu verlassen?

Vielfältige Gründe

Wie die Zeitgenossen die Motive der DDR-Flüchtlinge sahen, war in hohem Maß vom jeweiligen politischen Standpunkt abhängig und dementsprechend zwischen Ost und West polarisiert: Die DDR-Regierung stellte die Flucht als Folge westlicher „Abwerbung“ oder Verführung durch den „angeblich ‚goldenen Westens‘“ dar und räumte eigene Fehler und Probleme wenn überhaupt nur in internen Berichten ein – während in der Bundesrepublik auf politischer Ebene die Interpretation dominierte,

◄ Blick in den Ausstellungsraum „Gründe zu gehen“.

dass der politische Druck in der DDR als Hauptursache für die Fluchtbewegung anzusehen und diese daher als „Abstimmung mit den Füßen" zugunsten des eigenen gesellschaftlichen Systems zu werten sei. In der westdeutschen Bevölkerung hingegen gab es zahlreiche Stimmen, die den Flüchtlingen vorrangig eigennützige wirtschaftliche Motive unterstellten; dies war besonders in Zeiten hoher Flüchtlingszahlen wie den fünfziger Jahren und den Monaten nach Öffnung der Grenze im November 1989 der Fall. Ein genauer Blick auf die quantitative Entwicklung der Flüchtlingszahlen sowie die in Interviews und Abschiedsbriefen zum Ausdruck kommenden individuellen Fluchtgründe erlaubt es, ein differenzierteres Bild zu zeichnen.
Die Gründe für eine Flucht oder Ausreise aus der DDR waren vielfältig. Sie reichten von direkter politischer Verfolgung – etwa wenn der Betroffene wegen öffentlichen Protests gegen Maßnahmen des SED-Regimes von Verhaftung bedroht war – über allgemeine Unzufriedenheit mit dem politischen und wirtschaftlichen System der DDR bis hin zu privaten Motiven wie dem Wunsch nach Familienzusammenführung. Die unterschiedlichen Fluchtmotive lassen sich nur schwer systematisieren oder in Kategorien einteilen. Private und wirtschaftliche Gründe können oft nicht von den politischen getrennt betrachtet werden, da sie in vielen Fällen durch das DDR-System bedingt waren. Zudem war selten nur ein einziges Motiv für die Entscheidung zur Flucht oder Beantragung der Ausreise verantwortlich, vielmehr gab es oft ein ganzes Bündel von Beweggründen, die sich überlagerten, ergänzten und verstärkten. In vielen Fällen hatte sich über Jahre hinweg eine allgemeine Unzufriedenheit mit der Situation in der DDR angestaut, und es bedurfte nur eines kleinen Anlasses, beispielsweise eines Konflikts mit einem Vorgesetzten, um die Flucht auszulösen. Manche Fluchtmotive betrafen nur bestimmte Berufe oder gesellschaftliche Gruppen, andere hingen von der aktuellen politischen Lage in der DDR ab. Letzteres lässt sich auch an der Entwicklung der Flüchtlingszahlen ablesen. In Zeiten starker Repression wie in den Monaten vor dem Aufstand am 17. Juni 1953 oder großer außenpolitischer Unsicherheit wie während der zweiten Berlinkrise 1960/61 war der Flüchtlingsstrom besonders groß.[1] Zu berücksichtigen sind darüber hinaus die unterschiedlichen Fluchtbedingungen vor und nach dem Bau der Berliner

Mauer am 13. August 1961: Bis zu diesem Datum konnte man trotz zunehmender Kontrollen und Gefahren verhältnismäßig leicht fliehen. Seit dem Mauerbau dagegen war jeder Fluchtversuch mit einem enormen, je nach gewähltem Weg oftmals tödlichen Risiko behaftet, während der Versuch, die DDR mittels Ausreiseantrag zu verlassen, in der Regel jahrelange Repressalien nach sich zog. Nach 1961 war demzufolge ein erheblich größerer „Leidensdruck" notwendig, bis jemand sich zum Weggehen durchrang.

Jenseits dieser notwendigen sektoralen und zeitlichen Differenzierung gab es zwei strukturelle Gründe für die Massenflucht, welche die gesamte Bevölkerung der DDR über alle Schichten hinweg betrafen und sich kontinuierlich durch die vierzigjährige Geschichte der deutschen Teilung zogen: Dies waren zum einen die undemokratischen Verhältnisse und der politische Druck in der DDR, die aus dem Herrschaftsanspruch und dem Umgestaltungswillen der Staatspartei SED resultierten und sich auf jeden einzelnen Bürger – wenn auch in unterschiedlichem Maße – auswirkten. Zum anderen war es die wirtschaftliche Überlegenheit des westdeutschen Teilstaates, die schon in den ersten Jahren der deutschen Teilung spürbar war und sich im Lauf der Zeit vergrößerte und verstetigte. Fast alle im Folgenden genannten individuellen Motive lassen sich auf diese beiden übergeordneten Gründe zurückführen.

Errichtung der SED-Diktatur

Beide genannten strukturellen Ursachen der Fluchtbewegung gingen auf das politische System der DDR und seine gesellschaftlichen und wirtschaftlichen Zielsetzungen zurück. Nach dem Ende des Zweiten Weltkriegs begannen die sowjetische Besatzungsmacht und die deutschen Kommunisten in ihrem Herrschaftsbereich mit dem Umbau der Staats- und Gesellschaftsordnung. Ziel war der Aufbau eines sozialistischen Staates nach sowjetischem Vorbild, in dem gemäß der marxistischen Ideologie die Arbeiterklasse die führende Rolle übernehmen sollte. Als deren legitimer Vertreter sah sich die Sozialistische Einheitspartei Deutschlands (SED), die Ende 1946 aus der (Zwangs)Vereinigung von KPD und SPD hervorgegangen war. Dem Ziel der Errichtung des „ersten Arbeiter- und Bauernstaats auf deutschem Boden“ hatten sich die Bürger in Ostdeutschland unterzuordnen. Nach demokratischen Anfängen setzten SED und sowjetische Besatzungsmacht ihren Herrschaftsanspruch zunehmend mit politischem Druck, Zwang und Gewalt durch. Politische Gegner wurden in Lager verschleppt und in Schauprozessen verurteilt, in Justiz und Verwaltung kam es zu Hunderttausenden von Entlassungen und Degradierungen, privaten Unternehmern und Bauern wurde die wirtschaftliche Existenz entzogen. Der offene Terror der vierziger und fünfziger Jahre wich in späterer Zeit subtileren Maßnahmen der Unterdrückung, wobei sich das Ministerium für Staatssicherheit (MfS) zu einem immer wichtigeren Instrument zur Kontrolle der Bevölkerung und zur Unterbindung von oppositionellen Aktivitäten entwickelte. Demokratische Bürgerrechte wie Versammlungs-, Meinungs- und Pressefreiheit waren in der DDR nicht gegeben.

Auf dem Gebiet der Ökonomie regierte der Plan. Nicht das – sozial gedämpfte – „freie Spiel der Kräfte“ wie in Westdeutschland sollte die Entwicklung der Wirtschaft bestimmen, sondern zentrale staatliche Lenkung. Mit dem Zweijahresplan 1949/50 wurde die zentrale Planwirtschaft eingeführt, für die in den Jahren zuvor durch die Enteignung der Großgrundbesitzer und die Verstaatlichung der Banken und der Grundstoffindustrie die Weichen gestellt worden waren. Die Unzulänglichkeiten der Planwirtschaft waren der wesentliche Grund dafür, dass die wirtschaftliche Entwicklung der DDR schon seit Anfang der fünfzi-

Tischzier zum ersten Fünfjahrplan der DDR 1951. Die Symbole Hammer, Zirkel und Ährenkranz stehen für die Berufsgruppen, die den Plan zum Erfolg bringen sollten: Arbeiter, „technische Intelligenz“ und Bauern.

ger Jahre der westdeutschen hinterherhinkte und diesen Rückstand bis 1989 nicht mehr aufholte.

Verfolgung von Politikern

Zu den am frühesten von der sozialistischen Umgestaltungspolitik betroffenen Menschen gehörten Politiker, die mit der politischen Entwicklung in der Sowjetischen Besatzungszone (SBZ) und der DDR nicht einverstanden waren, sich ihr nicht anpassen wollten oder sogar offen dagegen opponierten. Insbesondere in den späten vierziger und frühen fünfziger Jahren flohen zahlreiche, zum Teil hochrangige Politiker der DDR, die mit der SED-Führung und ihrem absoluten Herrschaftsanspruch in Konflikt geraten waren. Dies betraf vor allem Mitglieder der christlich-demokratischen und liberalen Parteien (CDU und LDP), aber auch Sozialdemokraten, die nach der Zwangsvereinigung mit der KPD an den Rand gedrängt wurden und sich dagegen zu Wehr setzten. Sie flohen teils aus Enttäuschung darüber, dass sie ihre politischen Vorstellungen in der DDR nicht verwirklichen konnten, teils auch aus Furcht vor Verfolgung. Diese machte selbst vor hohen Funktionären und SED-Mitgliedern nicht Halt, wie spätestens die Verurteilungen der Minister Karl Hamann (LDP), Georg Dertinger (CDU) und Max Fechner (SED) zu hohen Zuchthausstrafen in den Jahren 1952 und 1953 zeigten.

Viele der geflüchteten Politiker machten später in der Bundesrepublik Karriere. Zu den prominentesten unter ihnen zählen Jakob Kaiser und Ernst Lemmer (CDU), die im Dezember 1947 von der Sowjetischen Militäradministration als CDU-Vorsitzende der SBZ abgesetzt wurden und kurz darauf nach West-Berlin gingen. In der Bundesrepublik wurden sie als Minister für gesamtdeutsche Fragen (Kaiser und Lemmer) bzw. als Vertriebenenminister (Lemmer) bekannt. Auch der spätere Vertriebenenminister und langjährige Fraktionsvorsitzende der FDP im Bundestag, Wolfgang Mischnick, floh im April 1948 vor drohender Verhaftung nach West-Berlin, nachdem die Sowjets ihn zuvor trotz legitimer Wahl nicht als stellvertretenden Landesvorsitzenden von Sachsen akzeptiert hatten.[2] Dass sich auch weniger exponierte Politiker politischer Verfolgung ausgesetzt sahen, zeigt der

Jakob Kaiser, Bundesminister für gesamtdeutsche Fragen von 1949 bis 1957.

Abschiedsbrief eines sachsen-anhaltinischen CDU-Abgeordneten, der sich nach der Einsetzung des neuen, prokommunistischen Landesparteivorstandes im Sommer 1950 zur Flucht aus der DDR gezwungen sah: „Hiermit gebe ich Ihnen davon Kenntnis, dass ich das Gebiet der Deutschen Demokratischen Republik verlassen musste, um meine persönliche Freiheit nicht zu verlieren. Ich musste diesen Schritt tun, weil von mir Dinge verlangt wurden, die ich mit meinem Gewissen nicht vereinbaren konnte.“[3]

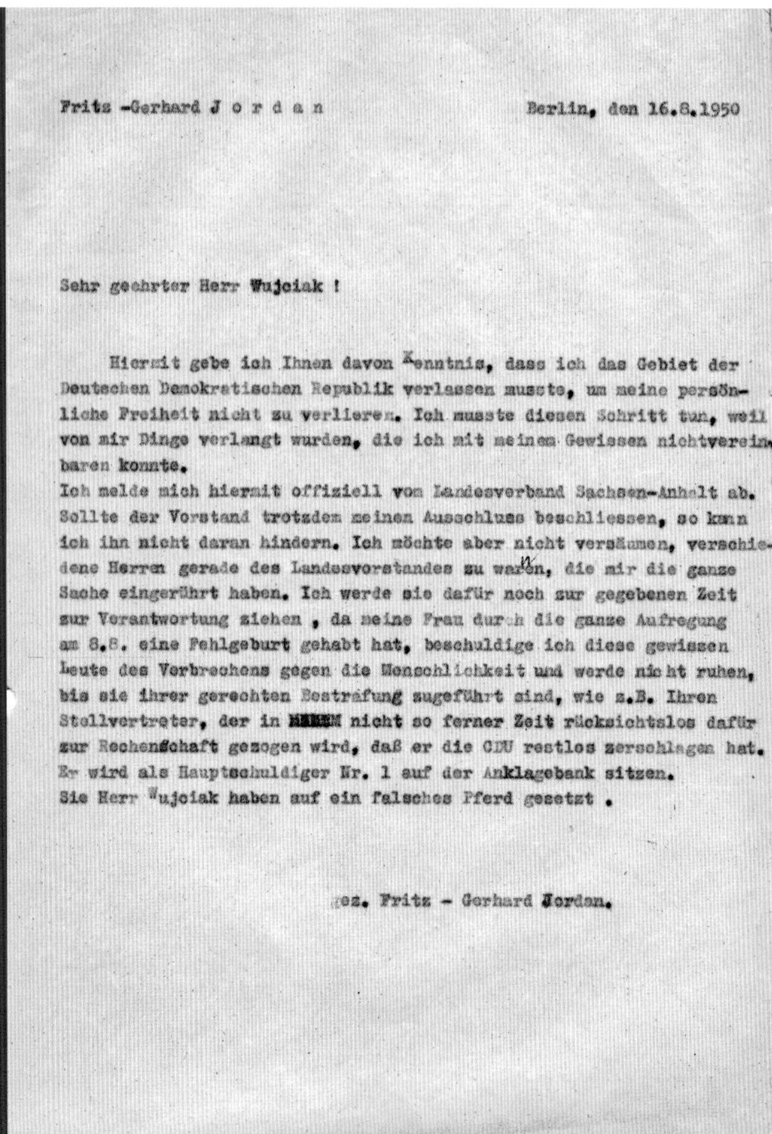

Fritz -Gerhard J o r d a n   Berlin, den 16.8.1950

Sehr geehrter Herr Wujciak !

Hiermit gebe ich Ihnen davon Kenntnis, dass ich das Gebiet der Deutschen Demokratischen Republik verlassen musste, um meine persönliche Freiheit nicht zu verlieren. Ich musste diesen Schritt tun, weil von mir Dinge verlangt wurden, die ich mit meinem Gewissen nichtvereinbaren konnte.
Ich melde mich hiermit offiziell vom Landesverband Sachsen-Anhalt ab. Sollte der Vorstand trotzdem meinen Ausschluss beschliessen, so kann ich ihn nicht daran hindern. Ich möchte aber nicht versäumen, verschiedene Herren gerade des Landesvorstandes zu warnen, die mir die ganze Sache eingerührt haben. Ich werde sie dafür noch zur gegebenen Zeit zur Verantwortung ziehen , da meine Frau durch die ganze Aufregung am 8.8. eine Fehlgeburt gehabt hat, beschuldige ich diese gewissen Leute des Verbrechens gegen die Menschlichkeit und werde nicht ruhen, bis sie ihrer gerechten Bestrafung zugeführt sind, wie z.B. Ihren Stellvertreter, der in [redacted] nicht so ferner Zeit rücksichtslos dafür zur Rechenschaft gezogen wird, daß er die CDU restlos zerschlagen hat. Er wird als Hauptschuldiger Nr. 1 auf der Anklagebank sitzen.
Sie Herr Wujciak haben auf ein falsches Pferd gesetzt .

gez. Fritz - Gerhard Jordan.

Abschiedsbrief des sachsen-anhaltinischen CDU-Landtagsabgeordneten Fritz-Georg Jordan an den Vorsitzenden der CDU Sachsen-Anhalt, Josef Wujciak, 16. August 1950. In Schreiben wie diesen legten viele nach gelungener Flucht den Zurückgebliebenen ihre Gründe für das Verlassen der DDR offen dar.

Ideologische Gängelung an Schule und Universität

Unter politischem Druck standen aber nicht nur Politiker, sondern viele Menschen, die in Beruf und Alltag mit der Ideologie oder der Staats- und Parteibürokratie in Konflikt gerieten. Ein besonders sensibler Bereich war das Bildungswesen. Schon im Zuge der Entnazifizierung waren an den Schulen und Universitäten der DDR Tausende von Lehrern und Professoren entlassen worden. Die Lehrpläne, insbesondere in den Geisteswissenschaften, basierten jetzt auf der kommunistischen Ideologie. Die neuen Unterrichtsinhalte, die den Grundüberzeugungen vieler Lehrer widersprachen, stürzten diese in Gewissenskonflikte, denen

Das Plakat von 1955 propagiert das Studium des Marxismus-Leninismus, der seit 1949/50 Pflichtfach für alle Studenten war.

sich manche nur durch die Flucht in den Westen zu entziehen vermochten. So begründete eine Grundschulleiterin diesen Schritt damit, dass sie „nicht mehr die innere Kraft aufbrachte, die Schüler weiterhin mit dem Gedankengut der SED vertraut zu machen“. In besonderem Maße waren kirchlich gebundene Lehrer von Gewissensnöten betroffen, wie der folgende Auszug aus dem Abschiedsbrief einer Rostocker Lehrerin zeigt: „Die letzten Monate haben gezeigt, dass ich meiner christlichen Einstellung wegen in eine immer schwierigere Situation gedrängt werde. Deshalb habe ich jetzt die Konsequenz gezogen und das Gebiet der DDR verlassen.“[4] Schüler, die sich in der „Jungen Gemeinde“ engagierten oder die Konfirmation der Jugendweihe vorzogen, gerieten ebenfalls in Konflikte und sahen sich nicht selten vor die Alternative gestellt, ihre schulische Karriere aufzugeben oder die DDR zu verlassen.

Doch auch Menschen, die den sozialistischen Ideen grundsätzlich positiv gegenüberstanden, konnten in die Flucht getrieben werden, weil die Staats- und Parteifunktionäre selbst vorsichtig geäußerte Kritik nicht duldeten. Dies musste etwa der Greifswalder Student Wilfried Seiring erfahren. Als engagierter Schüler und Student, Mitglied der Freien Deutschen Jugend (FDJ) und Anhänger der sozialistischen Ideen war er bereits mehrfach mit Auszeichnungen bedacht worden. Zum Verhängnis wurde ihm ein Aufruf zur Solidarität mit der ungarischen Revolution vom Herbst 1956, den er in seiner Funktion als FDJ-Seminargruppensekretär an alle FDJ-Hochschulgruppen der DDR verschickte. In einem Disziplinarverfahren wurde er für ein Jahr vom Studium ausgeschlossen mit der Auflage, sich in dieser Zeit in einem sozi-

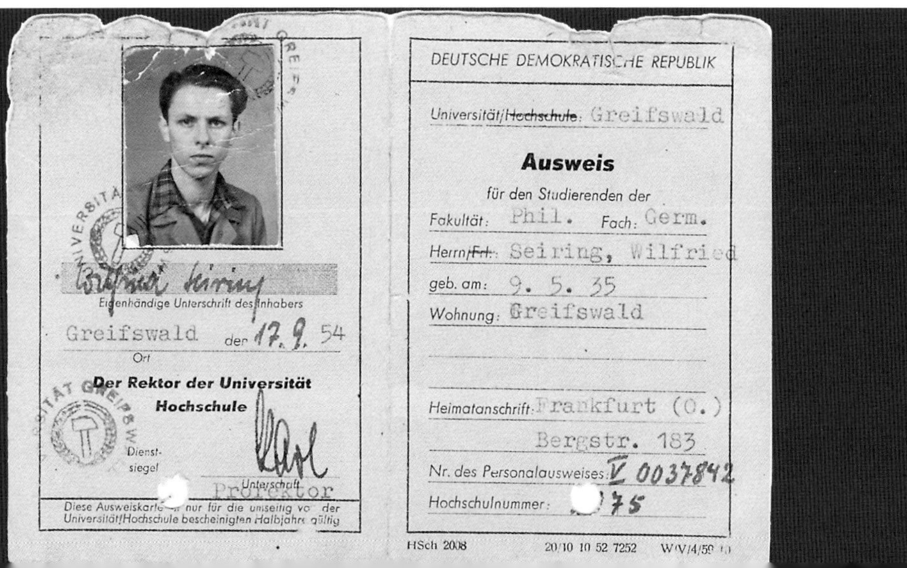

Studentenausweis von Wilfried Seiring. Der Ausweis wurde ihm bei der Relegation von der Universität 1957 entzogen; erst 2004 erhielt er ihn zurück.

alistischen Betrieb zu bewähren. In dem Bewusstsein, dass auch bei erfolgreicher Bewährung immer ein „schwarzer Fleck" in seiner Biografie bleiben würde, durch den er jederzeit erpressbar wäre, entschloss sich Seiring, die DDR zu verlassen und sein Studium in West-Berlin fortzusetzen.[5]

Bauernflucht

Die Flucht vieler Landbewohner aus der DDR war ebenfalls eine Folge politischer Maßnahmen von SED und Besatzungsmacht. So flohen zahlreiche der mehr als 7 000 Großgrundbesitzer, die im Zuge der wenige Monate nach Kriegsende in der SBZ eingeleiteten Bodenreform enteignet und von ihren Gütern vertrieben worden waren, in die Westzonen.[6] In den fünfziger Jahren war es zumeist die Nichterfüllung des Ablieferungssolls, die als Wirtschaftsverbrechen ausgelegt wurde und den betroffenen Bauern oft nur die Wahl zwischen einer langjährigen Haftstrafe und der Flucht in den Westen ließ. Für so genannte Großbauern mit einem Betrieb von über 20 Hektar landwirtschaftlicher Nutzfläche wurde das Soll häufig so hoch angesetzt, dass es nur unter optimalen Bedingungen erfüllt werden konnte. Davon war auch die Mecklenburger Landwirtin Charlotte Behncke betroffen, die in ihrem Dorf den größten Hof besaß und deren Ernte im Sommer 1950 durch ein schweres Hagelunwetter fast vollständig vernichtet wurde. Weil sie deshalb ihr Soll nicht erfüllen konnte, wurde sie verhaftet und eines Wirtschaftsverbrechens angeklagt. Zwar sprach das Landgericht Güstrow Behncke frei, doch sollte sie im folgenden Jahr die Ablieferungsrückstände ausgleichen, wozu die Erträge bei weitem nicht ausreichten. Daraufhin wurden sämtliche Vorräte auf dem Hof beschlagnahmt. Einer drohenden erneuten Verhaftung entzog sich Charlotte Behncke durch die Flucht in den Westen.[7]

Ein weiteres Fluchtmotiv für viele Bauern war der Zwang, sich einer Landwirtschaftlichen Produktionsgenossenschaft anzuschließen. Hieran lässt sich der Zusammenhang zwischen der Politik der SED und der „Republikflucht" besonders gut ablesen: In den Jahren 1953 und 1960, in denen die Kollektivierungswellen jeweils ihren Höhepunkt erreichten, flohen mit 11 613 und 5 637 Bauern viermal bzw. doppelt so viele Landwirte aus der DDR wie im Durchschnitt der übrigen fünfziger Jahre.[8] Lieber gaben sie ihren oft über Generationen vererbten Hof ganz auf, als ihn „freiwillig“ in eine Produktionsgenossenschaft einzubringen. Hinzu kam, dass die von der SED eingesetzten und nach politischen Kriterien ausgewählten Vorsitzenden häufig inkompetent waren. So äußerten geflüchtete Bauern im Lager Marienfelde die Befürchtung, „einem jungen, nur politischen Mann ausgeliefert zu werden, der nicht aus dem Dorfe stammt und von der Landwirtschaft wenig oder keine Ahnung“ hat. Wörtlich sagte ein Bauer: „Ich hatte eigentlich gar keinen wirtschaftlichen Grund. Ich hatte Angst vor mir selber, dass ich unserem Vorsitzenden nicht einmal die Mistgabel ins Kreuz jage. Ein junger Schnösel war das, vom Tuten und Blasen nicht die geringste Ahnung, nur dauernd politische Phrasen im Kopf. Das Transparent an der Scheunentür wurde wichtiger als die Arbeit im Stall.“[9] Auch bei den Handwerkern war der Druck zum Eintritt in eine Produktionsgenossenschaft, der sich seit 1958 verstärkte, häufig Anlass zur Flucht. So flohen im September 1958 drei Schneidermeister aus Frankfurt (Oder), die es abgelehnt hatten, einer Produktionsgenossenschaft beizutreten.[10] Einem selbstständigen Tischler, der den Eintritt in die Genossenschaft hartnäckig verweigert hatte, wurden ein Strafverfahren sowie die Schließung seines Betriebs angedroht, nachdem man bei einer Hausdurchsuchung Konsumgüter aus West-Berlin gefunden hatte. Daraufhin flüchtete er im Juni 1959 mit seiner Frau.[11]

Eingangstor der Zentrale einer Landwirtschaftlichen Produktionsgenossenschaft, 1958. Die Kollektivierungswellen von 1953 und 1960 zielten darauf, landwirtschaftliche Betriebe in Genossenschaften zu überführen. Sie hatten eine Massenflucht von Bauern zur Folge.

Kulturpolitische Engstirnigkeit

Der Bau der Berliner Mauer im August 1961 und der damit verbundene Ausbau des Grenzregimes unterbanden den Exodus aus der DDR zwar weitgehend, beseitigten aber nicht dessen Ursachen. Im Gegenteil: Dass nun das letzte Ventil geschlossen war und Reisen ebenso wie wechselseitige Besuche von Ost- und Westdeutschen vollständig unterbunden wurden, erhöhte den Druck im Kessel eher noch. Auch blieb nach der Schließung der Grenze eine dauerhafte innenpolitische Lockerung, wie manche sie erhofft hatten, aus. Eine kurze Phase kulturpolitischer Liberalisierung endete 1965 abrupt mit der 11. Tagung des Zentralkomitees der SED, die als so genanntes Kahlschlag-Plenum in die Geschichte einging. Auf der Tagung kritisierten SED-Funktionäre, allen voran Erich Honecker, „schädliche Tendenzen" in Film, Fernsehen und Literatur und griffen kritische Intellektuelle wie den Liedermacher Wolf Biermann, den Schriftsteller Stefan Heym und den Chemiker Robert Havemann scharf an. Betroffen von dieser kulturpolitischen Kehrtwende waren neben Autoren und Filmemachern vor allem Jugendliche, die sich seit Anfang der sechziger Jahre für Beatmusik begeisterten. Mit dem Tragen von Jeans und langen Haaren sowie speziellen Verhaltensritualen grenzten sie sich – bisweilen provozierend – von der als spießig empfundenen Erwachsenenwelt ab. War diese alternative Jugendkultur kurz zuvor noch geduldet worden, so wurden Kleidung,

Foto aus dem privaten Album von Hartmut Richter, das ihn (2. v. r.) im Kreis von Freunden bei einem Ausflug am Himmelfahrtstag 1964 zeigt. Der SED missfiel ein unkonventionelles Auftreten von Jugendlichen.

Auftreten und Musik der Jugendlichen seit Sommer 1965 plötzlich als „Einflüsse westlicher Unkultur“ diffamiert, die Jugendlichen selbst als „asozial“ und „arbeitsscheu“ beschimpft, ja gar als „Staatsfeinde“ und „Kriminelle“ abgestempelt.[12] Auf diese Weise wurde nonkonformes, aber im Grunde unpolitisches Verhalten politisch aufgeladen. Dies bekam auch der Oberschüler Hartmut Richter – Beatmusikfan und Jeansträger – zu spüren. Er wurde eines Tages auf dem Weg zur Schule von Mitarbeitern des Staatssicherheitsdienstes aufgegriffen, und seine langen Haare, die als Ausdruck „westlicher Dekadenz“ galten, fielen zwangsweise der Schere zum Opfer. Die Erfahrung, der staatlichen Gewalt ohnmächtig ausgeliefert zu sein, ließen seine bisher noch vagen Fluchtabsichten zum festen Entschluss werden: „Ab diesem Zeitpunkt stand eigentlich für mich fest: ‚Du wirst in diesem Staat nicht alt.‘“[13]

Gut zehn Jahre später endete erneut eine Phase verhältnismäßig freizügiger Kulturpolitik unter dem neuen SED-Generalsekretär Erich Honecker mit einem Paukenschlag: Im November 1976 wird dem Liedermacher Wolf Biermann während einer Konzertreise durch Westdeutschland die DDR-Staatsbürgerschaft entzogen und die Wiedereinreise in seine Heimat verweigert. Zahlreiche Intellektuelle, Künstler und Schauspieler protestieren öffent-

Galerie von Prominenten – darunter Wolfgang Leonhard (obere Reihe, 1. v. l.) Wolf Biermann (2. Reihe v. o., 2. v. l.), Katharina Thalbach (rechts daneben) und Falko Götz (untere Reihe, 1. v. l.) –, die aus der DDR in die Bundesrepublik flohen, ausreisten oder ausgebürgert wurden. Ihr Weggang bedeutete zugleich einen Prestigeverlust für die DDR, die sich nach außen stets als positives Gegenstück zur Bundesrepublik darzustellen suchte.

lich gegen die Ausbürgerung Biermanns, und viele von ihnen, darunter so prominente Persönlichkeiten wie die Schauspieler Manfred Krug und Katharina Thalbach, die Schriftsteller Reiner Kunze und Jurek Becker sowie die Sängerin und Stieftochter Biermanns, Nina Hagen, siedeln in der Folgezeit in die Bundesrepublik über.

Unterdrückung persönlicher Freiheit

Beide kulturpolitischen Einschnitte waren jedoch nur besonders hervorstechender Ausdruck der Unterdrückung künstlerischer Freiheit und Einschränkung persönlicher Entfaltung während der gesamten Geschichte der DDR. Auch ohne direkt von politischer Verfolgung betroffen zu sein, fühlten sich viele Menschen eingesperrt, unfrei und – so der Ende der achtziger Jahre aus der DDR ausgereiste Uwe Bennies[14] – von „ständiger Gängelei“ durch Funktionäre und Bürokraten betroffen. Überall stießen die Menschen in der Gestaltung ihres eigenen Lebens an Grenzen – sei es, dass sie aus politischen Gründen kein Studium oder nicht die gewünschte Ausbildung absolvieren konnten, sei es, dass sie keinen freien Zugang zu bestimmten Medien, bestimmter Literatur oder Musik hatten. Die augenfälligste Begrenzung war freilich die mangelnde Reisefreiheit. Schon in den fünfziger Jahren hatten zahlreiche Flüchtlinge die fehlenden Möglichkeiten zu Reisen in den Westen als Hauptgrund für ihre Flucht angegeben. So schrieb eine Lehrerin in ihrem Abschiedsbrief, dass sie „niemals auf den Gedanken gekommen wäre, für immer von hier fortzugehen, wenn sie die Möglichkeit gehabt hätte, jedes Jahr in ihrem Urlaub zu ihren Angehörigen nach Westdeutschland zu reisen“. Ähnlich äußerte sich eine Krankenschwester in einem Brief an ihren ehemaligen Chef, in dem sie einen Mitarbeiter des Volkspolizeikreisamts für ihren Weggang verantwortlich machte: Dieser „hätte mir meine Bescheinigung für den Interzonenpass nicht verweigern sollen, dann wäre ich gar nicht auf den Gedanken gekommen, Rostock zu verlassen.“[15] Ärzte und Wissenschaftler betrachteten es zudem als unzumutbare berufliche Einschränkung, dass man ihnen die Teilnahme an Kongressen und Tagungen, die in der Bundesrepublik stattfanden, verweigerte.

Auch der künstlerischen Freiheit waren enge Grenzen gesetzt. Zahlreiche Bücher, die in der DDR geschrieben wurden, konnten nur im Westen veröffentlicht werden, beispielsweise Uwe Johnsons „Mutmaßungen über Jakob“. Viele der betroffenen Autoren verließen die DDR.

In den siebziger und achtziger Jahren trat zu dem Bedürfnis, Verwandte und Freunde in Westdeutschland zu besuchen, der Wunsch, Reisen in Staaten jenseits des „Eisernen Vorhangs" zu unternehmen. Städte wie Paris, London, Florenz und Rom oder die Strände des Mittelmeers waren für die Menschen in der DDR ebenso begehrte Reiseziele wie für viele Westdeutsche, blieben für sie jedoch unerreichbar, da Urlaubsreisen nur innerhalb des „sozialistischen Auslands" und auch dort nur eingeschränkt möglich waren. Fernweh und Reiselust waren zwar selten die ausschlaggebenden, häufig aber zusätzliche Motive für die Flucht.

Unbefriedigte Konsumwünsche

Als gravierende Einschränkung der Lebensqualität empfanden viele DDR-Bürger die zu allen Zeiten mehr oder weniger großen Versorgungsengpässe bei bestimmten Konsumgütern. Für zahlreiche Produkte des täglichen Bedarfs musste man anstehen, auf ein neues Auto jahrelang warten, und Ersatzteile für Fahrzeuge und technische Geräte waren oft nur unter großen Schwierigkeiten oder mit Hilfe von „Beziehungen" zu bekommen. Zwar war der Lebensstandard in der DDR innerhalb des „Ostblocks" am höchsten, doch diente den Bürgern als Vergleichsmaßstab eben nicht das sozialistische Ausland, sondern der westdeutsche Teilstaat. Auch wenn Walter Ulbricht 1958 das Ziel ausgab, die Bundesrepublik innerhalb von drei Jahren im Pro-Kopf-Verbrauch an Konsumgütern zu überholen, und Erich Honecker noch Ende 1988 behauptete, „im Grunde genommen" sei „der Lebensstandard in der DDR höher" als in der Bundesrepublik[16] – die DDR-Propaganda vom angeblichen Elend im kapitalistischen Westdeutschland blieb wirkungslos, solange sich die Menschen selbst ein – wenn auch idealisiertes – Bild von den Verhältnissen in der Bundesrepublik machen konnten: in den fünfziger Jahren durch Besuchsreisen oder Ausflüge nach West-Berlin, nach dem Mauerbau durch das Westfernsehen und West-Pakete. Nur wenige Flüchtlinge formulierten das Streben nach höherem Verdienst und Lebensstandard jedoch so deutlich wie eine Mitte der fünfziger Jahre nach West-Berlin abgewanderte Angestellte in einem

Brief an ihre Mutter: „Wir werden monatlich ca. 450–500 Westmark sparen können, ohne dabei knapp zu leben. So kann ich in 2 Monaten eine erstklassige Schlafzimmereinrichtung oder 4 Kühlschränke kaufen. Kann man das bei uns?“ [17] In späterer Zeit sorgte weniger der im Vergleich zum Westen geringere Verdienst als der Mangel an Konsummöglichkeiten für Frustrationen, wie folgende Aussage von Uwe Bennies verdeutlicht: „Man hat als Handwerker nicht schlecht gelebt, also man hat gutes Geld verdient. Aber was war es wert? Sie konnten sich dafür nichts kaufen.“ [18] Besonders augenfällig wurde dieses Problem bei Reisen ins (sozialistische) Ausland. Dort fühlten sich Urlauber aus der DDR gegenüber denen aus Westeuropa häufig als „Touristen zweiter Klasse“, weil sie auf Grund des stark beschränkten Umtauschvolumens nur einen geringen Teil ihres Geldes legal mitführen und ausgeben konnten.

Private Gründe

Neben den zahlreichen Fluchtmotiven, die in der politischen und wirtschaftlichen Situation der DDR einerseits und der Anziehungskraft der Bundesrepublik andererseits zu suchen sind, gab es auch private und persönliche Gründe, die DDR Richtung Westen zu verlassen. Dabei gehörte der Wunsch nach der Zusammenführung von Familien, deren Angehörige im Osten und im Westen lebten, zu den häufigsten Motiven. Dies galt insbesondere für die Frühzeit der DDR, da in den Wirren der Nachkriegszeit zahlreiche Familien auseinander gerissen worden waren. Dass gegenseitige Besuchsreisen im Lauf der Jahre erschwert wurden und nach dem Mauerbau zeitweise völlig unmöglich waren, trug wesentlich zu dem Bedürfnis nach Familienzusammenführung bei. Hier zeigt sich ein Paradox in der Politik der SED: Die Unterbindung von Besuchsreisen zwischen West und Ost, die eigentlich der Flucht aus der DDR vorbeugen sollte, schuf in vielen Fällen erst den Grund dafür.
Weitere private Fluchtmotive waren neu eingegangene Ehen und Liebesbeziehungen oder deren Scheitern, die Flucht vor Vaterschaftspflichten oder auch Familienstreitigkeiten. Gerade die privaten Motive mischten sich jedoch zumeist mit wirtschaftlichen

und politischen Gründen. So hätten Familienzusammenführungen ebenso gut durch den Umzug der Verwandten von der Bundesrepublik in die DDR erfolgen können, wenn der Wunsch nach Zusammenleben tatsächlich der einzige Grund für den Ortswechsel gewesen wäre. Hier spielten sicherlich oft noch andere Motive mit. Hinzu kommt ein Weiteres: Viele Ausreisewillige gaben in ihrem Antrag Familienzusammenführung auch deshalb als Begründung an, weil sie sich erstens davon eine bessere Chance auf Genehmigung erhofften und zweitens, „um politische Gründe nicht nennen zu müssen, um nicht verdächtigt zu werden [und] um Gefahren wie besonderer Beobachtung bis hin zu möglicher Verhaftung zu entgehen[19]“. Auch gingen Ostdeutsche bisweilen pro forma Ehen mit Westdeutschen ein, um auf diese Weise die DDR auf legalem Wege verlassen zu können. In solchen Fällen waren die privaten Gründe nur vorgeschoben bzw. Mittel zum Zweck der Ausreise.

Ein kurzer Überblick kann natürlich nicht sämtliche Motive erfassen, die im Einzelfall für die Entscheidung zur Flucht oder Ausreise ausschlaggebend waren. Etliche weitere müssten ergänzt werden: So gab es etwa Akademiker, die in den Westen gingen, weil ihre Kinder auf Grund ihrer Herkunft nicht studieren konnten; Jugendliche, die sich der Verpflichtung für die Kasernierte Volkspolizei oder die Nationale Volksarmee entziehen wollten; oder Menschen, die sich vom Staatssicherheitsdienst verfolgt sahen. Und es gab die vielen ganz normalen Bürger, die sprichwörtlich die „Nase voll“ hatten von der alltäglichen Propaganda, dem Widerspruch zwischen Anspruch und Wirklichkeit im Sozialismus und der permanenten Gängelei und Bevormundung durch Staats- und Parteifunktionäre. Ein in den fünfziger Jahren geflüchteter Arzt brachte es auf den Punkt: „Was für mich in der DDR immer unerträglicher wurde, war die Anmaßung des Staates, für seine Bürger zu ‚denken‘ und das einmal festgelegte Dogma als allgemein verbindlich zu erklären.“[20]
Die Mehrheit der Fluchtmotive hängt direkt oder indirekt mit dem politischen und wirtschaftlichen System der DDR und seinen Auswirkungen auf die Bevölkerung zusammen. Zugleich sind sie aber vor dem Hintergrund der Tatsache zu sehen, dass den DDR-Bürgern im Gegensatz etwa zu den Bürgern der übri-

gen „Ostblock“-Staaten mit der Bundesrepublik eine – wirtschaftlich prosperierende – „alternative Heimat“[21] offen stand und die Flucht somit weder in die kulturelle Fremde führte noch den Verlust staatlicher Ordnung und Protektion bedeutete: In der Bundesrepublik wurden die Neuankömmlinge als Staatsbürger betrachtet, welche die gleichen Rechte besaßen und die gleichen sozialen Leistungen beanspruchen konnten wie die eingesessenen Bürger, selbst wenn sie nicht als „politische Flüchtlinge“ anerkannt waren. Diese historische Ausnahmesituation unterscheidet ungeachtet aller Schwierigkeiten die DDR-Flüchtlinge und -Ausreisenden von heutigen Asylsuchenden und Arbeitsmigranten und hat die Entscheidung zum Weggehen in vielen Fällen sicher erleichtert.

Zarea
ROMANIA
153

Wege in den Westen

Christine Brecht

In den fünfziger Jahren per S-Bahn über die Sektorengrenze von Ost- nach West-Berlin, nach dem Mauerbau im Kofferraum eines Autos versteckt über eine Transitautobahn, als politischer Häftling freigekauft oder nach jahrelangem Warten ausgereist: Die Wege, auf denen Menschen aus der DDR in den Westen gelangten, verliefen sehr unterschiedlich. Die Bedingungen von Flucht und Ausreise änderten sich in den verschiedenen Phasen der SED-Herrschaft zwischen 1949 und 1989. Doch stets war es mit Schwierigkeiten, Risiken und Verlusten verbunden, von Ost nach West zu gelangen. Denn seit Beginn der fünfziger Jahre unterdrückte das SED-Regime jede Form der Reisefreiheit. Es sperrte die eigene Bevölkerung hinter einer Grenze ein, die im Lauf der Zeit immer undurchlässiger wurde.

Wie schafften es die Menschen, diese Grenze zu überwinden oder zu umgehen? Welche Maßnahmen wurden entwickelt, um die Wege in den Westen zu versperren? Diese Fragen verweisen auf die spannungsvolle Wechselbeziehung zwischen Abwanderung und Unterdrückung, die die Geschichte der DDR geprägt hat.[1] Zugleich lenken sie die Aufmerksamkeit auf jene merkwürdigen Orte der Begrenzung und des Übergangs wie Kontrollpunkte oder Transitautobahnen, die im Zuge der deutschen Teilung entstanden sind.[2] Und sie führen zu den vielen individuellen Grenzerfahrungen von Flüchtlingen und Ausreisenden.[3] Manchmal spielen in den Erinnerungen an Flucht und Ausreise persönliche Dinge eine Rolle, die auf den ersten Blick banal und beliebig erscheinen, wie das Poesiealbum, das vor der Flucht in den

◄ Blick in den Ausstellungsraum „Wege in den Westen". Authentische Gepäckstücke wie Handtasche und Umzugskarton symbolisieren die Schwierigkeiten von Flucht und Ausreise.

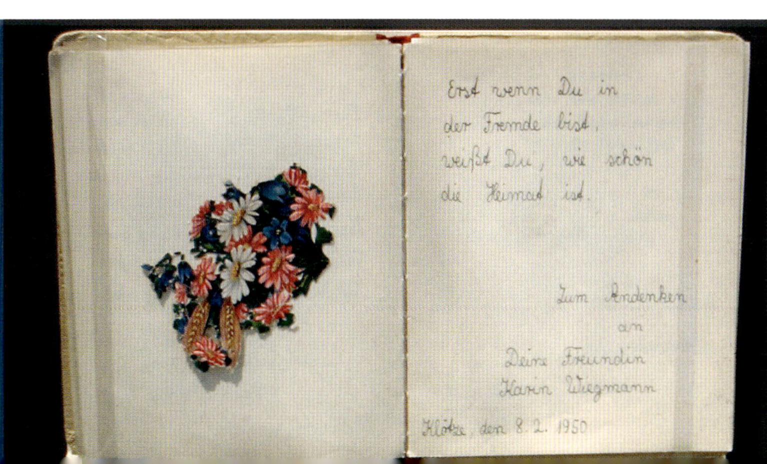

Poesiealbum aus den fünfziger Jahren, das zur Erinnerung an Kindheit und Jugend in der DDR vor der Flucht in den Westen geschmuggelt wurde.

Westen geschmuggelt werden konnte, die Schuhe, mit denen die Flucht gelang, oder das Stofftier, das die Ausreise begleitete. Wie in anderen Kontexten von Flucht und Migration zählen dazu auch Gepäckstücke, in denen ein paar wenige Habseligkeiten mitgenommen wurden.[4]

Die Wege werden enger – Flucht in den fünfziger Jahren

Das einzige Gepäckstück, das Christel N. bei sich hatte, als sie in den Westen aufbrach, war eine große Tasche. Im Februar 1953 fuhren sie, ihr Mann Hans und der dreijährige Sohn aus Mecklenburg nach Berlin. Dort überquerten sie die Sektorengrenze nach West-Berlin und setzten später ihre Flucht ins Bundesgebiet fort. Ingrid K. arbeitete als Krankenschwester in Heiligendamm, bis sie Ende 1960 an das Krankenhaus der Volkspolizei in Ost-Berlin ging, um einen besseren Ausgangspunkt für die Flucht zu haben. Nach und nach schmuggelte sie ihr Hab und Gut zu Verwandten im Westteil der Stadt, bevor sie Anfang August 1961 selbst über die Grenze wechselte. Wie Familie N. und Ingrid K. nahmen in den Jahren vor dem Mauerbau Tausende von Flüchtlingen den Weg über Berlin. Im Jahr 1960 verliefen nahezu 95 Prozent aller Fluchten über West-Berlin.[5]

Denn die innerdeutsche Grenze war seit 1952 versperrt. Zuvor hatten viele Fluchten noch auf direkten Wegen über die „grüne Grenze“ von Ost- nach Westdeutschland geführt.[6] Doch im Mai 1952 ließ die SED an der 1400 Kilometer langen Grenze zur Bundesrepublik ein militärisches Grenzregime errichten, um die Abwanderung der Bevölkerung zu stoppen. Überall wurden befestigte Grenzanlagen mit Sperrzonen, Stacheldrahtzäunen und Beobachtungstürmen gebaut. Grenzpolizisten hatten die Aufgabe, Fluchtversuche zu verhindern und gegebenenfalls auf Flüchtlinge zu schießen, was immer wieder zu Todesopfern führte. Angesichts dieser gewaltsamen Abriegelungsmaßnahmen verlagerten sich die Fluchtwege allmählich nach Berlin, wo die Sektorengrenze noch passierbar war.

Doch auch diese Wege gestalteten sich immer schwieriger und gefährlicher, als das SED-Regime begann, „Republikflucht“ zu kriminalisieren. Schon seit 1951 musste sich laut Gesetz jeder

DDR-Bürger polizeilich abmelden, bevor er nach Westdeutschland oder West-Berlin ging, eine Verordnung, die noch relativ wirkungslos blieb. Das Passgesetz von 1954 stellte dann auch die Vorbereitung, den Versuch und die Unterstützung einer Flucht unter Strafe. Mit der Verschärfung des Passgesetzes im Dezember 1957 begann schließlich die systematische Verfolgung von Fluchtvorhaben durch die DDR-Justiz.[7] Zur Abschreckung ordneten die Gerichte in vielen Fällen die öffentliche Bekanntmachung von Urteilen an. So auch im Fall einer jungen Lehrerin, die vom Kreisgericht Templin im Februar 1958 zu sechs Monaten Gefängnis verurteilt worden war. „Die Angeklagte", so heißt es im Urteil, „hat gegen die Unverletzlichkeit der Grenzen der DDR verstoßen, indem sie sich ohne Genehmigung in den Zug setzte und die Republik verlassen wollte." Wie aus dem Urteil hervorgeht, war das Fluchtvorhaben von Kollegen verraten und die Frau auf dem Weg nach West-Berlin von der Volkspolizei festgenommen worden.[8]

Mit der juristischen Verfolgung ging die Verschärfung der Kontrollen auf den Wegen nach West-Berlin einher. An Autobahnen und Straßen, auf Wasserwegen und in Grenzbahnhöfen gab es Kontrollpunkte, an denen sich Aus- und Einreisende ausweisen mussten. Auch in Zügen und S-Bahnen wurden Reisende ständig kontrolliert.[9] Um die berüchtigten Vorkontrollen beim Umsteigen vom Zug in die S-Bahn zu umgehen, fuhr Peter M. aus Schwerin im Frühjahr 1953 über Velten nach Berlin. Anwohner hatten dem damals 15-jährigen Schüler folgenden Rat gegeben: „In Velten brauchen Sie nicht aus dem Zug raus und durch die Sperre auf dem S-Bahnsteig wieder hoch. [...] Sie brauchen nur quer über den Bahnsteig zu laufen, und bei dem Andrang, der morgens zur Frühschicht herrscht, auch wenn Polizeikontrollen sind, da schaffen Sie immer, wenn Sie es geschickt anstellen, durchzukommen." Genau so habe er es dann gemacht: „Ja, und zwei Stationen später war ich in Heiligensee." Im Mai 1957 nahm Wilfried S. den Zug nach Berlin und stieg am Stadtrand in die S-Bahn um. Am Bahnhof Friedrichstraße, kurz vor der Sektorengrenze, kam er jedoch in eine Personenkontrolle: „Die Angst, die man damals hatte, die kann man heute schwer beschreiben. Wenn man sieht, wie die reinkommen mit den Hunden, durch den Wagen gehen. Man weiß nicht, soll man jetzt auf den Boden gucken, wird man dadurch vielleicht gerade auffällig oder nicht. Soll man die angucken, provoziert man sie dann? Es war doch ein traumatisches Erlebnis.“ Aber der Student aus Greifswald hatte Glück. Er wurde nicht kontrolliert und konnte in den Westteil der Stadt entkommen.

Wie diese Beispiele zeigen, spielte die Berliner S-Bahn in den Jahren vor dem Mauerbau eine zentrale Rolle im Fluchtgeschehen. Mehrere S-Bahn-Linien verliefen zwischen dem Ost- und dem Westteil der Stadt. Einzelnen S-Bahnhöfen kam auf Grund ihrer geographischen Lage eine besondere Bedeutung zu. Der Bahnhof Friedrichstraße war auf der Ost-West-Strecke die letzte Station im Ostsektor. Wenn die S-Bahn dort in Richtung Westen losfuhr, hatte man es im Grunde schon geschafft. Der Bahnhof Gesundbrunnen wiederum war der einzige West-Berliner Bahnhof auf der Nord-Süd-Linie. Unter dem Vorwand, von einem zum anderen Ende Ost-Berlins unterwegs zu sein, nutzte mancher Flüchtling eine günstige Gelegenheit, um an dieser Station auszusteigen. Wolfgang K. hatte eine Bescheinigung von seinem Arbeitgeber, die es ihm erlaubte, auf dieser Linie zur Arbeit zu fahren. Im April 1961 stieg er eines Tages am Gesundbrunnen aus und blieb im Westen.

Wer keinen Passierschein hatte, legte sich in der Regel einen guten Grund für die S-Bahn-Fahrt über die Sektorengrenze zurecht, um nicht als Flüchtling verdächtigt und festgenommen zu werden. Hans N. war mit seiner Schäferhündin unterwegs und täuschte einen Termin bei einem Berliner Züchter vor. Als Beleg konnte er sogar ein Veterinär-Zeugnis vorweisen, das ihm ein befreundeter Tierarzt ausgestellt hatte. Als die Kranken-

Plan der Berliner S-Bahn, 1951.

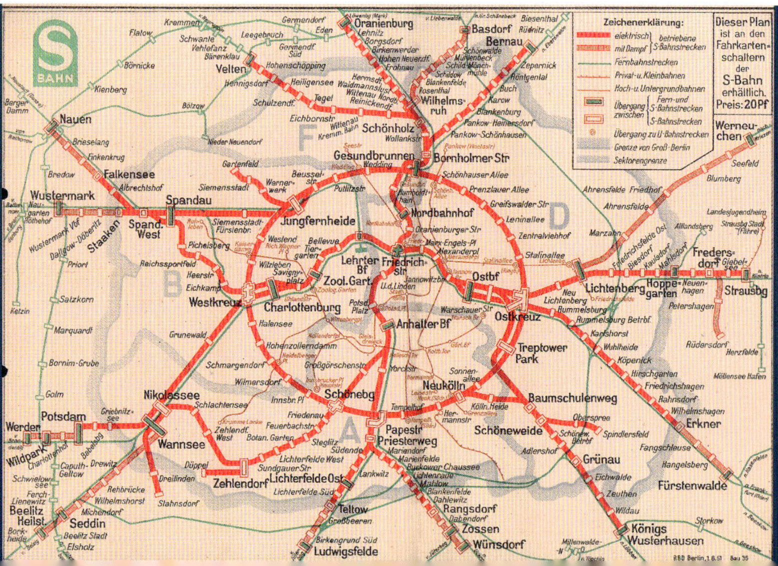

schwester Ingrid K. am 7. August 1961 am S-Bahnhof Friedrichstraße in eine Kontrolle geriet, nahm sie all ihren Mut zusammen. Sie behauptete, sie habe außerplanmäßigen Urlaub und wolle zu ihrer Mutter fahren, die außerhalb von Berlin wohnte. Um diese Notlüge irgendwie zu untermauern, zeigte sie dem Kontrolleur ihren Dienstausweis vom Krankenhaus der Volkspolizei. Das machte Eindruck. Er ließ sie in die S-Bahn Richtung Westen einsteigen, und so konnte sie wenige Tage vor dem Mauerbau aus der DDR fliehen.

Alle Grenzen sind zu – Flucht nach dem Mauerbau

Als Vera D. im Dezember 1961 an der gleichen Stelle die Flucht gelang, hatten sich die Bedingungen durch den Mauerbau grundlegend geändert. Alle Verkehrsverbindungen zwischen Ost- und West-Berlin waren unterbrochen, die Grenzübergänge für DDR-Bürger versperrt. Nur durch einen Trick konnte sie Ost-Berlin verlassen. Eine studentische Fluchthilfegruppe besorgte ihr in West-Berlin den Pass einer Schweizerin, die ihr ein wenig ähnlich sah. Am Grenzübergang gab sie sich als diese Schweizerin aus, legte den falschen Pass vor und kam unbehelligt durch die Kontrolle. Doch ohne aufwändige Vorbereitungen und enormes Risiko war seit dem 13. August 1961 keine Flucht mehr möglich.
Die DDR-Führung begründete den Mauerbau damit, dass sie das Land vor feindlichen Angriffen schützen müsse. So formulierte es auch der Beschluss des DDR-Ministerrates, den das SED-Parteiorgan „Neues Deutschland“ am 13. August 1961 im Wortlaut

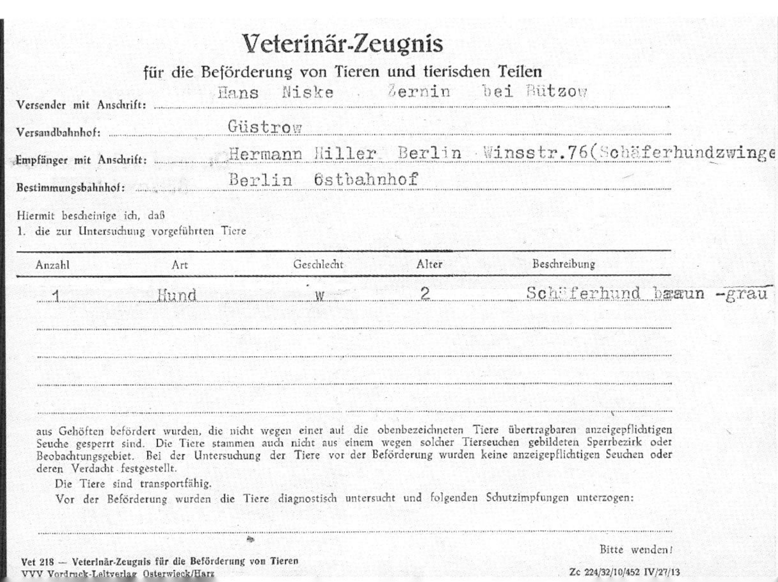

Veterinär-Zeugnis

für die Beförderung von Tieren und tierischen Teilen

Versender mit Anschrift: Hans Niske Zernin bei Bützow

Versandbahnhof: Güstrow

Empfänger mit Anschrift: Hermann Hiller Berlin Winsstr.76(Schäferhundzwinge

Bestimmungsbahnhof: Berlin Ostbahnhof

Hiermit bescheinige ich, daß
1. die zur Untersuchung vorgeführten Tiere

Anzahl	Art	Geschlecht	Alter	Beschreibung
1	Hund	w	2	Schäferhund braun -grau

aus Gehöften befördert wurden, die nicht wegen einer auf die obenbezeichneten Tiere übertragbaren anzeigepflichtigen Seuche gesperrt sind. Die Tiere stammen auch nicht aus einem wegen solcher Tierseuchen gebildeten Sperrbezirk oder Beobachtungsgebiet. Bei der Untersuchung der Tiere vor der Beförderung wurden keine anzeigepflichtigen Seuchen oder deren Verdacht festgestellt.

Die Tiere sind transportfähig.

Vor der Beförderung wurden die Tiere diagnostisch untersucht und folgenden Schutzimpfungen unterzogen:

Bitte wenden!

Vet 218 — Veterinär-Zeugnis für die Beförderung von Tieren
VVV Vordruck-Leitverlag Osterwieck/Harz

Zc 224/32/10/452 IV/27/13

Das Veterinär-Zeugnis vom 3. Februar 1953 half Hans N., seine Fluchtabsicht zu verschleiern.

abdruckte: „Es ist an den Westberliner Grenzen eine verlässliche Bewachung und eine wirksame Kontrolle zu gewährleisten, um der Wühltätigkeit den Weg zu verlegen." Es ließ sich jedoch kaum verhehlen, dass es in erster Linie darum ging, die Massenflucht endgültig zu stoppen, wenn es weiter hieß: „Diese Grenzen dürfen von Bürgern der Deutschen Demokratischen Republik nur noch mit besonderer Genehmigung passiert werden." Ein Einsatzstab unter der Leitung von Erich Honecker, zu diesem Zeitpunkt Sekretär für Sicherheitsfragen im Zentralkomitee der SED, koordinierte den Aufbau des Grenzregimes in Berlin. Wie die innerdeutsche Grenze wurde die Mauer militärisch befestigt und bewacht. Grenzposten schossen gezielt auf Flüchtlinge. Schon im August 1961 waren die ersten Todesopfer an der Mauer in und um Berlin zu beklagen.[10] Die Fluchtzahlen gingen drastisch zurück.

In der ersten Zeit nach dem Mauerbau war Berlin noch Schauplatz spektakulärer Fluchtaktionen. In der Bernauer Straße zwischen den Bezirken Mitte und Wedding sprangen Menschen unter Lebensgefahr aus den Häusern, die dort die Grenze bildeten, in den Westen. Großes Aufsehen erregten auch eine Reihe von Tunnelfluchten, bei denen West-Berliner Fluchthelfer Tunnel gruben, um Flüchtlinge aus Ost-Berlin herauszuholen.[11] Doch als das Grenzregime an der Mauer ausgebaut wurde, verlagerten sich die Fluchtwege. Verzweifelt suchten Fluchtwillige nach neuen Auswegen: über die innerdeutsche Grenze, über die Ostsee oder auf Umwegen über Osteuropa. Auch Fluchtmittel und -strategien änderten sich. In mühsamer Kleinarbeit wurden Fluggeräte gebastelt, Autos präpariert oder Pässe gefälscht. Private und pro-

Gescheiterte Flucht: An der Berliner Mauer werden zwei junge Männer von Grenzsoldaten abgeführt, 16. August 1962.

fessionelle Fluchthelfer, die vom Westen aus Vorbereitungen trafen und Unterstützung leisteten, begannen eine wichtige Rolle zu spielen.[12]
Auch wenn einzelne Fluchtaktionen im Westen ein großes Medienecho auslösten, blieben die meisten Fluchten geheim: Man wollte Wege und Strategien nicht preisgeben, um die Beteiligten vor Verfolgung zu schützen. Denn das SED-Regime verschärfte im Zuge des Mauerbaus auch die Kriminalisierung und Bekämpfung von Flucht und Fluchthilfe. Im Strafgesetzbuch der DDR von 1968 wurde mit dem § 213 der Tatbestand des „ungesetzlichen Grenzübertritts" geschaffen. Darauf standen bis zu fünf Jahre Gefängnis. Fluchthilfe galt nach § 105 als „staatsfeindlicher Menschenhandel" und wurde besonders rigoros bekämpft und bestraft. Das Ministerium für Staatssicherheit (MfS) entwickelte perfide Überwachungsmethoden, um Fluchtvorhaben im Vorfeld aufzudecken. 1976 richtete es eine „Zentrale Koordinierungsgruppe" (ZKG) zur Bekämpfung von Flucht und Ausreise ein. Sie sorgte dafür, dass die meisten Fluchthilfeorganisationen durch Bespitzelung und Zersetzung zerschlagen und viele Fluchthelfer und Flüchtlinge in DDR-Gefängnissen inhaftiert wurden.[13] Zur Perfektionierung der Fluchtbekämpfung gehörte es schließlich auch, dass das SED-Regime mit anderen „Ostblock"-Staaten Abkommen schloss, die garantierten, dass diese Länder DDR-Bürger, die dort bei Fluchtversuchen verhaftet wurden, an die DDR-Behörden auslieferten.[14]
In den siebziger Jahren führte mancher Fluchtversuch über die Transitautobahnen zwischen West-Berlin und der Bundesrepublik. Die Flüchtlinge ließen sich im Kofferraum versteckt von privaten oder professionellen Fluchthelfern außer Landes bringen. Ein Freund, der in West-Berlin lebte, verhalf Barbara S. und ihrem neunjährigen Sohn auf diese Weise im Sommer 1977 zur Flucht. Der erste Anlauf war gescheitert, weil Barbara S. und ihr Sohn, die in einem Versteck an der Autobahn warteten, nicht schnell genug in das Fluchtauto hatten zusteigen können. Doch beim zweiten Versuch klappte es. Unbemerkt kletterten sie in den Kofferraum des Wagens und konnten bei Hirschberg die Grenze nach Bayern passieren. Professionelle Fluchthilfeorganisationen verlangten für solche Aktionen viel Geld, wie die Geschichte der Familie S. zeigt. Ursula S. war im November 1973 anlässlich einer Besuchsreise in West-Berlin geblieben. Um die

Beim konspirativen Treffen mit dem Fluchthelfer diente der Teddy der zwölfjährigen Andrea S. als Erkennungszeichen.

Flucht ihres Mannes und der beiden Töchter in die Wege zu leiten, nahm sie Kontakt zu einem Fluchthelfer auf. Gegen eine Anzahlung von 10 000 DM erklärte er sich bereit, Gustav, Andrea und Sabine S. in einem präparierten Auto über die Grenze zu bringen. Auch in diesem Fall gestaltete sich das Zusteigen ins Fluchtauto schwierig. Erst beim dritten konspirativen Treffen in einer Autobahnraststätte war es so weit. Die Flucht gelang, doch der Preis dafür war hoch. Denn nach der Ankunft im Westen wurden weitere Zahlungen in Höhe von 20 000 DM fällig. Trotz der finanziellen Belastung versuchten die Eltern ihre beiden Söhne, damals 18 und 19 Jahre alt, auf die gleiche Weise aus der DDR herauszuholen. Diesmal scheiterte die Flucht jedoch: Das Vorhaben wurde am Grenzübergang entdeckt, die beiden Flüchtlinge und der Fluchthelfer wurden verhaftet und zu Gefängnisstrafen verurteilt. Erst durch Freikauf kamen die Söhne schließlich doch noch in den Westen.

In manchen Fällen führten die Fluchtwege auch über die Grenzen anderer sozialistischer Länder in Osteuropa. Urlaubsreisen dienten dabei häufig als Tarnung. Als Touristen nach Ungarn oder Bulgarien eingereist, versuchten viele DDR-Bürger in das blockfreie Jugoslawien zu gelangen, das Flüchtlinge in der Regel nicht auslieferte. Erhard Raschke aus Magdeburg hatte seine Fluchtroute ganz genau geplant, als er im Sommer 1964 mit einer DDR-Reisegruppe nach Ungarn fuhr. Er setzte sich von der Gruppe ab und schwamm durch den Grenzfluss Drau nach Jugoslawien. Dort schlug er sich auf abenteuerlichen Wegen bis zum bundesdeutschen Konsulat in Zagreb durch, das ihm die Weiterreise in die Bundesrepublik ermöglichte.[15] In dem Fluchthilfekonzept, das Wolfgang Welsch in den siebziger Jahren erfolgreich praktizierte, spielten Urlaubsreisen nach Bulgarien eine zentrale Rolle. In diesem Fall führte die Reise zunächst nach Sofia. Dort bekamen die Flüchtlinge westliche Währung, Kleidung, Flugtickets sowie bundesdeutsche Reisepässe zugespielt. Die Pässe waren sorgfältig präpariert, mit den Fotos der Flüchtlinge versehen, auf ihren Namen ausgestellt und mit gefälschten Einreise- und Ausreisestempeln des Flughafens Sofia ausgestattet. Denn das Konzept beruhte auf einem „Identitätswechsel über den Wolken“[16]: Als DDR-Bürger nahmen die Flüchtlinge in Sofia ein Flugzeug nach Bukarest, aus dem sie dort dank der gefälschten Pässe und der westdeutschen Ausstattung als Bundesbürger wieder ausstiegen. Von Bukarest führte die Flucht dann per Flugzeug oder Bahn in die Bundesrepublik.

Ausreise – Der offizielle Weg

Angesichts der Risiken und Strapazen einer Flucht versuchten seit Mitte der siebziger Jahre immer mehr Menschen die DDR auf dem Weg der Ausreise zu verlassen. Sie stellten bei den zuständigen Behörden einen Antrag auf Entlassung aus der Staatsbürgerschaft und begaben sich damit ebenfalls auf einen langen Weg mit ungewissem Ausgang. Denn die Genehmigungspraxis blieb stets undurchsichtig und willkürlich. Einen Rechtsanspruch auf Ausreise gab es nicht. Der Staat nahm vielmehr für sich in Anspruch, eigenmächtig über Gehen oder Bleiben seiner Bürger zu entscheiden. Die herrschende Rechtsauffassung lautete: „In Übereinstimmung mit dem Wesen der sozialistischen Staatsbürgerschaft akzeptiert das Recht der DDR keinen individuellen Anspruch auf Entlassung.“[17] Die meisten DDR-Bürger hatten noch nicht einmal das Recht, eine Ausreise zu beantragen, wie aus der „Verordnung zur Regelung von Fragen der Familienzusammenführung“ vom September 1983 hervorgeht. Diese Verordnung regelte zwar erstmals die Antragstellung, zugleich

Identitätswechsel: Mit selbstgefertigten Utensilien wurden bulgarische Ein- und Ausreisestempel (oben) gefälscht, um DDR-Bürgern mit präparierten bundesdeutschen Reisepässen (unten) zur Flucht zu verhelfen.

begrenzte sie aber den Kreis der Antragsberechtigten. Nur wer Rentner oder Invalide war oder Verwandte ersten Grades im Westen hatte, durfte einen Antrag stellen. Alle anderen Antragsteller handelten aus Sicht der Behörden rechtswidrig.
Dennoch versuchten immer mehr Menschen, sich eine Ausreisegenehmigung zu erstreiten. Die KSZE-Schlussakte von Helsinki, in der auch die DDR-Führung 1975 individuelle Grund- und Menschenrechte anerkannt hatte, löste eine regelrechte Flut von Anträgen aus. Partei und Staat reagierten darauf zum einen mit heftigen Schikanen. Antragsteller verloren ihre Arbeitsplätze, wurden als „Asoziale" oder „Staatsfeinde" verunglimpft, von der Staatssicherheit überwacht, in vielen Fällen sogar verhaftet und verurteilt. Federführend bei der systematischen Verfolgung von Antragstellern war wiederum die Zentrale Koordinierungsgruppe des MfS, die ihren Schwerpunkt allmählich von der Fluchtbekämpfung auf die Überwachung von Ausreisewilligen verschob – oder wie es in der Sprache der Staatssicherheit hieß: „Im Zusammenhang mit der Unterbindung rechtswidriger Versuche zur Erreichung der Übersiedlung ist […] die politisch-operative Arbeit auf diese Personen und die vorbeugende Verhinderung der feindlichen Pläne und Absichten zu konzentrieren."[18]
Zum anderen zwang die wachsende Zahl der Antragsteller die DDR-Führung zu Zugeständnissen, so dass die Zahl der Ausreisegenehmigungen ebenfalls zunahm. Im Frühjahr 1984 durften plötzlich 30 000 Menschen die DDR verlassen, darunter viele junge Leute und Familien mit Kindern. Auch Herr und Frau F. kamen damals in den Westen. Ihren ersten Ausreiseantrag hatten sie im Dezember 1981 gestellt. Jahrelang blieben sie hartnäckig und reichten immer wieder neue Anträge ein, bis sie im Februar

Nicht alle gingen freiwillig. Roland Jahn (untere Reihe links) gehört zu den Oppositionellen, die gegen ihren Willen aus der DDR ausgebürgert wurden. 1983 wurde er mit Gewalt über die Grenze gebracht.

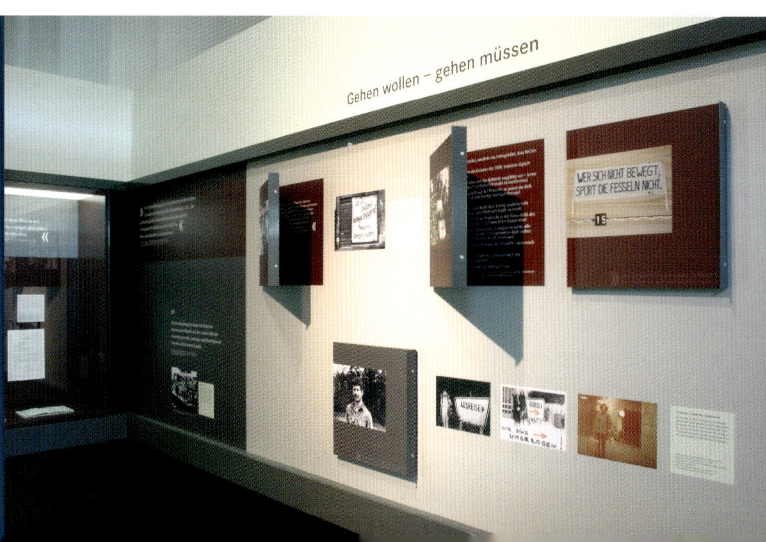

1984 tatsächlich eine Genehmigung bekamen. Frau F. erinnert sich, „dass wir dann 100 Formulare ausfüllen mussten, die für die Ausreise notwendig waren". Erst als Wohnung, Strom, Versicherungen und Bankkonten gekündigt waren, wurden sie offiziell aus der Staatsbürgerschaft der DDR entlassen. Eine Ausbürgerungsurkunde besiegelte diesen Akt. Schließlich bekamen sie ein Visum, das zur „einmaligen Ausreise" aus der DDR berechtigte und festlegte, wann und wo die Grenze passiert werden musste. Die Zahl der Anträge stieg immer weiter an, so dass in der zweiten Hälfte der achtziger Jahre eine regelrechte Ausreisebewegung entstand.[19] Ausreisewillige schlossen sich, zum Teil unter dem Dach der Kirchen, zusammen, unterstützten sich im Kampf gegen die Behörden und entwickelten eigene Protestformen, um auf ihr Anliegen aufmerksam zu machen. Zu den ersten bekannt gewordenen Ausreisegruppen gehört der „Weiße Kreis" in Jena, der im Sommer 1983 mit Schweigedemonstrationen auf dem Platz der Kosmonauten in die Öffentlichkeit trat.[20] Seit der Besetzung der Ständigen Vertretung der Bundesrepublik in Ost-Berlin im Sommer 1984 kam es immer wieder zu spektakulären Botschaftsbesetzungen, mit denen DDR-Bürger ihre Ausreise zu erzwingen versuchten.[21] In der Bekenntniskirche in Berlin-Treptow fand sich Anfang 1988 eine Gruppe von Antragstellern zusammen, die sich fortan regelmäßig trafen, um die zermürbende Wartezeit gemeinsam zu überbrücken. Unterstützt durch den Pfarrer Werner Hilse, engagierten sie sich in der Gemeindearbeit. Sie gestalteten Themengottesdienste, in denen sie sich mit Fragen des inneren und äußeren Friedens auseinander setzten und auf diese Weise ihre Kritik an den Verhältnissen in der DDR zum Ausdruck brachten. Wenn eine Familie ausreisen durfte,

Mitglieder einer Ost-Berliner Ausreisegruppe vor der Bekenntniskirche in Berlin-Treptow, Sommer 1988.

feierte man zusammen Abschied, und die Zurückbleibenden begleiteten die Ausreisenden zum Grenzübergang. Als im Herbst 1988 mehrere Mitglieder der Gruppe verhaftet und angeklagt wurden, setzten sich die Ausgereisten vom Westen aus für ihre Freilassung ein.

Der Freikauf von politischen Häftlingen durch die Bundesrepublik war aus Sicht des SED-Regimes ebenfalls eine Form der staatlich genehmigten Ausreise. Manche nannten es auch „über den Knast ausgereist“. Zwischen 1963 und 1989 kamen auf diese Weise 33 000 Frauen und Männer aus DDR-Gefängnissen in den Westen. Die DDR erhielt dafür Warenlieferungen im Gesamtwert von drei Milliarden Mark und bezeichnete das Ganze als „Sondergeschäft“, während die Bundesrepublik verklausuliert von „besonderen Bemühungen im humanitären Bereich“ sprach. Das Tauschgeschäft beruhte auf geheimen Vereinbarungen zwischen der DDR und der Bundesrepublik. Der Ost-Berliner Rechtsanwalt Wolfgang Vogel und sein West-Berliner Kollege Jürgen Stange hatten den Transfer 1963 angebahnt. Rainer Barzel, damals Bundesminister für gesamtdeutsche Fragen, befürwortete das Geschäft. Als Vertreter der Bundesregierung handelte der Staatssekretär Ludwig Rehlinger mit Rechtsanwalt Vogel immer wieder neue Freikauf-Aktionen aus.[22] Auf den Vorschlagslisten der Unterhändler standen vor allem die Namen von Häftlingen, die wegen Fluchtversuchs, Fluchthilfe oder Ausreisebegehrens verurteilt worden waren. Sie hatten unter den menschenunwür-

Rainer Barzel (links) und Ludwig Rehlinger (rechts) gehörten auf bundesdeutscher Seite zu den Wegbereitern des Häftlingsfreikaufs. Das Foto zeigt sie im Oktober 1982 im Rathaus Schöneberg.

digen Bedingungen des DDR-Strafvollzugs in den Haftanstalten von Bautzen, Hoheneck oder Hohenschönhausen besonders zu leiden. Die Häftlinge selbst wussten in der Regel nichts von den Freikauf-Bemühungen. In manchen Fällen setzten sich Verwandte oder Freunde für einen Häftling ein. Andere kamen durch die Vermittlung von Hilfsorganisationen auf die Namenslisten. Entlassung und Ausreise liefen stets nach dem gleichen Muster ab: Ohne Vorankündigung oder Erklärung ging es eines Tages „auf Transport" in die Haftanstalt Karl-Marx-Stadt (Chemnitz). Dort mussten die Häftlinge den obligatorischen Antrag auf Entlassung aus der Staatsbürgerschaft stellen und bekamen wie alle offiziell Ausreisenden eine Ausbürgerungs-

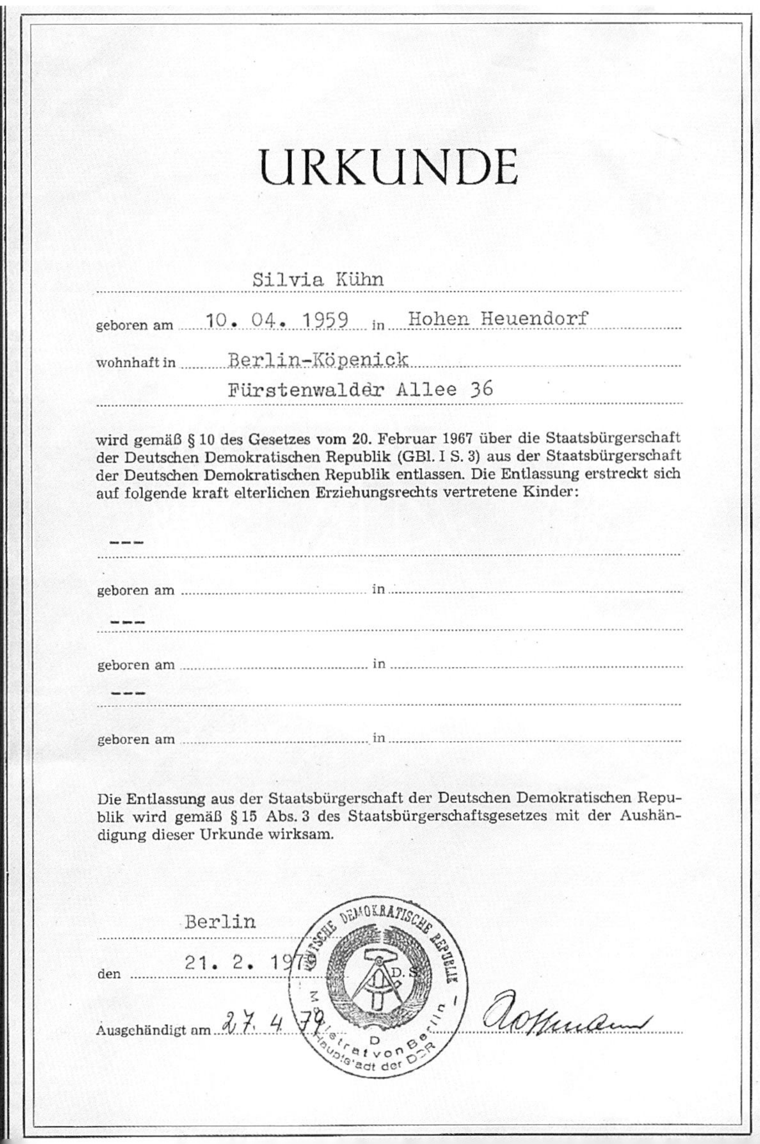

URKUNDE

Silvia Kühn

geboren am 10. 04. 1959 in Hohen Heuendorf

wohnhaft in Berlin-Köpenick

Fürstenwalder Allee 36

wird gemäß § 10 des Gesetzes vom 20. Februar 1967 über die Staatsbürgerschaft der Deutschen Demokratischen Republik (GBl. I S. 3) aus der Staatsbürgerschaft der Deutschen Demokratischen Republik entlassen. Die Entlassung erstreckt sich auf folgende kraft elterlichen Erziehungsrechts vertretene Kinder:

---

geboren am .... in ....

---

geboren am .... in ....

---

geboren am .... in ....

Die Entlassung aus der Staatsbürgerschaft der Deutschen Demokratischen Republik wird gemäß § 15 Abs. 3 des Staatsbürgerschaftsgesetzes mit der Aushändigung dieser Urkunde wirksam.

Berlin

den 21. 2. 1979

Ausgehändigt am 27. 4. 79

Ausbürgerungsurkunde, 21. Februar 1979.

urkunde ausgehändigt. Als Identitätsbescheinigung erhielten sie einen Haftentlassungsschein. Schließlich wurden sie von Karl-Marx-Stadt in Bussen über den Grenzübergang Herleshausen in das Bundesnotaufnahmelager Gießen gefahren. Zunächst sei es ganz still gewesen im Bus, schreibt ein ehemaliger Häftling über diese Fahrt, „als ob wir nicht begreifen würden, was in diesen Minuten mit uns geschah“. Doch plötzlich „ging Bewegung durch die Sitzreihen, Freudenlaute, dann frenetischer Beifall. [...] Alle befanden sich in einem vollkommenen Ausnahmezustand der Gefühle.“ [23]

Grenzerfahrungen

Auch andere Flüchtlinge und Ausreisende haben den Moment des Grenzübertritts als einen solchen Ausnahmezustand erlebt und beschrieben. Vera D., die mit dem Pass einer Schweizerin geflüchtet war, erinnert sich: „Die Spannung hat sich dann bei mir gelöst, indem ich gelacht habe. Das war so eine psychologische Reaktion, gelacht und gelacht, ich bin da auf eine Bank und hab gelacht.“ Und Barbara S., die sich mit ihrem Sohn im Kofferraum versteckt hatte, berichtet: „Wir sind ausgestiegen, mir haben die Beine gewackelt, und [...] es war alles so unwirklich, wie wenn man im Traum neben sich steht und guckt, was so ein anderer macht. [...] Ich habe es nicht kapiert, dass das alles geklappt hat.“ Manchmal war der Grenzübertritt auch mit kuriosen Begegnungen verbunden. So wusste Hartmut R. aus Werder bei Potsdam zuerst gar nicht, wo er war, nachdem er im Sommer 1966 schwimmend und tauchend den Teltowkanal durchquert hatte. Völlig erschöpft sprach er eine Frau an, die mit ihrem Auto am Straßenrand stand: „‚Ich wollte bloß wissen, ob ich hier im Westen bin.‘ Ich stand da schlotternd. Und dann stieg sie aus und sagte: ‚Woher kommst du denn, mein Junge? [...] Kommst du etwa von drüben?‘[...] Da hat sie mich umarmt.“ Im Gegensatz zu den befreienden Glücksgefühlen nach gelungener Flucht waren die Grenzerfahrungen im Fall von Ausreisen häufig von Ängsten und Aufregungen überschattet, die die Kontrollen und Schikanen an den Grenzübergängen auslösten. Frau F., die 1984 mit ihrem Mann am Berliner Grenzübergang Invalidenstraße im eigenen Auto ausreiste, erzählt: „Da sind wir in den Kontrollpunkt reingefahren, und [...] dann haben die uns da stehen lassen erst mal eine Weile und man sah dann von den Grenzsoldaten dieses höhnische Lächeln [...]. Dann mussten wir das Auto auspacken [...], alles was man mitnahm, man hatte ja Inhaltsverzeichnisse in fünffacher Ausfertigung – jedes Taschentuch, jeden Strumpf." Auch Viola B. war sehr aufgeregt, als sie 1989 an einem der bekanntesten Übergangsorte, dem so genannten Tränenpalast am Bahnhof Friedrichstraße, ausreiste. In ihrer Wahrnehmung war es „ein ziemlich langer Weg, bis man dann im Westen war. Bis man einmal durch die ganzen Kontrollen durch war. [...] Ich kann mich [...] noch erinnern an diese Kontrolle, war bloß so ein schmaler Schlauch, der Kontrolleur saß ziemlich weit oben [...] und hat die Papiere kontrolliert."

Die Wege in den Westen führten über geheime Schleichwege ebenso wie über Orte, die die Wirklichkeit der deutschen Teilung jahrzehntelang prägten. Dazu gehörten die Grenzübergänge in Berlin und an der innerdeutschen Grenze, an denen penible Kontrollen die Menschen bedrohten und einschüchterten. Auch amtliche Dokumente wie Passierscheine, Ausreisevisa und Haftentlassungsscheine erinnern an die massiven Begrenzungen von Flucht und Ausreise aus der DDR. Zugleich aber verweisen diese Orte und Dokumente des Übergangs darauf, dass weder Grenze und Mauer noch Repressionen die Menschen davon abhalten konnten, nach Wegen zu suchen, um in den Westen zu gelangen.

Integration in der Bundesrepublik: Der schwierige Neuanfang

Christine Brecht

„Als Flüchtlinge blieben wir im Dorf Außenseiter, für uns eine völlig neue Erfahrung", berichtet Christel N., die 1953 mit Mann und Sohn in die Bundesrepublik geflohen war. „Erst jetzt wurde uns bewusst, welche Erleichterung es schon im täglichen Leben mit sich bringen kann, wenn man selber oder der Name der eigenen Familie bekannt und man mit den gesellschaftlichen Verhältnissen vor Ort bestens vertraut ist."[1] Und Tina Ö., die 1977 nach DDR-Haft mit ihrer Familie ausreisen konnte, schreibt: „Es hat Jahre gedauert, bis ich die ‚Spielregeln' dieses Landes, das wir uns als neue Heimat ausgesucht hatten, einigermaßen begriff. [...] Ich verstand die Menschen hier nicht, und es fällt mir heute noch schwer, alle Zusammenhänge zu überschauen."[2]

Bei aller Freude und Erleichterung darüber, dass man Flucht oder Ausreise geschafft hatte, war der Neuanfang im anderen Teil Deutschlands mit vielen Schwierigkeiten verbunden. Es ging ja nicht allein darum, Wohnung und Arbeit zu finden und sich in einer neuen Umgebung einzuleben. Vielmehr galt es, in einem anderen Gesellschaftssystem zurechtzukommen, in dem Politik, Wirtschaft und Alltag unbekannten Regeln folgten. Die Neuankömmlinge sahen sich in der Bundesrepublik vor die Aufgabe gestellt, die Unterschiede zwischen Ost und West, die im Zuge der deutschen Teilung entstanden waren, zu überbrücken. Dabei trafen sie nicht nur auf Anteilnahme und Hilfsbereitschaft, sondern auch auf das Misstrauen und Unverständnis von Bundesbürgern, denen die Verhältnisse in der DDR und die Menschen, die von dort kamen, im Lauf der Zeit ebenfalls fremd geworden waren.[3]

Doch nicht nur auf der Ebene der individuellen Erfahrungen erwies sich die Integration als langer, wechselseitiger Lernprozess. Der Flüchtlingsstrom aus der DDR stellte in der Nachkriegszeit auch die verantwortlichen Politiker in Bund und Ländern vor enorme Herausforderungen.[4] Tausende von Menschen

◄ Blick in den Ausstellungsraum „Im Westen angekommen".

mussten in Städten und Gemeinden aufgenommen werden, in denen es infolge des Krieges an Wohnungen, Lebensmitteln und Arbeit mangelte. Behörden und Wohlfahrtsverbände waren anfangs kaum in der Lage, die damit einhergehenden Probleme zu bewältigen. Gesetze und Maßnahmen, die die Aufnahme, Versorgung und Unterbringung der Zuwanderer aus der DDR regelten, mussten erst entwickelt werden. Doch als sich der Ost-West-Konflikt nach der Niederschlagung des Aufstands vom 17. Juni 1953 verschärfte, wuchs der politische Wille, die Landsleute aus der DDR aufzunehmen. Und mit dem wirtschaftlichen Aufschwung der Bundesrepublik besserten sich seit Mitte der fünfziger Jahre auch die Startbedingungen für die Neuankömmlinge, weil die Nachfrage nach Arbeitskräften anstieg.

„Politik der offenen Arme“ seit den fünfziger Jahren

Als Staatssekretär im Bundesministerium für gesamtdeutsche Fragen gehörte Franz Thedieck in der Adenauer-Zeit zu den führenden Vertretern der bundesdeutschen Integrationspolitik. In einer Ansprache im West-Berliner Radiosender RIAS erläuterte er das Grundprinzip dieser Politik 1957 mit folgenden Worten: „Die Bundesregierung hat […] immer wieder an die Bevölkerung in der Zone den Appell gerichtet, nur dann die Zone zu verlassen, wenn zwingende Gründe es erfordern. […] Wer aber aus solchem Zwang zu uns kommt, dem soll hier nach besten Kräften und im Rahmen der gesetzlichen Möglichkeiten das Finden einer neuen

Der Blechtopf gehörte zu den ersten Dingen, die sich die Familie N. dank einer Kostenzusicherung der Aufnahmegemeinde 1953 anschaffen konnte.

provisorischen Heimat und der Start zu einer neuen Existenz erleichtert werden."[5] Auch als die deutsche Teilung vom Provisorium zum Dauerzustand wurde, haben Vertreter aller politischen Parteien die „Politik der offenen Arme" stets bekräftigt und fortgeführt. In zahlreichen Gesetzen und Maßnahmen, die die Integration der Zuwanderer regelten, fand diese Politik seit den fünfziger Jahren ihren Niederschlag.[6] Nach dem Grundgesetz waren die Zuwanderer als deutsche Staatsbürger – ebenso wie Vertriebene und Aussiedler – den Bundesdeutschen prinzipiell gleichgestellt. Ansprüche auf Sozialversicherungsleistungen wie Renten, Kranken- oder Arbeitslosengeld, die sie in der DDR erworben hatten, konnten sie nach dem Bundesvertriebenen- und Flüchtlingsgesetz von 1953 geltend machen. Darüber hinaus wurden zusätzliche Eingliederungshilfen entwickelt, um den Flüchtlingen aus der DDR den Neuanfang zu erleichtern. Zum Teil knüpften diese Hilfsleistungen an das Instrumentarium an, das im Zuge der Aufnahme der Vertriebenen seit Ende der vierziger Jahre entstanden war. Dazu gehörte mit dem Lastenausgleichsgesetz von 1952 eines der wichtigsten Gesetzgebungswerke der bundesdeutschen Nachkriegsgeschichte. Aus dem Härtefonds des Lastenausgleichsgesetzes konnten DDR-Flüchtlinge Beihilfen zur Beschaffung von Hausrat beantragen, um dringend benötigte Dinge wie Geschirr und Töpfe, Möbel oder Matratzen zu kaufen. Das Häftlingshilfegesetz von 1955 etablierte zusätzliche Eingliederungshilfen für diejenigen, die in der DDR aus politischen Gründen inhaftiert gewesen waren. Die Höhe dieser Leistungen richtete sich nach der Dauer der Haft in

Der Senator für Arbeit und Soziales

BERLIN

Der Senator für Arbeit und Soziales, 1 Berlin 30, An der Urania 4-10

GeschZ. VII C 143 -4635/190-3233
(Bei Antwort bitte angeben)

Dienststelle:
1 Berlin 48
Marienfelder Allee 66-80
Fernruf: 7 75 20 01 App.: 196
Innenbetrieb: 962
Haus: M 1 Zimmer: 112

Herrn
Reinhard F u h r m a n n

1 B e r l i n 46
Orlamünder Weg 14a
bei Witte

Berlin, den 17. September 1973

Bewilligungsbescheid

Auf Ihren Antrag vom 3.8.1973 auf Gewährung einer Eingliederungshilfe gem. § 9a Abs. 1 – ~~einerxzusätzlichenxEingliederungshilfexgemxx§x9bxeinerxweiterenxEingliederungshilfexgemxx§9cxd~~es Häftlingshilfegesetzes (HHG) in der Fassung der Bekanntmachung vom 29. September 1969 (GVBl. S. 2168), geändert durch das Fünfte Gesetz zur Änderung und Ergänzung des Häftlingshilfegesetzes vom 29. Juli 1971 (GVBl. S. 1467), bewillige ich Ihnen die beantragte Leistung in der nachstehend aufgeführten Höhe:

Eingliederungshilfe

Vom 1.8.1972 bis 31.7.1973 = 12 Monate a 30,-DM = 360,--DM
Vom ______ bis ______ = ______ Monate a DM = ______ DM
Vom ______ bis ______ = ______ Monate a DM = ______ DM

360,--

Eingliederungshilfe nach dem Häftlingshilfegesetz. Bewilligungsschreiben vom September 1973.

der DDR. Den Schwerpunkt der Integrationspolitik bildeten Hilfen zur wirtschaftlichen und beruflichen Eingliederung, darunter auch arbeitsmarktpolitische Maßnahmen wie Ausbildungsförderung, Berufsberatung und Arbeitsvermittlung. Das entsprach dem Selbstverständnis des bundesdeutschen Wohlfahrtsstaates, Bedürftigen Hilfe zur Selbsthilfe zu gewähren.
Während Bundesgesetze die Leistungsansprüche begründeten und regelten, waren Länder und Gemeinden dafür zuständig, die Ansprüche zu prüfen, die Anträge zu bearbeiten und die Mittel zu bewilligen. Darüber hinaus machten sich Wohlfahrtsverbände und Hilfsorganisationen um die Integration verdient. Professionelle und ehrenamtliche Mitarbeiter organisierten Feste und Veranstaltungen, um die Zuwanderer willkommen zu heißen. Wie historische Fotografien zeigen, fanden sogar in den überfüllten Flüchtlingslagern der fünfziger Jahre Theateraufführungen, Konzerte und Kinderfeste statt, um ein wenig Abwechslung in den grauen Lageralltag zu bringen.
Zugleich führen diese Bilder vor Augen, dass die Unterbringung in den fünfziger Jahren ein gravierendes Problem darstellte. Für die meisten Flüchtlinge begann der Neuanfang im Westen mit einer Odyssee durch überfüllte Aufnahme-, Durchgangs- und Wohnlager, die Länder und Gemeinden notdürftig einrichteten. So erging es auch dem Ehepaar W., das mit zwei kleinen Söhnen Anfang 1956 aus Magdeburg geflohen war. Die Stationen ihres Neuanfangs führten von West-Berlin nach Bayern, wo sie zunächst in einem Lager untergebracht wurden, das sich in einer

Auftritt des „Porgy and Bess“-Ensembles im Flüchtlingslager Volkmarstraße in Berlin-Tempelhof, 1952.

ausgebombten ehemaligen Kaserne befand. Als die neu gegründete Bundeswehr die Kaserne beanspruchte, wurden die Flüchtlinge in ein anderes Lager umquartiert. Weitere Lageraufenthalte folgten, unter anderem in einem früheren Zwangsarbeiterlager, bevor Familie W. in Tübingen eine erste eigene Bleibe fand.
Auf politischer Ebene war man sich durchaus bewusst, dass das Wohnungsproblem dringend einer Lösung bedurfte. Der damalige Bundesbauminister Paul Lücke erklärte 1958 vor dem Bundestag: „Schließlich geht es bei der Aufgabe der wohnungsmäßigen Versorgung der Flüchtlinge […] um ein in jeder Hinsicht schwieriges menschliches Problem. Es geht darum, Menschen, die oft jahrelang in Lagern leben müssen, so schnell wie möglich in geeignete Wohnungen zu bringen.“[7] Um Abhilfe zu schaffen, stellte der Bund den Ländern seit 1953 Sondermittel für den Flüchtlingswohnungsbau zur Verfügung, die in den folgenden Jahren immer wieder aufgestockt wurden. Bis 1961 wurden im Rahmen dieser Sonderprogramme 450 000 neue Wohnungen gebaut. Die Verteilung der Mittel folgte dem Länderschlüssel, der festlegte, wie viele Flüchtlinge die einzelnen Bundesländer aufzunehmen hatten. Nordrhein-Westfalen und Baden-Württemberg waren die Bundesländer mit den höchsten Aufnahmequoten. Demzufolge entstanden dort auch die meisten Flüchtlingswohnungen.
Darüber hinaus förderte der Staat den Bau von Eigenheimen, indem er Flüchtlingsfamilien zinsgünstige Darlehen gewährte. Diese Form der Hilfe zur Selbsthilfe nahmen beispielsweise Hans

Flüchtlingswohnungsbau in West-Berlin, 1955.

und Christel N. in Anspruch. Auch sie hatten nach der Flucht im Jahr 1953 mehrere Zwischenstationen hinter sich, bevor sie im rheinischen Wülfrath Arbeit und eine erste provisorische Unterkunft fanden. 1955 bauten sie dort mit Hilfe eines staatlich geförderten Kredits ein Haus in einer so genannten Nebenerwerbssiedlung. Zum Haus gehörten Stall und Garten, so dass sie fortan für den Eigenbedarf und zum Zuverdienst eine kleine Landwirtschaft betreiben konnten. Doch auch wenn es einzelne Flüchtlingsfamilien nach und nach schafften, sich aus bescheidenen Anfängen eine neue Existenz aufzubauen, blieb die Versorgung mit angemessenen Wohnungen problematisch, solange der Zustrom von Flüchtlingen anhielt.

Ein weiteres Problemfeld, mit dem sich Politiker und Wohlfahrtsverbände in den fünfziger Jahren konfrontiert sahen, war die Integration der jugendlichen DDR-Flüchtlinge, die ohne Eltern oder Angehörige in den Westen kamen. Denn die Zahl der „alleingehenden" Jugendlichen, wie diese Problemgruppe genannt wurde, war groß. Die Tageszeitung „Die Welt" meldete am 24. November 1955 unter dem Titel „Steigende Jugendflucht aus der Sowjetzone", seit 1949 seien 700 000 Jugendliche unter 25 Jahren aus der DDR in die Bundesrepublik gekommen. Diese Entwicklung mache den zuständigen Stellen in Bonn ernste Sorgen. Daher würden im neuen Haushaltsplan die Mittel für „die gesellschaftliche Einordnung der Jugendlichen" erhöht. Die Sorgen der zuständigen Stellen hatten verschiedene Gründe. Zum einen waren viele jugendliche Flüchtlinge noch nicht volljährig bzw. ohne Schulabschluss oder Berufsausbildung. Zum anderen war die Integration der Jugendlichen deshalb so wichtig, weil

Siedlung für DDR-Flüchtlinge im rheinischen Wülfrath, 1954.

unter den Flüchtlingen, die unzufrieden in die DDR zurückkehrten, der Anteil der Jugendlichen besonders hoch war. Hinzu kam, dass die Jugendlichen auf Grund ihrer sozialistischen Erziehung als besondere Herausforderung für die westliche Aufnahmegesellschaft angesehen wurden.
Um diesen Problemen zu begegnen, entstanden besondere Einrichtungen und Programme zur Unterbringung und Betreuung der Jugendlichen.[8] Seit 1951 wurden jugendliche Flüchtlinge, die keine Verwandten im Westen hatten, in spezielle, nach Geschlechtern getrennte Jugendlager eingewiesen. Dort wurden sie von Sozialarbeitern betreut, beschäftigt und in Ausbildungs- und Arbeitsplätze vermittelt. Bei den Jugendlichen war dieser „Lagerzwang“ allerdings sehr unbeliebt. Statt wie erhofft im Westen frei und unabhängig zu sein, fühlten sie sich im Lager bevormundet und eingesperrt. Um möglichst bald auf eigenen Füßen zu stehen, nahmen viele von ihnen schlechte Arbeitsbedingungen in Bergbau, Landwirtschaft oder Privathaushalten in Kauf. Das wiederum führte dazu, dass sie sich ausgenutzt fühlten und vom „goldenen Westen“ schnell enttäuscht waren. Sozialpolitiker erkannten dieses Dilemma. Ludwig Landsberg, Ministerialrat im nordrhein-westfälischen Arbeits- und Sozialministerium, warb um mehr Verständnis für die Interessen der Jugendlichen und gab zu bedenken: „Wir stehen hier an einer der vielen Nahtstellen zwischen dem Westen und dem Osten, an denen wir den Menschen aus dem Osten nicht einfach unsere Vorstellungen aufzwingen können.“[9] Auch der nordrhein-westfälische Sozialminister Konrad Grundmann verwies auf die Unterschiede zwischen den Gesellschaftssystemen, um den Einsatz für die Jugendlichen

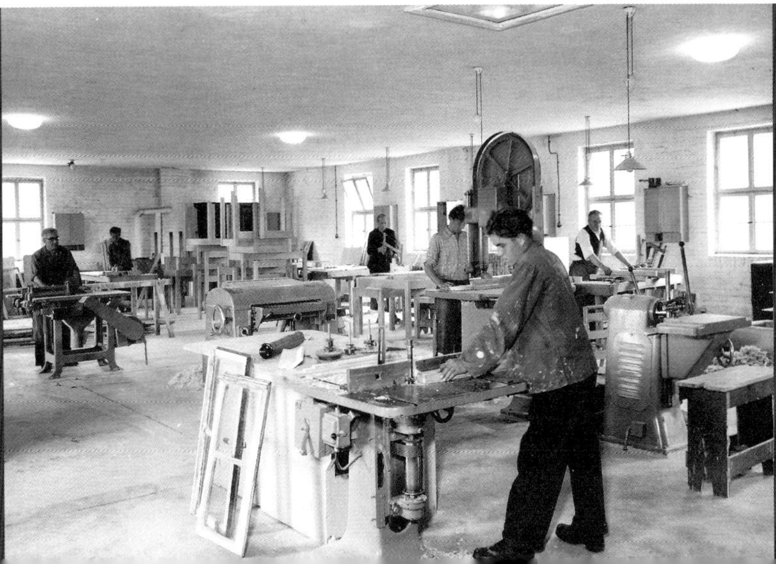

Tischlerei im Heim der Arbeiterwohlfahrt für männliche jugendliche Flüchtlinge in Berlin-Kladow, 1954.

zu begründen: „Sie sind durch die Erziehung, die sie in der SBZ genossen haben, und durch die unterschiedlichen Erlebnisse im Osten und im Westen besonders stark beeindruckt.“[10]
Dass sie in der DDR dem „Einfluss des Kommunismus“ ausgesetzt gewesen waren, konnte indes auch gegen die Jugendlichen ins Feld geführt werden. Vielen Politikern, Jugendfürsorgern und Meinungsforschern galten die jungen Leute als „Meister im Zwiedenken“, die in der DDR gelernt hätten, ihre Gedanken hinter einer Maske zu verstecken und nur das zu sagen, was man von ihnen erwartete. Diese Prägung durch die „östliche Gedankenwelt“ verzögere ihre „Anpassung an das westliche Milieu“ und müsse durch sozialpädagogische Betreuung ausgeglichen werden. Andererseits standen die Jugendlichen in dem Ruf, konsumorientiert, abenteuerlustig und undankbar zu sein, und entsprachen auch in dieser Hinsicht nicht dem Idealbild vom politischen Flüchtling, das in der Bundesrepublik der fünfziger Jahre vorherrschte.[11]

Integrationsschwierigkeiten in Zeiten „deutsch-deutscher Unwissenheit“

Seit der Mauerbau die deutsche Teilung zementierte, veränderten sich die Integrationsprobleme. Nicht mehr Versorgung und Unterbringung, sondern die Schwierigkeiten, die sich aus den Unterschieden der Gesellschaftssysteme ergaben, standen jetzt im Vordergrund. Eine „deutsch-deutsche Unwissenheit“ machte sich breit und bestimmte in den siebziger und achtziger Jahren zunehmend die Erfahrungen ehemaliger DDR-Bürger in der Bundesrepublik.[12]
Die wenigsten kamen mit der Illusion, im Westen ein Paradies vorzufinden. Doch nach der Ankunft sahen sie sich mit einer Fülle von neuartigen Eindrücken und unerwarteten Anforderungen konfrontiert. Reizüberflutung und Konsumschock führten ebenso zu Enttäuschung, Verunsicherung oder Überforderung wie die vielen Behördengänge, die in der ersten Zeit zu erledigen waren. In den Worten eines ehemaligen DDR-Bürgers: „Notaufnahmeverfahren. Sozialamt. Arbeitsamt. Wohnungssuche auf dem privaten Wohnungsmarkt. Krankenkasse. Ausgleichsamt.

(Wer gleicht hier wen oder was aus?) Einwohnermeldeamt. Passamt. Erstes Zwischen-Fazit: Man wird mit gewohnter Gründlichkeit und Detailtreue sehr deutsch verwaltet; ein Fall unter vielen Fällen.“ Erst als sich der „bürokratische Dschungel“ nach einem halben Jahr lichtete, hatte er das Gefühl, „ganz langsam anzukommen“.[13]

Auch die Anerkennung von Berufsausbildungen war mit vielen Formalitäten verbunden. Zeugnisse und Diplome wurden von bundesdeutschen Stellen mit großem Aufwand geprüft und bewertet. Barbara S. musste wochenlang warten, bis ihr die zuständige Senatsverwaltung in West-Berlin eine Urkunde ausstellte, die sie „zur Führung der Berufsbezeichnung Kinderkrankenschwester“ berechtigte. Nachdem sie eine Arbeit gefunden hatte, machte sie ungeachtet ihrer langjährigen Berufspraxis in der DDR die Erfahrung, dass sie von den neuen Kollegen und Vorgesetzten misstrauisch beäugt wurde. Trotz solcher Schwierigkeiten schafften es die meisten Neuankömmlinge aus der DDR, nach kurzer Zeit beruflich Fuß zu fassen. Wie soziologische Studien belegen, verlief die berufliche Integration in den achtziger Jahren trotz wirtschaftlicher Rezession und steigender Arbeitslosigkeit in der Bundesrepublik sogar ausgesprochen erfolgreich. Denn die Motivation ehemaliger DDR-Bürger, sich im Westen eine neue Existenz aufzubauen, war hoch. Viele waren bereit, unterhalb ihres Ausbildungsniveaus zu arbeiten oder Fortbildungen und Umschulungen zu machen, um sich den Erfordernissen des bundesdeutschen Arbeitsmarktes anzupassen. Die Untersuchungen bestätigen indes auch den Eindruck, dass sich die soziale Integration schwierig gestaltete. Nach dem ersten Jahr im Westen fühlten sich viele Zuwanderer noch nicht heimisch und hatten keine intensiveren Kontakte zu Bundesbürgern geknüpft. Die alarmierende Schlussfolgerung lautete: „Arbeit finden sie leichter als Freunde.“[14]

Die Gründe dafür waren zweifellos vielfältig. Zu den Unsicherheiten der Neuankömmlinge kamen die Vorbehalte, die viele Bundesbürger ihnen gegenüber hegten. Allzu oft machten ehemalige DDR-Bürger die Erfahrung, dass im Westen kaum jemand die Verhältnisse in der DDR kannte oder sich für ihr Schicksal interessierte. Exemplarisch ist folgende Schilderung eines ehemaligen politischen Häftlings: „Wenn man hier an-

kommt, ist schon erstaunlich [...], dass sich zunächst erst mal rechte Organisationen um einen kümmern. [...] Und verwunderlich auf der anderen Seite, dass sich linke Organisationen nicht um einen gekümmert haben. Die hatten damals alle mit Emigranten aus der faschistischen Diktatur in Griechenland zu tun oder haben mit den türkischen Ausländern, die hier diskriminiert werden, gearbeitet.“[15] Auch Konkurrenzängste gegenüber den „Brüdern und Schwestern“ aus dem anderen Teil Deutschlands waren unter Bundesbürgern verbreitet. Der westdeutsche Musiker Marius Müller-Westernhagen hat diesem Klischee 1981 unter dem Titel „von drüben“ ein ironisch-bissiges Lied gewidmet. Es erzählt von der geschäftstüchtigen Sängerin „Gertie aus der DDR“, die im Westen Karriere macht und ihre Schwester in Leipzig auffordert, es ihr gleichzutun: „Denn hier ist genug für alle da.“ Die ehemaligen DDR-Bürger reagierten auf Unverständnis und Misstrauen der Bundesbürger mit unterschiedlichen Strategien. Manche versuchten, sich nicht als Ostdeutsche zu erkennen zu geben. Andere mieden den Kontakt zu ehemaligen „Landsleuten“. Wieder andere zogen es vor, unter sich zu bleiben, wie eine anonyme Kontaktanzeige dokumentiert, die 1980 in der West-Berliner Stadtzeitschrift „tip“ erschien: „Einst. DDR Bewohner – 27 – 173 – sucht M's, ja und besonders eine W, die sich hier ebenso nicht zugehörig fühlen.“
Auch Radiosendungen aus den achtziger Jahren, in denen Betroffene und Experten zu Wort kamen, spiegeln Vielfalt und Ambivalenzen der individuellen Integrationserfahrungen. Auf der einen Seite waren sich die ehemaligen DDR-Bürger der neuen Freiheiten bewusst: „In der DDR wird man gelebt, hier muss man leben. In der DDR wird einem alles in den Mund gelegt, alles gemacht, da braucht man nicht so selbstständig sein.“[16] Im Westen komme es darauf an, die Dinge selbst in die Hand zu nehmen, sagten sie immer wieder. Auf der anderen Seite vermissten sie den sozialen Zusammenhalt, den sie in der DDR gewohnt waren: „Drüben war alles anders, eine Hand wäscht die andere. [...] Hier kriegt man alles zu kaufen [...], jeder hat alles. [...] Klar, dass hier kein Zusammenhalt ist.“[17] Die Radiosendungen machten aber auch auf ein weiteres massives Integrationshindernis aufmerksam: Vielen ehemaligen DDR-Bürger fiel es schwer, sich im Westen einzuleben, weil sie „Heimweh nach drüben“ hatten. Das

lag weniger daran, dass sie mit den Verhältnissen in der Bundesrepublik unzufrieden waren. Es waren vielmehr die von den DDR-Behörden über Flüchtlinge und Ausgereiste verhängten Besuchsverbote, die dieses Heimweh auslösten: „Die DDR-Behörden rächen sich an den Ausgereisten an der einzigen Stelle, an der sie noch verwundbar sind: am Heimweh nach Menschen, Landschaften und Erinnerungen, indem sie ihnen in der Regel über Jahre hinweg die besuchsweise Wiedereinreise verwehren."[18]
In vielen Fällen überlagerte die verzweifelte Suche nach Möglichkeiten, Verwandte und Freunde wiederzusehen, den Neuanfang. Statt nach Frankreich oder Italien reisten ehemalige DDR-Bürger im Urlaub wieder nach Ungarn oder in die Tschechoslowakei, um sich dort mit Angehörigen zu treffen. Andere verwandten viel Zeit und Mühe darauf, eine Besuchserlaubnis für die DDR zu beantragen. Bernd Eisenfeld, der sich damals im Verband ehemaliger DDR-Bürger für die Verbesserung der Besuchsmöglichkeiten einsetzte, berichtet: „Also da gibt es Wartezeiten von einem halben Jahr und länger, bevor sich die DDR überhaupt entscheidet. Und da weiß man noch nicht, wie sie sich entscheidet. Und das macht die Leute kaputt."[19]
Um die soziale Integration der DDR-Bürger zu verbessern, stellte der Bund im Zuge der großen Ausreisewelle von 1984 Ländern, Gemeinden und Wohlfahrtsverbänden zusätzliche Mittel zur Verfügung. Soziologen, Psychologen und Sozialpädagogen entwickelten neue Beratungskonzepte. Dabei versuchten sie, den Integrationsschwierigkeiten, die sich vor dem Hintergrund zunehmender Entfremdung und Systemdifferenz entwickelt hatten, Rechnung zu tragen. Die Förderung der Eigeninitiative avancier-

Einweihung neuer Räume des Vereins „Hilfe mit Herz", der 1984 in West-Berlin gegründet wurde, um DDR-Übersiedlern mit Beratung und Sachspenden den Neuanfang zu erleichtern. Berlin-Wedding, Februar 1989.

te zu einem zentralen Ziel. Denn viele Zuwanderer hatten in der DDR eine regelrechte „Betreuungsaversion" entwickelt: „Umfassende ‚Betreuung' durch Kollektiv, Partei, Jugendorganisation, Betrieb, Gewerkschaft u.s.w. hat der Übersiedler bis zum Überdruss kennen gelernt."[20]

Ein Beispiel für die praktische Umsetzung der neuen Konzepte ist der Orientierungskurs, den die Volkshochschule im West-Berliner Bezirk Wedding im Herbst 1984 einrichtete. Dieser Kurs wandte sich an ehemalige DDR-Bürger und ihre Freunde. Er wurde bis zum Frühjahr 1990 zweimal im Jahr angeboten und erfreute sich ständig wachsender Teilnehmerzahlen. Unter der Leitung eines Sozialpädagogen trafen sich die Teilnehmer einmal in der Woche zu Informationsabenden, auf denen Experten aus

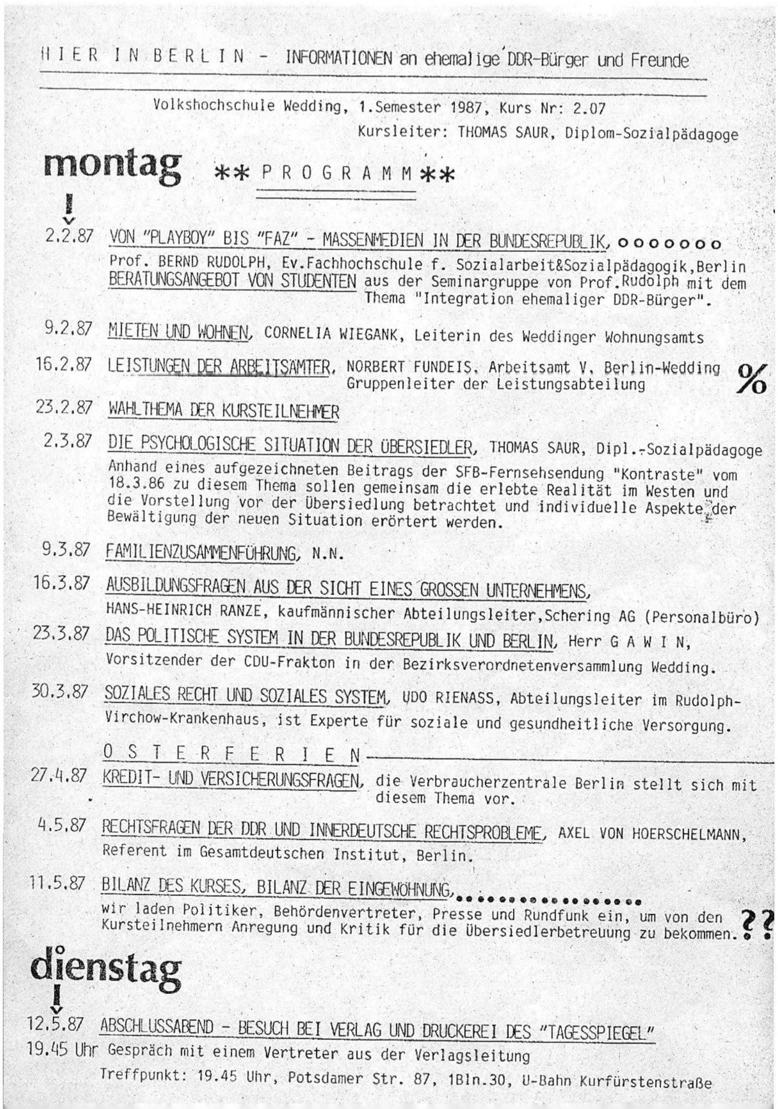

HIER IN BERLIN - INFORMATIONEN an ehemalige DDR-Bürger und Freunde

Volkshochschule Wedding, 1.Semester 1987, Kurs Nr: 2.07
Kursleiter: THOMAS SAUR, Diplom-Sozialpädagoge

montag ** PROGRAMM **

2.2.87 VON "PLAYBOY" BIS "FAZ" - MASSENMEDIEN IN DER BUNDESREPUBLIK, ooooooo
Prof. BERND RUDOLPH, Ev.Fachhochschule f. Sozialarbeit&Sozialpädagogik,Berlin
BERATUNGSANGEBOT VON STUDENTEN aus der Seminargruppe von Prof.Rudolph mit dem Thema "Integration ehemaliger DDR-Bürger".

9.2.87 MIETEN UND WOHNEN, CORNELIA WIEGANK, Leiterin des Weddinger Wohnungsamts

16.2.87 LEISTUNGEN DER ARBEITSÄMTER, NORBERT FUNDEIS, Arbeitsamt V, Berlin-Wedding Gruppenleiter der Leistungsabteilung %

23.2.87 WAHLTHEMA DER KURSTEILNEHMER

2.3.87 DIE PSYCHOLOGISCHE SITUATION DER ÜBERSIEDLER, THOMAS SAUR, Dipl.-Sozialpädagoge
Anhand eines aufgezeichneten Beitrags der SFB-Fernsehsendung "Kontraste" vom 18.3.86 zu diesem Thema sollen gemeinsam die erlebte Realität im Westen und die Vorstellung vor der Übersiedlung betrachtet und individuelle Aspekte der Bewältigung der neuen Situation erörtert werden.

9.3.87 FAMILIENZUSAMMENFÜHRUNG, N.N.

16.3.87 AUSBILDUNGSFRAGEN AUS DER SICHT EINES GROSSEN UNTERNEHMENS,
HANS-HEINRICH RANZE, kaufmännischer Abteilungsleiter,Schering AG (Personalbüro)

23.3.87 DAS POLITISCHE SYSTEM IN DER BUNDESREPUBLIK UND BERLIN, Herr GAWIN,
Vorsitzender der CDU-Frakton in der Bezirksverordnetenversammlung Wedding.

30.3.87 SOZIALES RECHT UND SOZIALES SYSTEM, UDO RIENASS, Abteilungsleiter im Rudolph-Virchow-Krankenhaus, ist Experte für soziale und gesundheitliche Versorgung.

OSTERFERIEN

27.4.87 KREDIT- UND VERSICHERUNGSFRAGEN, die Verbraucherzentrale Berlin stellt sich mit diesem Thema vor.

4.5.87 RECHTSFRAGEN DER DDR UND INNERDEUTSCHE RECHTSPROBLEME, AXEL VON HOERSCHELMANN,
Referent im Gesamtdeutschen Institut, Berlin.

11.5.87 BILANZ DES KURSES, BILANZ DER EINGEWÖHNUNG, ...
wir laden Politiker, Behördenvertreter, Presse und Rundfunk ein, um von den Kursteilnehmern Anregung und Kritik für die Übersiedlerbetreuung zu bekommen. ??

dienstag

12.5.87 ABSCHLUSSABEND - BESUCH BEI VERLAG UND DRUCKEREI DES "TAGESSPIEGEL"
19.45 Uhr Gespräch mit einem Vertreter aus der Verlagsleitung
Treffpunkt: 19.45 Uhr, Potsdamer Str. 87, 1Bln.30, U-Bahn Kurfürstenstraße

den Bereichen Medien, Sozialpolitik, Recht, Politik und Wirtschaft referierten und für Fragen zur Verfügung standen. Es handelte sich gewissermaßen um einen Crashkurs in Sachen westliches Gesellschaftssystem. Ein Abend war unter der Überschrift „Von ‚Playboy' bis ‚FAZ'" den Massenmedien in der Bundesrepublik gewidmet, an einem anderen wurde die psychologische Situation der Übersiedler behandelt. Kommunalpolitiker informierten über das politische System der Bundesrepublik, Verbraucherschützer über Kredit- und Versicherungsfragen. Wie die Ankündigung des Kurses im Programmheft von 1987 zeigt, ging es den Veranstaltern nicht um einseitige Information und Wissensvermittlung, sondern um ein gegenseitiges Lernen zur Überbrückung der Systemdifferenz: „Die politischen Systeme prägen die Menschen. Zwischen den ‚beiden Deutschlands' gibt es viele Gemeinsamkeiten, aber auch viel trennende Entwicklungen. Dies erfahren ganz besonders intensiv ehemalige DDR-Bürger, wenn sie nach der Übersiedlung ihr Leben neu gestalten müssen. Wir können voneinander lernen!"

Ein „Test auf die Wiedervereinigung"

Führt man sich heute die Schwierigkeiten vor Augen, die in den Jahrzehnten der Teilung mit der Integration von Ostdeutschen in Westdeutschland verbunden waren, so fällt zum einen eine deutliche Schwerpunktverlagerung auf, zum anderen eine bemerkenswerte Parallele: Während in den fünfziger Jahren Versorgung und Unterbringung der DDR-Flüchtlinge die größten Integrationsprobleme aufwarfen, war es in den siebziger und achtziger Jahren in erster Linie das Unverständnis zwischen den Deutschen in Ost und West, das die Eingewöhnung belastete. Dass dabei zum Teil die gleichen Vorurteile im Spiel waren, die nach 1990 auch die Wiedervereinigung erschwerten, lässt sich im Rückblick nicht übersehen. Damals ahnte jedoch kaum jemand, dass es sich tatsächlich um einen „Test auf die Wiedervereinigung" handeln könnte, wie der Integrationssoziologe Volker Ronge schon 1985 schrieb.[21] In diesem Sinne war die Integration von Flüchtlingen und Übersiedlern aus der DDR in der Bundesrepublik erst der Anfang eines weiteren langen, wechselseitigen Lernprozesses.

Entscheidung für den Osten
» Ich bin weder für das noch für das, aber ich stell' mir vor, wenn die DDR vernünftige Leute hat, kann sicherlich da auch was draus werden ... «

Entscheidung für den Osten

Die West-Ost-Migration
Cornelia Röhlke

Am 11. November 1962 meldete sich ein junger Mann an der Grenzübergangsstelle Marienborn, um in die DDR zurückzukehren. Erwin Mögelin war 1955 als 15-Jähriger gemeinsam mit seiner Mutter und seinem jüngeren Bruder von Sachsen nach West-Berlin geflohen. Damals drohten die DDR-Behörden Frau Mögelin, ihr die Fürsorgeunterstützung zu streichen, weil Erwin nicht zur Jugendweihe gegangen war, sondern sich konfirmieren ließ. Da der Vater im Krieg verschollen und die Frau mit vier Söhnen von der staatlichen Unterstützung abhängig war, entschloss sie sich in dieser Situation zur Flucht. Erwin Mögelin fand nach Stationen im Notaufnahmelager Marienfelde, in einem Hamburger Flüchtlingslager und nach Lehrjahren in der Lüneburger Heide schließlich in Recklinghausen eine Anstellung als Kaufmann. Doch nach einer Urlaubsreise zu West-Berliner Verwandten und verschiedenen Besuchen im Osten der Stadt kehrte er nicht mehr an seinen Arbeitsplatz zurück.
Erwin Mögelin war einer von rund 9 000 so genannten Rückkehrern, die 1962 einen Antrag auf Aufnahme in die DDR stellten. Wie er waren es vor allem junge Männer unter 25 Jahren, die sich zur Rückkehr entschlossen. In diesem Jahr war die Zahl der West-Ost-Migranten – nach dem Bau der Berliner Mauer im August 1961 – bereits stark zurückgegangen. Nur noch rund 14 000 Menschen übersiedelten alles in allem aus der Bundesrepublik in die DDR, während es 1960 noch etwa 40 000 gewesen waren.
Insgesamt wanderten zwischen 1949 und 1989 rund 600 000 Menschen von West nach Ost. Auf Grund von abweichenden und ungenauen Statistiken ist es nur schwer möglich, die genauen Zahlen zu bestimmen. Da die Bundesrepublik im Gegensatz zur DDR Verstöße gegen das Meldegesetz nicht ahndete, wanderte eine erhebliche Zahl von Übersiedlern ohne Nachricht an die Behörden ab. Folgerichtig weisen die Statistiken der DDR einen höheren Anteil an West-Ost-Migranten aus. Sie unterschei-

◄ Blick in den Ausstellungsteil „Entscheidung für den Osten“. Die große Mehrheit der Zuwanderer entschied sich aus persönlichen Gründen für eine Übersiedlung oder Rückkehr in die DDR.

den darüber hinaus zwischen „Zuziehenden" und „Rückkehrern". Zuziehende waren in der Behördensprache der DDR ursprünglich Bürger der Bundesrepublik. Ehemalige „Republikflüchtlinge" dagegen wurden als Rückkehrer bezeichnet. Da die DDR-Behörden auch Menschen registrierten, die sich nur vorübergehend im Land aufhielten, liegen ihre Angaben tendenziell zu hoch. Dennoch dürften die realen Zahlen auf Grund des strenger gehandhabten Meldegesetzes näher an den DDR-Angaben liegen, weshalb diese hier zu Grunde gelegt werden. Der Zeitraum zwischen 1950 und dem Ende der sechziger Jahre steht im Folgenden im Mittelpunkt, da in dieser Phase mit Abstand die meisten Migranten übersiedelten.

Datenvergleich: Umfang der West-Ost-Migration, 1950–1968
(Wanderungsstatistik der DDR und der Bundesrepublik)

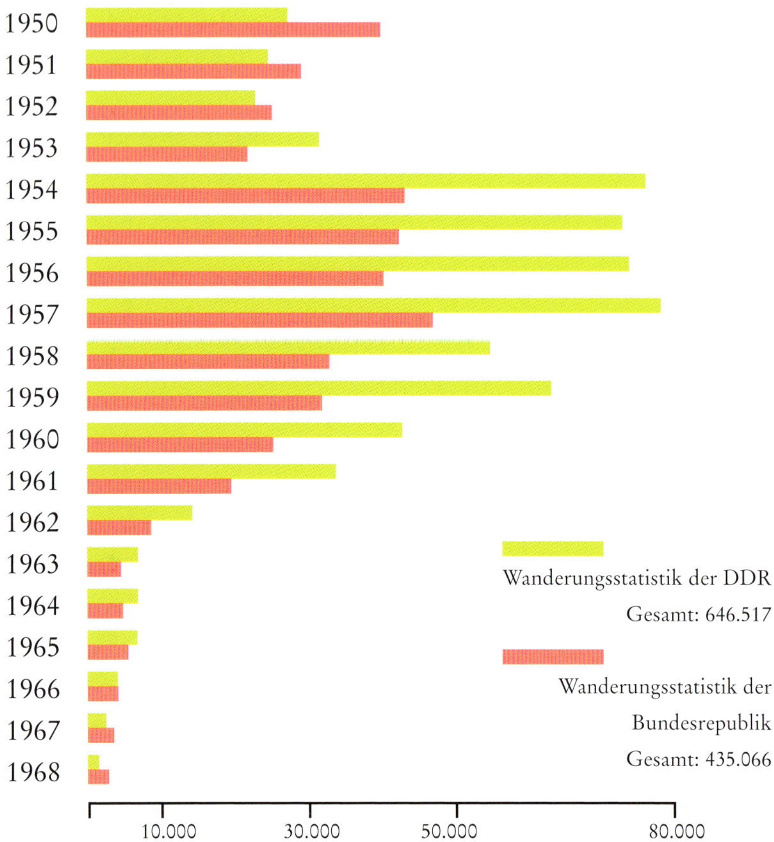

Nach Schmelz: Migration und Politik, 2002.

Phasen der West-Ost-Migration

Die West-Ost-Wanderung verlief in Phasen von unterschiedlicher Intensität. Von 1949 bis in die frühen fünfziger Jahre stand die DDR-Führung den Zuwanderern aus dem Westen ablehnend gegenüber und erlaubte nur wenigen, ins Land zu kommen. Arbeit und Wohnraum waren infolge des Krieges und durch die Aufnahme von Vertriebenen knapp.

Zwischen 1954 und 1957 änderte sich die Situation deutlich. Angesichts der vielen Menschen, die in die Bundesrepublik flüchteten, sollten Übersiedler aus dem Westen den Verlust ausgleichen. Durch die Vermittlung von Wohnung und Arbeit sowie finanzielle Unterstützung wollte man den Migranten helfen, sich eine neue Existenz aufzubauen. Tatsächlich erhöhte sich die Zahl der Übersiedler in dieser Zeit von etwa 30 000 auf über 70 000 jährlich. Auffallend ist dabei der große Anstieg der Zahl der Rückkehrer, denen die DDR-Führung im Rahmen der Politik des „Neuen Kurses" nach dem Aufstand vom 17. Juni 1953 die Rückgabe ihres Eigentums in Aussicht stellte.

Von 1958 bis zum Mauerbau 1961 kamen immer weniger Zuwanderer in die DDR. Von rund 77 000 im Jahr 1957 sank die Zahl der West-Ost-Migranten – wie eingangs erwähnt – auf ca. 40 000 im Jahr 1960. Das hatte verschiedene Gründe: Die Hilfsleistungen für Übersiedler aus dem Westen wurden abgeschafft, und ab 1957 griff wieder eine restriktivere Aufnahmepolitik – ihrerseits die Reaktion auf vielfältige Klagen über die Zuwanderer aus dem Westen und auf ein gesteigertes Sicherheitsbedürfnis. Gleichzeitig zögerten viele, in die DDR zurückzukehren, da die internationale politische Situation wegen der Berlin-Krise – die Sowjetunion wollte Berlin zu einer entmilitarisierten, „neutralen" Stadt

Übersiedler überqueren bei Wartha die Grenze zur DDR, Dezember 1958.

machen – sehr unsicher schien. Zudem wurde seit 1957/58 in der Bundesrepublik die große Mehrheit der Flüchtlinge aus der DDR im Aufnahmeverfahren anerkannt und kam in den Genuss vermehrter staatlicher Hilfsleistungen. Der steigende Arbeitskräftebedarf tat ein Übriges, um die Integration zu begünstigen.
Nach dem Mauerbau sanken die Migrantenzahlen drastisch und pendelten sich gegen Ende der sechziger Jahre auf etwa 2000 im Jahr ein. Die Entscheidung für ein Leben in der DDR war mit der Sperrung der Grenze nahezu unumkehrbar geworden; das hielt viele Menschen von einem Schritt in diese Richtung ab.

Wer wanderte in den Osten?

Die Gruppe der West-Ost-Migranten setzte sich zu zwei Dritteln aus ehemaligen DDR-Flüchtlingen und zu einem Drittel aus Bürgern der Bundesrepublik zusammen. Genauso ungleich waren die Anteile der Geschlechter: Bis zum Ende der sechziger Jahre waren es zu zwei Dritteln Männer, die sich entschlossen, in der DDR zu leben bzw. in ihre Heimat zurückzukehren. Deutlich verschieden waren auch die Anteile der Altersgruppen: Jüngere Leute wagten den Schritt in den Osten eher; fast zwei Drittel der Übersiedler waren jünger als 25 Jahre. Der „typische" West-Ost-Migrant dieser Zeit war also ein männlicher Rückkehrer zwischen 15 und 25 Jahren. Damit entsprach er in seinem Profil dem „typischen" DDR-Flüchtling – was auf die wechsel-

Berufsgruppen der Zuwanderer
1952–1963

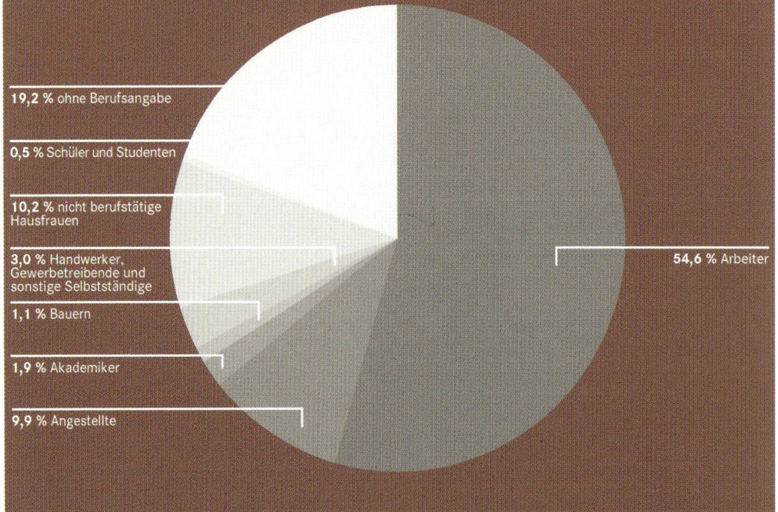

Nach Schmelz: Migration und Politik, 2002.

seitige Bedingtheit der beiden Wanderungsbewegungen verweist. Während unter den Rückkehrern Jugendliche dominierten, gab es bei den Zuziehenden besonders viele Familien mit Kindern. Viele jugendliche DDR-Flüchtlinge kehrten zu ihren Familien zurück, weil sie im Westen nicht hatten Fuß fassen können und ihre Erwartungen an das Leben in der Bundesrepublik sich nicht erfüllten.[1] Die Situation auf dem Arbeits- und Wohnungsmarkt war schwierig, und auch die Unterbringung in den Familien ihrer Arbeitgeber verlief oft nicht so, wie sie es sich vorgestellt hatten. Eine große Zahl von ihnen musste längere Zeit in überfüllten Jugendlagern leben. Oftmals fanden sie lediglich Arbeit in Berufen, für die sie keine Ausbildung besaßen, oder wurden in unattraktive Branchen wie die Landwirtschaft und den Bergbau vermittelt, wo man dringend Arbeitskräfte suchte. Dagegen waren westdeutsche Familien mit Kindern häufiger von Wohnungsnot und Armut bedroht und hofften auf ein gesichertes Leben in der DDR.
Bei der regionalen Herkunft zeichnen sich eindeutige Schwerpunkte ab: Der größte Teil der Übersiedler der fünfziger und sechziger Jahre stammte aus Nordrhein-Westfalen, dem Bundesland, das die meisten Flüchtlinge aus der DDR aufnahm, sowie aus Hamburg und Berlin. Was die Berufe angeht, dominierten die Arbeiter. Ihr Anteil stieg im Lauf der Zeit deutlich an, während der anderer Berufsgruppen stetig abnahm; 1963 stellten sie drei Viertel der Übersiedler. Vor allem der Anteil der Angestellten und der Akademiker sank seit Beginn der fünfziger Jahre.[2] Auch Bauern, Handwerker und Selbstständige hatten an der Übersiedlung in die DDR nur einen sehr geringen Anteil. Lediglich infolge einer Propagandakampagne der DDR-Führung, die nach dem Juni-Aufstand 1953 zurückkehrenden Flüchtlingen die Rückgabe ihres Besitzes in Aussicht stellte, stieg die Zahl der übersiedelnden Landwirte im selben Jahr kurzfristig geringfügig an. Der hohe Anteil von Arbeiterfamilien unter den Übersiedlern lässt sich mit ihrer vergleichsweise schwierigen Ausgangslage in der Bundesrepublik der fünfziger Jahre erklären. Sie waren von Arbeitslosigkeit und Wohnungsnot, zumal bei höherer Kinderzahl, besonders betroffen. Je weiter die Arbeitslosigkeit in der Bundesrepublik abnahm, desto häufiger kamen Menschen mit geringer Ausbildung in die DDR. Da sie auch unter der Voraus-

setzung eines wachsenden Arbeitskräftebedarfs in der Bundesrepublik nur schwer Arbeit fanden, erschienen ihnen die wirtschaftlichen Möglichkeiten in der DDR aussichtsreicher.[3]
Eine genaue Analyse der Struktur der West-Ost-Migration in den siebziger und achtziger Jahren liegt noch nicht vor. Dennoch gibt es Hinweise darauf, dass auch in diesem Zeitraum unter den Migranten recht viele Rückkehrer waren. Manche von ihnen waren seit Mitte der siebziger Jahre nach jahrelangem Warten legal in die Bundesrepublik ausgereist. Hier klagten sie über Heimweh, fühlten sich isoliert oder konnten sich nicht in den Arbeitsmarkt integrieren; auch siedelten zahlreiche Rentner, die in der Bundesrepublik keine Angehörigen mehr besaßen, zu ihren Verwandten in die DDR über.[4]

Erneute Abwanderung

Viele von den Übersiedlern, die sich für ein Leben in der DDR entschieden hatten, kehrten bereits nach kurzer Zeit in die Bundesrepublik zurück.[5] Vor allem die Westdeutschen konnten sich oftmals nicht mit den Lebensumständen in der DDR abfinden. Von 1954 bis Mitte 1961 verließen mehr als die Hälfte der Zuziehenden und ein Drittel der Rückkehrer das Land schnell wieder; oft harrten sie lediglich wenige Wochen oder Monate aus. Aber auch viele von denen, die länger versuchten, Fuß zu fassen, entschlossen sich nach ein bis zwei Jahren, die DDR wieder zu verlassen. Insbesondere nach dem Mauerbau stieg die Zahl der Rückwanderer in den Westen. Viele bemühten sich, auf legalem Wege mit Hilfe von Eingaben ihre Rückkehr in die Bundesrepublik zu erreichen, andere versuchten, die neu errichteten Sperranlagen zu überwinden.
Oft hatten die Übersiedler, unter ihnen vor allem junge Menschen, Schwierigkeiten, sich in der DDR zu integrieren. Sie waren unzufrieden mit dem Lebensstandard sowie ihrer Situation an den neuen Wohn- und Arbeitsorten. Hauptsächlich beschwerten sie sich darüber, unterhalb ihrer Qualifikation und außerhalb ihres erlernten Berufes eingesetzt zu werden, sowie über eine Entlohnung, die geringer war als im Westen. Übersiedler wurden vornehmlich in den Wirtschaftsbereichen herangezogen, in denen

Arbeitskräfte fehlten. Dies waren die Landwirtschaft, das Baugewerbe und der Bergbau. In bestimmten Betrieben sollten aus Sicherheitsgründen gar keine West-Ost-Migranten arbeiten. Mit Ausnahme von günstigen Krediten und einer finanziellen Unterstützung in den ersten Wochen, die allerdings nur bis 1957 bevorzugt an Zuwanderer vergeben wurde, gab es keine besonderen Hilfsleistungen für die Übersiedler, die zumeist ohne Besitz in die DDR kamen. Die Unzufriedenheit vieler Zuwanderer führte schließlich dazu, dass sie die neuen Arbeitsstellen schnell wieder verließen oder ganz in die Bundesrepublik zurückkehrten. Bei den Behörden häuften sich infolgedessen Beschwerden über „arbeitsscheue" und „asoziale Elemente", die in der DDR nur ihren Vorteil suchten. So wurde berichtet, dass Zuwanderer in die Bundesrepublik zurückkehrten, nachdem sie von den Eingliederungshilfen der DDR profitiert hatten.

Übersiedlungsgründe

Dem Entschluss, von West nach Ost zu gehen, lagen in der Regel mehrere Motive zu Grunde. Wie vielschichtig die Beweggründe des Einzelnen sein konnten, schildert Erwin Mögelin: „Meine persönlichen Probleme, [...] und meine privaten finanziellen Probleme und meine Gedanken: Wie geht's denn weiter? Was willst du denn mal werden? [...] In dem Supermarkt, wo ich beschäftigt war, hat der Chef zu mir gesagt: ‚Also weißt du, Erwin, du musst auf die Hochschule. Du musst ein Studium aufnehmen. Du kannst mich mal hier ablösen, irgendwann.' Dann kam gleich meine Frage: ‚Was kostet das?' und schon war das Projekt gestorben. [...] Es war keiner da, an den ich mich hätte wenden können. Ich hatte nur diese beruflichen Kontakte, die mir irgendwas erzählt haben – das kannst du machen – ich hatte auch gute Zeugnisse – alles schön – aber ich hatte niemanden, wo ich hätte Unterstützung erfahren können. [...] Ich sagte: Ich bin weder für das noch für das, aber ich stell' mir vor, wenn die DDR vernünftige Leute hat, kann sicherlich auch etwas daraus werden."[6] Für das Bleiben im Westen reichte also eine gelungene berufliche Integration allein nicht aus. Finanzielle Probleme, verbunden mit fehlenden beruflichen Perspektiven, und der Mangel

an Unterstützung durch nahe Bezugspersonen trugen zum Rückkehrentschluss bei.
Um sich ein Bild von den Motiven der Migranten machen zu können, befragten die Behörden in Ost und West sie eingehend. Die Gesprächssituation war für Flüchtlinge und Übersiedler schwierig. Sie wollten ihre Motive in den jeweiligen Aufnahmeverfahren so darstellen, dass sie anerkannt wurden. Taktische Überlegungen spielten in den Gesprächen daher eine wesentliche Rolle. Um nicht abgewiesen zu werden, stellten sich die Befragten auf die Erwartungen ihrer Gesprächspartner ein. Wie sehr die Angst vor Zurückweisung das Verhalten der Migranten bestimmte, schildert eine Übersiedlerin des Jahres 1977:
„Ich hatte in Pankow schon zwei Lebensläufe geschrieben, dann fing das [im Aufnahmeheim Barby] wieder an, Lebenslauf schreiben, dann war wieder ein Tag, Lebenslauf schreiben. […] Man fängt an zu grübeln: ‚Was hast du denn im ersten geschrieben? […] Widerspricht sich da irgend etwas?' […] Beim zweiten in Barby habe ich mir gesagt, die Mühe machst du dir jetzt, davon machst du dir eine Kopie. Also noch einmal das Ganze geschrieben. Geschrieben wie ein Weltmeister, ich habe insgesamt 10 [Lebensläufe] in Barby schreiben müssen. Die habe ich alle voneinander abgeschrieben, da brauchte ich nicht mehr zu überlegen. […] Ich hatte irrsinnige Angst, die schicken mich zurück. Ich hatte alles aufgegeben, ich hatte keine Arbeitsstelle mehr, die eigentlich bis zu meinem Rentenalter sicher gewesen wäre, ich hatte keine Wohnung mehr, ich hatte mein Mobiliar irgendwo stehen, ich hatte wahnsinnig Angst, zurück zu müssen. Und dann versucht man alles so zu machen, damit die nichts finden, wo sie sagen können, die muss wieder weg."[7]

Manchen Paaren erschien die Übersiedlung als der einzige Weg zum Zusammenleben. Brautpaar in Ost-Berlin, 1978.

Persönliche und familiäre Motive waren laut den in der Bundesrepublik durchgeführten Untersuchungen am häufigsten ausschlaggebend für eine Übersiedlung; Mitte der fünfziger Jahre traf dies für rund die Hälfte der Migranten zu: Man wollte heiraten; man hegte den Wunsch, wieder mit der Familie, dem eigenen Kind oder dem Ehepartner zusammenzuleben; Eltern holten ihre Kinder aus der Bundesrepublik zurück, die häufig aus Neugier und mit zu großen Erwartungen in den Westen gegangen waren. Über einen besonderen Fall berichtete die West-Berliner Tageszeitung „Telegraf" im April 1965 unter der Überschrift „Sehnsucht trieb sie zurück". Eine Flüchtlingsfamilie, die im Notaufnahmelager Marienfelde untergekommen war, kehrte nach wenigen Wochen Aufenthalt plötzlich in die DDR zurück. Der Grund war, dass sie ihren 14-jährigen Sohn, der zuvor ohne seine Eltern durch die Spree nach West-Berlin geflohen war und dort vergeblich auf sie gewartet hatte, nicht antraf. Er war in der Annahme, die Eltern seien noch zu Hause, in die DDR zurückgekehrt.

Häufig wurden auch wirtschaftliche Motive als Begründung angegeben. Manche sahen nach ihrer Ablehnung im Notaufnahmeverfahren ohne staatliche Unterstützung in der Bundesrepublik keine Perspektive für sich. Andere gaben an, sie hätten im Westen keine Arbeit oder Wohnung. Ein Mann begründete 1959 seine Rückkehr damit, er könne keine Wohnung finden und wolle nicht mehr in Lagern leben.[8]

Ein etwas anderes Bild ergab sich bei den Zuziehenden aus dem Westen. Zwar dominierten auch hier persönliche und familiäre Motive das Handeln, doch äußerten die Betroffenen weit häufiger auch wirtschaftliche Beweggründe. Übersiedler berichteten davon, sie hätten in der Bundesrepublik ihre Wohnungen verloren oder keine Aussicht auf geeigneten Wohnraum und seien von Arbeitslosigkeit betroffen. Die beruflichen Chancen und Fortbildungsmöglichkeiten erschienen manchem im Osten attraktiver. Verschiedentlich sahen Übersiedler in der Migration auch eine Möglichkeit, sich ihrer Verantwortung und bestimmten Zwängen zu entziehen: einer Strafverfolgung, einer hohen Schuldenlast, fälligen Unterhaltszahlungen oder dem anstehenden Militärdienst. Andere planten, mit der Übersiedlung die Trennung vom Ehepartner zu vollziehen.

Schwer zu beurteilen ist, welchen Stellenwert die politischen Motive hatten, die in einigen Fällen als Anlass für die Übersiedlung genannt wurden. Selten wurden sie als entscheidender Auslöser angegeben, meistens sind sie eher ein begleitender Faktor gewesen.

Die Befragungen, die in der DDR durchgeführt wurden, kamen zu anderen Ergebnissen: Familiär-persönliche Gründe traten gegenüber den wirtschaftlichen in den Hintergrund. Sie machten nur selten mehr als ein Viertel der angegebenen Motive aus.[9] Nach 1960 führten die DDR-Statistiken familiäre Hintergründe

gar nicht mehr auf; als Migrationsgründe erschienen jetzt ausschließlich wirtschaftliche und politische Umstände, was mit der Darstellung innerhalb der Rückkehrerpropaganda korrespondierte, die diesen Eindruck besonders förderte. So entsprachen die Untersuchungsergebnisse dem negativen Bild, das die Medien in der DDR von den Verhältnissen in der Bundesrepublik zeichneten.
Diese sich widersprechenden Ergebnisse spiegeln die vom Kalten Krieg geprägte Sichtweise in Ost und West wider. Während die Bundesrepublik den Wegzug ihrer Bevölkerung in die DDR als eine natürliche Wanderungsbewegung privater Natur ansah, interpretierte die SED-Führung in der Konkurrenz zur Bundesrepublik und im Kampf um Anerkennung die Entscheidung für die DDR als Schwäche des Westens.[10]

Aus Überzeugung in die DDR: Prominente Übersiedler

Waren ideologische Motive für die West-Ost-Migration insgesamt von untergeordneter Bedeutung, so spielten sie bei der Übersiedlung von Künstlern und Intellektuellen bis 1989 immer wieder eine vorrangige Rolle. Auf eine Reihe von ihnen übte ein Leben in der DDR aus weltanschaulichen Gründen große Anziehungskraft aus. Bereits in den frühen Nachkriegsjahren gingen viele nach der Rückkehr aus der Emigration in die sowjetische Besatzungszone, um am Aufbau eines sozialistischen Staates mitzuwirken, unter ihnen Johannes R. Becher, Bertolt Brecht, Wolfgang Langhoff und Anna Seghers.[11] Einen „antifaschistischen“ Gegenentwurf zur Bundesrepublik sahen in den fünfziger Jahren auch der Liedermacher Wolf Biermann und der Dramatiker Peter Hacks in der DDR. Ende der sechziger Jahre schien die DDR vor dem Hintergrund des Vietnamkriegs und der Studentenproteste eine Alternative zum Leben im Westen zu bieten.
In dieser Zeit siedelte der Schauspieler Wolfgang Kieling aus Protest gegen die westdeutsche Gesellschaft und auf Grund der seiner Meinung nach einseitigen Berichterstattung in den Medien ein zweites Mal in die DDR über.[12] Aus seiner Ablehnung insbesondere des Springer-Verlags machte er im Vorfeld der Übersiedlung keinen Hehl: Im Januar 1968 gab er die ihm im Vorjahr von

der Zeitschrift „Hörzu“ verliehene „Goldene Kamera“, in eine Plastiktüte gewickelt, zurück, was der dpa eine Meldung wert war. Wenige Wochen später ließ er seinen Filmpreis, das „Filmband in Gold“, vom „Republikanischen Club“ in Berlin zugunsten der vietnamesischen Befreiungsbewegung versteigern. Mit dieser Vorgeschichte reiste er ohne große Formalitäten in die DDR ein, die sein Kommen propagandistisch ausnutzte und ihn nach seiner Ankunft in einer Ost-Berliner Vietnam-Ausstellung fotografieren ließ. Wie andere prominente West-Ost-Migranten genoss er Freizügigkeit und Reisefreiheit, die ihm auch Filmaufnahmen im Ausland erlaubten. Dennoch entschloss er sich nach rund zwei Jahren zur erneuten Rückkehr in den Westen, da er meinte, sich nicht mehr in die DDR-Gesellschaftsordnung einreihen zu können.

Nicht alle Hoffnungen der prominenten Übersiedler erfüllten sich. Häufig gerieten sie in Konflikt mit der Partei- und Staatsführung, da sie schon auf Grund ihrer westdeutschen Herkunft argwöhnisch beobachtet wurden. Immer wieder bespitzelten Behörden und Staatssicherheit die Künstler und Intellektuellen und beschnitten sie in ihren Arbeitsmöglichkeiten, woraufhin manche von ihnen die DDR resigniert wieder verließen. Andere – wie der Liedermacher Wolf Biermann oder der Schriftsteller Joachim Seyppel – wurden ausgewiesen, nachdem sie sich kritisch mit der Situation in der DDR auseinander gesetzt hatten.

Manche standen trotz Problemen und Zurücksetzungen zu ihrem früheren Entschluss. Zu ihnen gehörte der Schriftsteller und Dramatiker Peter Hacks, ein in Ost und West anerkannter und ausgezeichneter Schriftsteller, der wegen seiner Stücke verschiedentlich in Auseinandersetzungen mit der Parteiführung geriet. 1962 war er Dramaturg am Ost-Berliner Deutschen Theater, als sein Stück „Die Sorgen und die Macht“ nach wenigen

Der DEFA-Film „Betrogen bis zum jüngsten Tag“ entstand 1956 während Wolfgang Kielings erstem DDR-Aufenthalt. Nachdem er im März 1968 erneut in die DDR gegangen war, drehte Kieling mit Konrad Wolf 1970/71 „Goya“.

anderen Tag wurden erkennungsdienstliche Sachen gemacht, Daumenabdruck, Lichtbild für den vorläufigen Ausweis, den ich bekam. [...] Den musste ich damals abgeben, nachdem ich den richtigen bekommen hatte. Aber das Foto, das hätte Bände gesprochen, [...] das sieht man einem Menschen gleich an, dass er fertig ist. Ich wollte doch eigentlich nichts, ich wollte nur übersiedeln, [...] ich hab' doch nichts gemacht."

Auf diese Weise beschreibt Margareta Schönherz ihre Ankunft im Aufnahmeheim Barby.[16] Im September 1977 siedelte sie aus Düren in Nordrhein-Westfalen nach Ost-Berlin über, um hier ihren Verlobten zu heiraten. Seit Monaten hatte sie sich auf die bevorstehende Übersiedlung vorbereitet. Sie hatte ihren Arbeitsplatz gekündigt, die Wohnung aufgegeben, Hausrat und Möbel verpackt. Nach zwei Wochen Urlaub in der DDR meldete sie sich am 19. September an der Grenzübergangsstelle Heinrich-Heine-Straße in Ost-Berlin. Von dort kam sie für drei Tage in Quarantäne in Berlin-Pankow. Anschließend war sie sechs Wochen lang im Aufnahmeheim Schloss Barby an der Elbe, wo ihr Aufnahmeantrag geprüft wurde. Danach musste sie für weitere drei Monate in ein Berliner Bezirksheim, bis sie im April 1978 endlich ihre eigene Wohnung beziehen konnte. Im Juni schließlich erhielt sie ihre Urkunde über die Staatsbürgerschaft der DDR. Rund 11 Monate waren seit ihrer Einreise vergangen.

Bis Mitte der fünfziger Jahre war es noch üblich, die Zuwanderer mit wenigen Ausnahmen von der Grenze direkt an ihre Wohnorte zu bringen, wo sich die örtlichen Behörden um sie kümmern sollten. Mit der Zeit aber entwickelte die DDR ein aufwändiges Aufnahmeverfahren, das seit Mitte der sechziger Jahre wie folgt aussah: Die Menschen, die übersiedeln wollten, meldeten sich an den Grenzübergangsstellen und gelangten von dort zu so ge-

Im Hof des DDR-Aufnahmeheims Schloss Barby warten Übersiedler auf ihre Abreise zum vorgesehenen Wohnort, Dezember 1960.

nannten Aufnahmestellen, die es seit 1955 entlang der Grenze und in Berlin gab. Hier wurden sie zum ersten Mal befragt und überprüft. Für die Behörden war es bereits jetzt möglich sie zurückzuschleusen, wenn sie gefälschte oder unvollständige Ausweis- und Arbeitspapiere bei sich hatten, mehrfach aus der DDR geflohen oder vorbestraft waren.

Von dort kamen die Migranten in Aufnahmeheime, von denen es Mitte der sechziger Jahre insgesamt fünf gab und deren Aufgabe es war, die Aufnahmeanträge zu bearbeiten, die Zuwanderer sicherheitspolitisch zu überprüfen, sie auf Wohnorte zu verteilen und mit den Verhältnissen in der DDR vertraut zu machen.[17] Die größten Einrichtungen waren das Heim Barby in der Nähe von Magdeburg mit rund 650 Plätzen und das Aufnahmeheim Eisenach mit 560 Plätzen. Als nach dem Mauerbau die Zahlen der Migranten rapide sanken, schloss die DDR-Führung die Heime nach und nach; 1979 war auch Barby davon betroffen. Seitdem war das zentrale Aufnahmeheim Röntgental bei Berlin für Übersiedler aus der Bundesrepublik zuständig.

Sowohl unter dem Personal als auch unter den Heimbewohnern gab es inoffizielle Mitarbeiter der Staatssicherheit, deren Aufgabe es war, die Heimbewohner zu überprüfen und zu überwachen. Für Geld- oder Sachleistungen, etwa ein Päckchen Kaffee zu Weihnachten, berichtete beispielsweise das Küchenpersonal des Aufnahmeheims Barby 1965 über Bewohner und Mitarbeiter.

Die Aufenthaltsdauer in den Heimen verlängerte sich dramatisch. Mitte der fünfziger Jahre mussten die Übersiedler nur etwa sieben Tage in den Aufnahmeeinrichtungen bleiben, zwanzig Jahre später waren daraus sechs Wochen geworden, im Höchstfall sogar drei Monate.[18] Den Alltag in den Heimen prägten sich wiederholende Befragungen, Langeweile und Unsicherheit über das weitere Schicksal, zumal sich die Bewohner nur auf dem Außengelände des Heims bewegen durften. In den fünfziger Jahren hatten sie noch stundenweise das Gelände verlassen dürfen, in den siebziger Jahren war dies nicht mehr erlaubt. Nur in Ausnahmefällen, zum Beispiel anlässlich eines Arztbesuches, durften sie das Heim in Begleitung verlassen.

Auch als sie bereits an ihren Wohnorten waren und das Aufnahmeverfahren für abgeschlossen hielten, standen die Übersiedler noch für rund ein Jahr unter der Kontrolle der Behörden. Erst wenn sicher war, dass sie sich zuverlässig in die DDR-Gesellschaft eingegliedert hatten, erhielten sie die neue Staatsbürgerschaft und die Beobachtung nahm ab.

„Die DDR ist kein Wartesaal ..."
Die West-Ost-Migration in der Propaganda

In den fünfziger und sechziger Jahren waren Berichte über Rückkehrer und Übersiedler aus der Bundesrepublik in den DDR-Medien an der Tagesordnung. In düsteren Farben schilderten Betroffene in Zeitungsberichten, im Radio oder in Wochenschauen die sozialen, wirtschaftlichen und politischen Missstände in der Bundesrepublik und rühmten ihr neues, besseres Leben in der DDR. Häufig traten Übersiedler auf internationalen Pressekonferenzen auf mit dem Ziel, das Ansehen der DDR auch im Ausland zu heben. Gestellte Fotos aus den Aufnahmeheimen erschienen regelmäßig in der Presse, um die Zustände dort positiv darzustellen und immer wieder zu betonen, in welch großer Zahl Übersiedler aus der Bundesrepublik in die DDR kämen.
Die Propagandaberichte sollten in erster Linie abschreckend auf Fluchtwillige wirken und so bei der Bekämpfung der Fluchtbewegung helfen. Gleichzeitig sollten sie bisher unentschlossene DDR-Bürger in der Bundesrepublik zur Rückkehr bewegen. An Rückkehrer wandte sich etwa eine Kampagne von 1953, die im Rahmen des „Neuen Kurses" lief: Zurückgekehrte Landwirte berichteten in den DDR-Medien erfreut, sie hätten ihren ehemaligen Besitz wiedererhalten. Jeder Hinweis auf Übersiedler aus der Bundesrepublik und deren Entscheidung für ein Leben in der DDR galt als ein Sieg im Konkurrenzkampf der Systeme: Die DDR konnte sich jedesmal von neuem als der bessere Staat präsentieren.
Eine besondere Kampagne startete die DDR-Führung im März 1985. Hintergrund war die von ihr genehmigte Ausreise von rund 30 000 DDR-Bürgern im Vorjahr. Den anhaltenden Zuwachs an Ausreiseanträgen mit dem daraus resultierenden innenpolitischen Druck hatte die SED durch die Genehmigungen zu verringern versucht – doch ohne Erfolg. Nun stellten Tausende von DDR-Bürgern erst recht Anträge auf ständige Ausreise in die Bundes-

republik. Um einem weiteren Anstieg zu wehren, veröffentlichte das „Neue Deutschland“ rund 80 Namen und Adressen angeblich Rückkehrwilliger unter dem Titel „Über 20 000 Ehemalige wollen zurück“.[19] Die SED-Führung nutzte dazu Rückkehranfragen Betroffener, die über Arbeitslosigkeit und das Gefühl der Isolation in der Bundesrepublik klagten. Auch wenn manche ehemaligen DDR-Bürger, zumal in der Anfangszeit, berichteten, sie könnten sich in der Bundesrepublik nur schwer integrieren, und auch wenn einige gern zurückkehren wollten, war die Zahl von 20 000 weit übertrieben. Dies ergaben Recherchen westdeutscher Medien. Nur wenige der auf der Zeitungsseite Genannten hegten tatsächlich Rückkehrpläne; manchen war nicht einmal erklärlich, wie ihr Name in dem Zeitungsartikel erscheinen konnte. Um die Antragsteller abzuschrecken, hatte der Außenminister der DDR, Oskar Fischer, bereits 1984 – zeitgleich mit der Ausreisewelle dieses Jahres – die Möglichkeit zur Rückkehr kategorisch ausgeschlossen. In diesem Sinne äußerten sich auch verschiedene Leser des „Neuen Deutschland“ im März 1985: „Ich bin der Auffassung, dass jeder von denen in der DDR genügend Gelegenheit hatte, sich von der Richtigkeit unserer Politik zu überzeugen. Ich bin nicht dafür, dass diese Leute wieder zurückgelassen werden. Für Wanderer zwischen den Welten sollte es bei uns keinen Platz geben.“[20]

Doch die Propaganda war wenige Jahre später genauso von den Ereignissen überholt wie die wechselhafte Politik der DDR gegenüber Rückkehrern und Zuziehenden: Mit dem Fall der Berliner Mauer endete das Kapitel West-Ost-Migration in seiner bisherigen Form.

Politik — Neues Deutschland / 6. März 1985 / Seite 3

Über 20000 Ehemalige wollen zurück

In Schreiben an das Zentralkomitee der SED, an den Staatsrat, an den Ministerrat und an örtliche Organe der DDR äußern über 20 000 ehemalige DDR-Bürger ihren Wunsch nach Rückkehr in die DDR. Das Außenministerium der DDR ist beauftragt, die Anträge zu prüfen.

Wir sind von den Verhältnissen in der BRD enttäuscht / Ich möchte in die DDR zurück, weil ich mich in der BRD als Fremder in einer fremden Welt fühle / Ich bin enttäuscht über die soziale Unsicherheit in der BRD und arbeitslos / Ich hatte falsche Vorstellungen vom Leben in der BRD / Ich möchte mit meiner Freundin zurück, um in sozialer Geborgenheit zu leben / Ich komme mit den gesellschaftlichen Verhältnissen in der BRD nicht zurecht / Ich konnte in der BRD keinen Anschluß an andere Personen finden / Ich kann mich mit den realen Arbeits- und Lebensbedingungen in der BRD nicht abfinden / Wir sind seit längerer Zeit arbeitslos und möchten in unsere Heimat, die DDR, zurück / Wir möchten in die DDR zurück, weil wir für uns und unsere Kinder in der BRD keine Zukunftsaussichten sehen / Wir möchten zurück auf Grund der wachsenden Arbeitslosigkeit / Ich möchte mit meinen Kindern in eine vertraute Heimat zurück / Ich komme mit den kapitalistischen Verhältnissen nicht zurecht und sehe nur im Sozialismus eine Chance / Wir wollen wieder in die DDR, weil wir selbst erfahren haben, welcher Staat der bessere ist

Baumann, Helga (33)
Angestellte
2 Kinder (11, 13)
6417 Hofbieber 7/Hessen
Sie möchten in die DDR zurück, weil sie von den Verhältnissen in der BRD enttäuscht sind.

Becher, Frank (29)
Schlosser
Becher, Andrea (22)
Facharbeiter für Schreibtechnik
8500 Nürnberg
Sie wollen in die DDR zurück, weil sie von ihren Verwandten in der BRD enttäuscht sind.

Behrendt, Hans-Dieter (30)
Emaillierer
4600 Dortmund
Er möchte in die DDR zurück, da er in der BRD arbeitslos ist.

Bergmann, Peter (44)
selbständiger Fuhrunternehmer
1000 Berlin (West) 36
Er sieht keinen Sinn, in Westberlin eine Familie zu gründen, da er in sozialer Unsicherheit lebt.

Blasius, Barbara (39)
Krankenpflegerin
Blasius, Torsten (20)
Blasius, Detlef (18)
6290 Weilburg/Hessen
Die Mutter möchte mit ihren Kindern in die DDR zurück, weil sie für sie in der BRD keine Zukunft sieht.

Günther, Bernd (30)
Kraftfahrer
6203 Hofheim/Hessen
Er möchte in die DDR zurück, um hier zu heiraten und sich eine neue Existenz aufzubauen.

Hackel, Hubertus (37)
Kraftfahrer
Hackel, Karin (29)
Lackiererin
2 Kinder (9, 2)
8754 Großostheim/Bayern
Sie möchten in die DDR zurück, weil sie in der BRD unter dem Existenzminimum leben und Frau Hackel keine Arbeit bekommt.

Hänsel, Heiko (21)
Kellner
5000 Köln
Er möchte in die DDR zurück, eine Familie gründen und ohne Zukunftsangst leben.

Heinke, Holm (40)
Gebrauchsgrafiker
1000 Berlin (West)
Er möchte in die DDR zurück, um mit seiner Freundin in sozialer Geborgenheit zu leben.

Heinrich, René (25)
Arbeiter
8260 Burgkirchen/Bayern
Er kommt mit den sozialen Verhältnissen in der BRD nicht zurecht und möchte deshalb in die DDR zurück.

Kebach, Dieter
Kellner
7952 Bad Buchau/Baden-Württemberg
Er möchte in die DDR zurück, weil er mit den gesellschaftlichen Verhältnissen in der BRD nicht zurechtkommt.

König, John (26)
Maschinenschlosser
5300 Bonn
Er kann sich nicht in die gesellschaftlichen Verhältnisse integrieren, hat keine berufliche Perspektive in der BRD und möchte zu seiner Freundin in seine Heimat zurück.

Kröber, Margarete (47)
Angestellte
5060 Bergisch Gladbach/Nordrhein-Westfalen
Sie möchte in die DDR zurück, weil sie von den sozialen Verhältnissen in der BRD enttäuscht ist und die Absicht hat, einen DDR-Bürger zu heiraten.

Kühnrich, Michael (34)
Dipl.-Mediziner und Facharzt
Kühnrich, Sylvia (35)
Dipl.-Kosmetikerin
1 Kind (8)
4600 Dortmund
Sie möchten in die DDR zurück, da sie keine Vorstellungen vom realen Kapitalismus hatten und erkannt haben, daß der reale Sozialismus die für sie bessere Gesellschaftsordnung ist.

Moosrainer, Bernd (36)
Gaststättenleiter
Moosrainer, Regina (35)
Friseuse
1 Kind (10)
8830 Treuchtlingen/Bayern
Sie möchten in die DDR zurück, da die durch Verwandte und Bekannte gegebenen Zusicherungen in beruflicher und materieller Hinsicht nicht eingehalten wurden und sie einen ständigen beruflichen und sozialen Abstieg erleben.

Morgenstern, Wolfgang (47)
Eisenbahner
Morgenstern, Rosemarie (43)
Bankkaufmann
Morgenstern, Olaf (25)
Kellner
Morgenstern, Steffen (23)
Maurer
8912 Kaufering/Bayern
Sie sind seit längerer Zeit arbeitslos und möchten zu ihren Verwandten und Freunden in ihre Heimat, die DDR, zurück.

Motz, Peter (33)
Dreher
6550 Bad Kreuznach/Rheinland-Pfalz
Er sieht in der BRD kein berufliches Fortkommen, spürt erst jetzt, daß er in der DDR verwurzelt und die DDR seine Heimat ist.

Muschelke, Kurt (53)
Kraftfahrer
1000 Berlin (West) 65

Richter, Angelika (28)
Facharbeiter für Schreibtechnik
1 Kind (6)
5000 Köln
Sie bereut, daß sie die DDR verlassen hat. Sie ist allein und auf sich gestellt, ohne Freunde in der BRD und möchte zu ihren Eltern in die DDR zurück. Sie will ihrem Kind die Zukunft sichern.

Rudert, Rolf (51)
Angestellter
Rudert, Helga (52)
Hausfrau
3 Kinder (17, 12, 2)
5400 Koblenz/Rheinland-Pfalz
Sie möchten in die DDR zurück, weil sie nur dort in Sicherheit und Geborgenheit leben können.

Samtleben, Elke (33)
Krankenschwester
1 Berlin (West)
Sie ist arbeitslos und hat Existenzangst. Enttäuscht von den tatsächlichen sozialen Verhältnissen, möchte sie in die DDR zurück.

Schaks, Helmut (52)
Werkzeugschlosser
6000 Frankfurt (Main)
Er möchte unbedingt in die DDR zurück, weil er über die realen gesellschaftlichen Verhältnisse und beruflichen Möglichkeiten in der BRD enttäuscht ist. Er bereut, daß er dem BRD-Fernsehen „auf den Leim“ gegangen ist und hier nicht leben kann. Er hat zu spät erkannt, daß er in der DDR in sozialer Sicherheit und Geborgenheit lebte.

Schößl, Ursula (43)
Angestellte
Schößl, René (15)
8580 Bayreuth/Bayern
Sie wollen in die DDR zurück, da hier der Arbeitsplatz und die Berufsausbildung des Sohnes gesichert sind. Sie haben am eigenen Leben erfahren, welcher Staat der bessere ist.

Schurig, Edith (45)
Ing.-Ökonom
4802 Steinhagen/Nordrhein-Westfalen
Sie ist den Belastungen der Arbeitslosigkeit nicht gewachsen und sieht in der BRD keine Zukunftsaussichten für sich. Sie möchte in ihre Heimat und zu den Verwandten und Freunden zurück.

Schweinitz, Hans (66)
Kraftfahrer
Schweinitz, Ruth (64)
Rentnerin
5063 Overath/Nordrhein-Westfalen
Sie können sich in der BRD nicht einleben, leiden unter Depressionen und Angst und wollen zu ihren Familienangehörigen in die Heimat zurück.

Seitz, Liane (47)
Produktionsarbeiterin
Seitz, Heiko (16)
... im Gegensatz zu ihren illusionären Vorstellungen stehen. Heute lehnen sie das kapitalistische System ab und möchten in die DDR zurück.

Vibrans, Karl-Heinz (39)
Transportarbeiter
8451 Poppenricht/Bayern
Er hatte andere Vorstellungen von der BRD, bekennt, daß er der Reklame und Propaganda der BRD-Massenmedien und Verwandten erlegen ist.

Wallbach, Hans-Dieter (48)
Kaufmann
Wallbach, Christine (37)
Krankenschwester
2 Kinder (12, 15)
3510 Hann. Münden/Niedersachsen
Sie können sich in die ihnen fremd gebliebene Umwelt nicht eingewöhnen und möchten in die DDR zu ihren Verwandten und Freunden zurückkehren. Maßgeblich wurden sie dabei mit beeinflußt von der unsicheren beruflichen Perspektive, insbesondere die Kinder betreffend.

Weber, Wilfried (41)
Arzt
Weber, Elke (37)
Arzt
2 Kinder (5, 8)
6114 Groß-Umstadt/Hessen
Sie wollen in die DDR zurück, weil sie ein Leben in der DDR für erstrebenswerter halten, insbesondere für die persönliche und berufliche Entwicklung ihrer Kin-

Anti-Ausreise-Kampagne des „Neuen Deutschland“ im März 1985.

Familien oder
auch Ehepaare
ziehen b e
immer nur eine
Nummer!

Das Notaufnahmeverfahren

Elke Kimmel

Am 22. August 1950 unterschrieben Bundeskanzler Konrad Adenauer und Bundespräsident Theodor Heuss das „Gesetz über die Notaufnahme von Deutschen in das Bundesgebiet". Eine solche gesetzliche Neuerung war notwendig geworden, weil es bis zu diesem Zeitpunkt keine bundeseinheitliche Regelung zum Umgang mit Flüchtlingen aus der DDR gegeben hatte. Nun definierte man allgemeine Aufnahmekriterien: Nach dem neuen Gesetz wurden Flüchtlinge, die in der DDR politisch verfolgt worden waren oder sich in einer besonderen Zwangslage befunden hatten, anerkannt und hatten Anspruch auf Unterstützung. Wer erfolgreich durch das Notaufnahmeverfahren gegangen war, wurde von den Aufnahmelagern aus auf West-Berlin und die Bundesländer verteilt. Flüchtlinge, die politische Motive hatten nachweisen können, konnten darüber hinaus im Anschluss an das Notaufnahmeverfahren ab 1953 bei den zuständigen Landesbehörden einen „Flüchtlingsausweis C" beantragen, mit dem zusätzliche Unterstützungsleistungen verbunden waren. Diejenigen indes, deren Aufnahmeantrag abgelehnt wurde, hatten einen wesentlich schwereren Start. Grundsätzlich galt zwar, dass niemand in die DDR zurückgeschickt wurde. Doch die Abgelehnten hatten keinen verbindlichen Anspruch auf Versorgungsleistungen und mussten in den fünfziger Jahren lange unter sehr schlechten Bedingungen leben.

Das Notaufnahmegesetz

Der Bundestag griff bei der Formulierung des Notaufnahmegesetzes 1950 auf zwei ältere Regelungen aus der Zeit vor der Gründung der Bundesrepublik zurück. Bereits am Ende des Zweiten Weltkriegs waren Tausende Menschen vor der anrückenden Roten Armee gen Westen geflohen. Nach der Aufteilung Deutschlands in Besatzungszonen setzten viele diesen Weg fort und wanderten vom östlichen Teil in die westlichen Zonen. Ins-

◄ Blick in den Ausstellungsraum „Das Notaufnahmeverfahren".

besondere in der britischen Besatzungszone entstanden durch den großen Ansturm Schwierigkeiten bei der Versorgung und Unterbringung der Menschen. Verglichen mit den anderen westlichen Zonen herrschte dort eine recht liberale Aufnahmepraxis, obwohl auch die Briten den Wechsel von einer in die andere Besatzungszone nicht erlaubten. Im Gegensatz zu den Amerikanern aber zwangen sie grundsätzlich niemanden zur Rückkehr in die sowjetische Besatzungszone (SBZ).
Eine erste Regelung der Flüchtlingsfrage kam Anfang 1948 zustande. Sie galt nur für die britische Besatzungszone, obwohl Briten und Amerikaner bereits Anfang Januar 1947 begonnen hatten, Politik und Verwaltung ihrer Zonen im Rahmen einer gemeinsamen „Bizone" stärker aufeinander abzustimmen. Entscheidend beteiligt am Zustandekommen der Regelung waren die deutschen Länderverwaltungen der britischen Zone: Die Verwaltungen Schleswig-Holsteins, Niedersachsens und Nordrhein-Westfalens versuchten, den Ansturm der Flüchtlinge zu reduzieren und besser zu organisieren. In den „Braunschweiger Richtlinien" vom 6. Februar 1948 einigten sie sich auf eine Reihe von Grundsätzen im Umgang mit den Flüchtlingen. Aufgenommen wurden danach Menschen, die einer politischen Zwangslage entkommen waren oder deren persönliche Existenz aus anderen Gründen in der SBZ bedroht war. Ferner konnten diejenigen Menschen im Westen bleiben, die als Familienangehörige nachgezogen waren oder als besonders qualifizierte Arbeitskräfte gebraucht wurden. Wer diesen Kriterien entsprach, besaß Anspruch auf behördliche Unterstützung – alle anderen wurden zwar nicht abgeschoben, hatten jedoch kein Anrecht auf Versorgungsleistungen. In dieser Hinsicht erwiesen sich die „Braunschweiger Richtlinien" als prototypisch, denn auch die späteren Regelungen definierten Kriterien für die Aufnahme von Flüchtlingen ohne Hinweise zu geben, wie mit den Abgelehnten umzugehen war.
Darüber hinaus versäumte es die Vereinbarung, die Verteilung der aufgenommenen Flüchtlinge auf die Länder zu regeln. Vor allem im niedersächsischen Lager Uelzen, das für viele Flüchtlinge die erste Anlaufstelle war, verschlimmerten sich die Zustände im Sommer 1949 so dramatisch, dass die Verantwortlichen es auf unbestimmte Zeit schlossen. Unter diesem Druck einigten sich

die Verwaltungen aller Länder der „Bizone“ am 11. Juni 1949 auf die „Uelzener Beschlüsse“. Mit ihnen galten für das gesamte Gebiet unter britisch-amerikanischer Besatzung einheitliche Aufnahmeregeln. Festgesetzt wurde außerdem eine verbindliche Höchstzahl von Flüchtlingen, die aufgenommen und nach einem vereinbarten Schlüssel auf die Länder verteilt werden sollten. Über die Abgelehnten hieß es lapidar, sie sollten in ihr Herkunftsgebiet zurückkehren – eine Regelung für diesen Personenkreis blieb also weiterhin offen.

Nach Gründung der Bundesrepublik Deutschland 1949 stieß das am stärksten betroffene Land Niedersachsen ein weiteres Mal eine Diskussion der Flüchtlingsfrage an. Die aus dem Flüchtlingsandrang resultierenden Probleme waren die gleichen wie in der unmittelbaren Nachkriegszeit: Es fehlte weiterhin an Wohnungen; die Arbeitslosigkeit war hoch. Auch wenn liberal-konservative Bundesregierung und sozialdemokratische Opposition grundsätzlich einig waren, dass eine Neuregelung in der Flüchtlingsfrage notwendig sei, gingen die Meinungen über das Wie angesichts dieser Probleme doch weit auseinander. Die SPD billigte eine Registrierung aller Flüchtlinge, eine Unterscheidung zwischen berechtigter und unberechtigter Antragstellung jedoch lehnte sie mit dem Hinweis ab, die DDR sei ein Unrechtsstaat und deswegen dürfe man keinen Antragsteller abweisen oder gar zurückschicken. Lisa Korspeter, SPD-Abgeordnete und Sprecherin ihrer Partei in dieser Frage, außerdem selbst Flüchtling aus Magdeburg, äußerte in einer Debatte des Bundestags vom März 1950: Ihre Partei sei der Ansicht, dass mit einer eingeschränkten Aufnahme „nicht nur das im Grundgesetz verankerte Recht der Freizügigkeit verletzt wird; wir sind auch der Ansicht, dass diese Regelung menschlich nicht zu verantworten ist.“ Die Regierung vertrat demgegenüber die Auffassung, sie müsse sich zwar um die Geflüchteten kümmern, dürfe dabei aber die Bedürfnisse der Menschen in der Bundesrepublik nicht aus den Augen verlieren. „Wenn man die wirtschaftlichen Schwierigkeiten, unter denen wir jetzt schon leiden, die Wohnraum-, die Arbeitsschwierigkeiten bedenkt, dann ist es eine nationalpolitische Pflicht, dass wir versuchen, die Dinge zu regulieren“, hatte Justizminister Thomas Dehler von der FDP im Januar im Bundestag postuliert.[1] Men-

schen, die nicht ernstlich gefährdet waren, wollte man zum Bleiben in der DDR bewegen.
Letztlich setzte sich die Regierung durch: Anrecht auf staatliche Unterstützung erhielt nur, wer im Notaufnahmeverfahren nachweisen konnte, dass ihm „wegen einer drohenden Gefahr für Leib und Leben, für die persönliche Freiheit oder aus sonstigen zwingenden Gründen" keine andere Möglichkeit als die Flucht aus der DDR geblieben war.[2] Alle anderen wurden nicht zurückgeschickt, waren aber von Hilfen ausgeschlossen. Das Notaufnahmegesetz verfolgte nach dem Willen der Gesetzgeber vor allem folgende Ziele: Alle Flüchtlinge aus der DDR sollten durch ein Verfahren erfasst und registriert werden; durch intensive Befragungen jedes Einzelnen während des Verfahrens hoffte man zudem, die Bundesrepublik vor möglichen Agenten der anderen Seite schützen zu können.[3] Außerdem sollte das Gesetz jene, die lediglich eine Verbesserung ihrer wirtschaftlichen Situation anstrebten, abschrecken und so die Flüchtlingszahlen reduzieren. Die Bundesregierung versuchte prinzipiell, möglichst viele Menschen in der DDR zu halten, damit nicht jede Opposition gegen die SED auf Grund der Abwanderung ihrer Gegner zusammenbräche. Zuletzt sollte das Gesetz die Basis für eine erfolgreiche Integration der aufgenommenen Flüchtlinge in der Bundesrepublik bilden.
Zu diesen Zwecken legte das Gesetz vom 22. August 1950 fest, jeder Flüchtling oder Übersiedler aus der DDR müsse eine Aufenthaltserlaubnis für die Bundesrepublik und West-Berlin beantragen. Dazu hatten Flüchtlinge sich in speziellen Erstaufnahmelagern – in Gießen, Uelzen oder ab 1953 in Berlin-Marienfelde – zu melden; insofern war das auch den Bürgern der SBZ/DDR zustehende Recht auf Freizügigkeit eingeschränkt. Die Entscheidung über die Erteilung der Aufenthaltserlaubnis fällte ein Aufnahmeausschuss. Ferner wurde eine verbindliche Verteilung der Flüchtlinge auf die Bundesländer vereinbart.
Das Bundesnotaufnahmegesetz regelte die Verhältnisse im Bundesgebiet. In West-Berlin galt zwischen dem 30. September 1950 und dem 3. Februar 1952 ein eigenes Gesetz zur „Anerkennung politischer Flüchtlinge". Diese Sonderregelung hatte zur Folge, dass hier aufgenommene Flüchtlinge nicht in andere Bundesländer weitergeleitet werden konnten, da West-Berlin in die dort

➤ Ausfertigung des Notaufnahmegesetzes vom 22. August 1950. Das Gesetz schrieb die Überprüfung der Fluchtgründe jedes Antragstellers vor und bildete die Grundlage für das Notaufnahmeverfahren.

Gesetz

über die Notaufnahme von Deutschen in das Bundesgebiet.

Vom 22. Aug. 1950.

Der Bundestag hat mit Zustimmung des Bundesrats das folgende Gesetz beschlossen:

§ 1

(1) Deutsche Staatsangehörige und deutsche Volkszugehörige, die Wohnsitz oder ständigen Aufenthalt in der sowjetischen Besatzungszone oder dem sowjetischen Sektor von Berlin haben oder gehabt haben, bedürfen, wenn sie sich ohne Genehmigung im Geltungsbereich dieses Gesetzes aufhalten, für den ständigen Aufenthalt einer besonderen Erlaubnis. Die Freizügigkeit wird nach Artikel 11 Absatz 2 des Grundgesetzes für die Bundesrepublik Deutschland insoweit eingeschränkt.

(2) Diese besondere Erlaubnis darf Personen nicht verweigert werden, die wegen einer drohenden Gefahr für Leib und Leben, für die persönliche Freiheit oder aus sonstigen zwingenden Gründen die in Absatz 1 genannten Gebiete verlassen mußten.

§ 2

Die in § 1 bezeichneten Personen haben sich in einem der dafür bestimmten Lager zu melden. Über die Aufenthaltserlaubnis entscheidet ein Aufnahmeausschuß. Er entscheidet auch darüber, was als zwingender Grund im Sinne des § 1 Abs. 2 anzusehen ist.

§ 3

Gegen die ablehnende Entscheidung des Aufnahmeausschusses ist die Beschwerde an einen Beschwerdeausschuß gegeben, der abschließend entscheidet.

§ 4

Die Bundesregierung wird ermächtigt, durch Rechtsverordnung Bestimmungen über die Errichtung der Lager, die Zusammensetzung der Ausschüsse, das Aufnahmeverfahren und die Verteilung der Personen, denen die Aufenthaltserlaubnis gegeben ist, zu treffen.

§ 5

Die Bundesregierung oder die von ihr beauftragte Stelle bestimmt das Land, in dem der nach § 2 Aufgenommene seinen ersten Wohnsitz zu nehmen hat. Auf die wirtschaftlichen Verhältnisse des Aufnahmelandes ist Rücksicht zu nehmen. Das Land ist verpflichtet, ihn aufzunehmen. Der Aufenthaltsort für den Aufgenommenen soll unter Wahrung der Familien-, Haushalts- und Lebensgemeinschaft des Aufgenommenen bestimmt werden.

§ 6

Die Bundesregierung hat bei der Zuteilung der Aufgenommenen für eine gleichmäßige Belastung der Länder durch Flüchtlinge und Vertriebene Sorge zu tragen.

§ 7

Die bis zur Übernahme des Aufgenommenen durch das Aufnahmeland entstehenden Kosten trägt bis zu einer Regelung nach Artikel 120 des Grundgesetzes der Bund.

§ 8

Dieses Gesetz tritt am Tage nach seiner Verkündung in Kraft.

Das vorstehende Gesetz wird hiermit verkündet.

Bonn, den 22. August 1950.

Der Bundespräsident

Theodor Heuss

Der Bundeskanzler

Adenauer

Der Bundesminister für Angelegenheiten der Vertriebenen

Lukaschek

erkrankt waren, einer Infektionskrankheit, die bis zum Beginn der sechziger Jahre im Notaufnahmelager Marienfelde überdurchschnittlich häufig war.[5]

Die Verhandlung vor dem dreiköpfigen *Aufnahmeausschuss* stand im Zentrum des Notaufnahmeverfahrens. Die Mitglieder des Ausschusses wurden von den größten damals im Bundestag vertretenen Parteien, CDU, SPD und FDP, bestellt. Dem Gremium lagen sämtliche während des Verfahrens gesammelten Informationen über den Flüchtling vor, manchmal zusätzlich Leumundszeugnisse, die der Antragsteller selbst beibrachte. Auf Grundlage dieser Auskünfte und einer intensiven Befragung des Antragstellers entschieden die Ausschussmitglieder über sein Aufnahmeersuchen. Ausschlaggebend für sie war, ob der Flüchtling während des Verfahrens und vor dem Ausschuss überzeugende Motive für seinen Schritt anführen konnte. Hatte er sich in der DDR in einer politisch begründeten Zwangslage befunden, war er einer Gefahr für Leib und Leben oder einer Gefährdung seiner persönlichen Freiheit ausgesetzt gewesen? Herr D., 1958 als Lehrer geflohen, konnte den Ausschuss überzeugen. Er berichtete, dass er sich von einem geflüchteten Kollegen nicht habe distanzieren wollen. Damit hätten die Angriffe gegen ihn begonnen, bis befreundete Kollegen ihn schließlich gewarnt und ihm zur Flucht geraten hätten. Der Ausschuss kam zu dem Schluss, Herr D. habe sich in einer besonderen Zwangslage befunden, „zumal da seine Angaben glaubhaft waren. Der Ast. [Antragsteller] befand sich zweifellos nicht nur in einem unerträglichen Gewissenszwang, sondern konnte nach Lage des ge-

Befragung eines Flüchtlings vor dem Aufnahmeausschuss, März 1953.

samten Sachverhalts mit Weiterungen rechnen. Es konnte ihm daher nicht zugemutet werden, weiterhin im sowjetisch besetzten Sektor Bln's [Berlins] zu bleiben.“[6] Doch nicht alle Antragsteller fanden überzeugende Argumente. Bis Mitte der fünfziger Jahre wurde vielen, bei denen man eine wirtschaftlich motivierte Flucht vermutete, die Aufnahme verweigert. Kleinbauern beispielsweise, die wegen Nichteinhaltung des Ablieferungssolls von den DDR-Behörden schikaniert worden waren, konnten eine politische Verfolgung oder besondere Zwangslage nicht immer deutlich machen.

Im letzten Abschnitt des Verfahrens bereiteten die Behörden die Weiterleitung des Neubürgers in die Bundesrepublik vor. Die meisten Flüchtlinge wurden auf das Bundesgebiet verteilt – nur wer in West-Berlin Verwandte hatte oder einen Arbeitsplatz nachweisen konnte, durfte hier bleiben. Zusammen mit Vertretern der Bundesländer entschied der Leiter des Notaufnahmever-

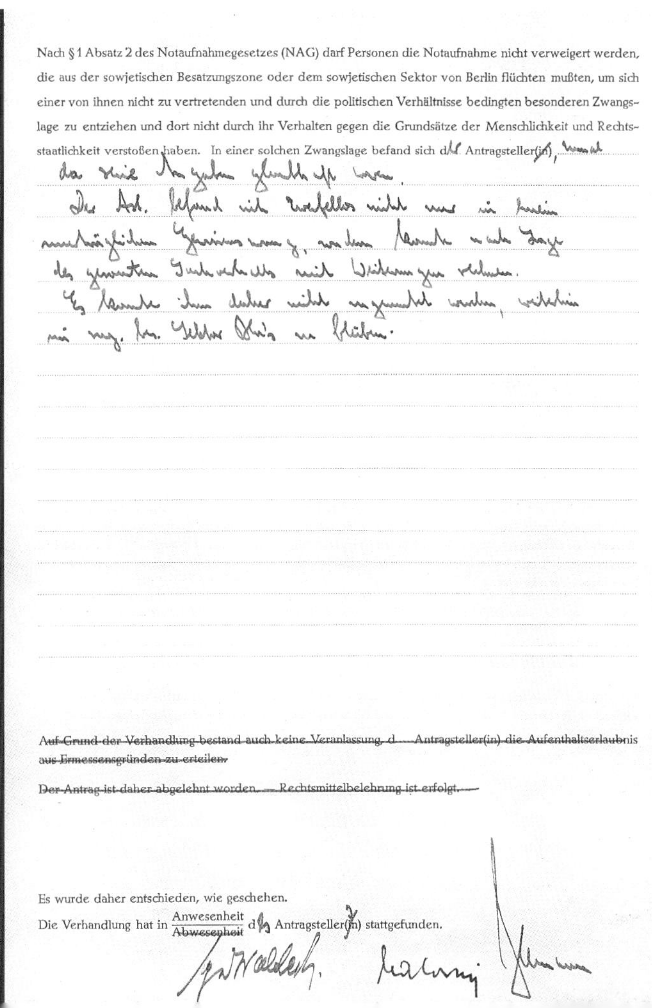
Nach § 1 Absatz 2 des Notaufnahmegesetzes (NAG) darf Personen die Notaufnahme nicht verweigert werden, die aus der sowjetischen Besatzungszone oder dem sowjetischen Sektor von Berlin flüchten mußten, um sich einer von ihnen nicht zu vertretenden und durch die politischen Verhältnisse bedingten besonderen Zwangslage zu entziehen und dort nicht durch ihr Verhalten gegen die Grundsätze der Menschlichkeit und Rechtsstaatlichkeit verstoßen haben. In einer solchen Zwangslage befand sich der Antragsteller, zumal da seine Angaben glaubhaft waren.

Der Ast. befand sich zweifellos nicht nur in einem unerträglichen Gewissenszwang, sondern konnte nach Lage des gesamten Sachverhalts mit Weiterungen rechnen.

Es konnte ihm daher nicht zugemutet werden, weiterhin im sowj. bes. Sektor Bln's zu bleiben.

~~Auf Grund der Verhandlung bestand auch keine Veranlassung, d... Antragsteller(in) die Aufenthaltserlaubnis aus Ermessensgründen zu erteilen.~~

~~Der Antrag ist daher abgelehnt worden. — Rechtsmittelbelehrung ist erfolgt.~~

Es wurde daher entschieden, wie geschehen.

Die Verhandlung hat in Anwesenheit ~~Abwesenheit~~ des Antragsteller(s) stattgefunden.

Überzeugende Fluchtmotive: Dem Antrag von Herrn D. auf Erteilung der Aufenthaltserlaubnis für die Bundesrepublik und West-Berlin wurde stattgegeben. Begründung des Notaufnahmeausschusses vom 3. Februar 1958.

fahrens, welchem Bundesland die Aufgenommenen zugewiesen wurden – wobei Wünsche der Flüchtlinge nach Möglichkeit berücksichtigt wurden. Dem Abflug nach Westdeutschland ging eine letzte ärztliche Untersuchung voraus. Die *Transportstelle* kümmerte sich anschließend darum, dass die Flüchtlinge rasch ausgeflogen wurden. Sie belegten frei gebliebene Plätze auf Linienflügen etwa der British European Airways oder der PAN AM. Wer für den Flug eingeteilt war, fuhr im Bus vom Lager zum Flughafen Tempelhof. Dort gab es eine Übernachtungsbaracke für diejenigen, die am nächsten Morgen den frühesten Flug nehmen sollten. So vermieden die Behörden, dass in Marienfelde durch den nächtlichen Aufbruch von Flüchtlingen Unruhe entstand.

Kontroversen um die Präsenz der Alliierten in Marienfelde

Im Ablauf des Notaufnahmeverfahrens gab es zwischen den Bundesnotaufnahmelagern in Gießen und Uelzen und demjenigen in Berlin-Marienfelde einen wesentlichen Unterschied: Die

Durchgang zu den Alliierten Sichtungsstellen im Haus P des Aufnahmelagers Marienfelde, das an das zentrale Verwaltungsgebäude anschloss. Treppe und Tür sind in der Ausstellung im Originalzustand erhalten.

Einschaltung der Alliierten erfolgte zu unterschiedlichen Zeitpunkten. Während sie im Bundesgebiet erst Zugriff auf die Flüchtlinge hatten, nachdem die Menschen ihre Anträge gestellt hatten, waren die Alliierten in West-Berlin die Ersten, denen die Flüchtlinge Rede und Antwort stehen mussten. Grundlage für die Präsenz der drei westlichen Mächte in der Bundesrepublik war das Besatzungsstatut vom 10. Mai 1949. Das Statut schrieb fest, dass ein Großteil der Regierungsbefugnisse in deutsche Hände überging, einige Bereiche – wie Flüchtlingsfragen – aber unter der Oberaufsicht der Alliierten blieben. Für West-Berlin waren die Befugnisse der Alliierten gesondert geregelt. Auch hier waren sie für die „Aufnahme von Flüchtlingen" zuständig, außerdem oblag ihnen die Gewährleistung der öffentlichen Ordnung und Sicherheit.[7] Auf diese Regelung, die bis 1990 gültig war, beriefen sich die Alliierten, als sie ihre Dienststellen an den Anfang des Notaufnahmeverfahrens setzten. Angesichts der unsicheren, immer wieder von politischen Krisen bedrohten Lage West-Berlins versuchten sie, eingeschleuste Agenten, aber auch mögliche „Unruhestifter" wie straffällig gewordene Personen früh zu identifizieren. Zudem hofften die Alliierten, Informationen über die DDR und die dort stationierten Streitkräfte zu erlangen.

Wie gingen die Alliierten Sichtungsstellen vor? Die Befragungen zielten zum einen darauf, Widersprüche in den Aussagen der Vorsprechenden aufzudecken, indem sie deren Angaben in der Neuaufnahme mit denen bei den Sichtungsstellen verglichen; zum anderen sollten die Gespräche „interessante" Personen aus dem Flüchtlingsstrom herausfiltern. Zu diesen gehörten zum Beispiel Angehörige bestimmter Gruppen – der Kasernierten Volkspolizei oder der allgemeinen Polizei – und geflüchtete Geheimdienstangehörige. Sie befragten die Alliierten eingehender. Zum Schutz vor der Staatssicherheit, aber auch, um selbst unbeobachtet arbeiten zu können, brachten Amerikaner, Briten und Franzosen diese Menschen an Orte außerhalb des Lagers.

Das Verhalten der Flüchtlinge bei den Alliierten hatte keinen Einfluss auf den Ausgang des Notaufnahmeverfahrens, wie der Bundesvertriebenenminister in einem Schreiben an den Bundestagsausschuss für gesamtdeutsche Fragen vom 8. Mai 1952 feststellte: „Ein Zwang zur Aussage wird nicht ausgeübt. [...] Es ist bisher kein Fall bekannt geworden, dass Zuwanderern durch Verweigerung der Aussage Nachteile erwachsen sind."[8] Dennoch sah der gesamtdeutsche Ausschuss das Vorgehen der Alliierten Sichtungsstellen kritisch, als er sich im Winter 1955/56 in Marienfelde selbst ein Bild machte: Die Ausschussmitglieder waren sich einig, dass die Methoden bei der Vernehmung von Flüchtlingen „zu beanstanden seien und nicht unseren Interessen dienten". Ihrer Meinung nach arbeiteten „die Nachrichtendienste der Westmächte ziemlich bedenkenlos. Ihnen sind die politischen Folgen ziemlich gleichgültig; möglicherweise werden sie auch gar nicht erkannt."[9] Mit „Folgen" war gemeint, dass die alliierten Befragungen in gewisser Hinsicht jedem Flüchtling einen Aufnahmegrund lieferten: weil nämlich jeder, der mit westlichen Geheimdiensten gesprochen hatte, argumentieren konnte, dass er nun geradezu automatisch in der DDR zu den politischen Verfolgten gehören würde.

1956 kam es wegen der Flüchtlingsbefragungen zum Konflikt. Die Alliierten hatten Ende 1955 bemerkt, dass Mitarbeiter der Berliner Senatsverwaltung „interessante" Flüchtlinge bereits am Eingang des Aufnahmelagers abfingen und direkt in das Bundesgebiet ausfliegen ließen, um den alliierten Befragungen zuvorzukommen. Diesen klaren Verstoß gegen das vereinbarte Verfahren beantworteten die Besatzungsmächte, indem sie in der Neuaufnahme Platz für sich beanspruchten. Ohne die Zustimmung des zuständigen, nur vage informierten Berliner Sozialsenators Kreil abzuwarten, richteten sich die Alliierten deshalb Anfang Januar 1956 dort ein.

Kreil erfuhr erst im Februar durch eine Beschwerde des Berlin-Bevollmächtigten Heinrich Vockel beim Regierenden Bürgermeister Otto Suhr von dieser Praxis und begutachtete daraufhin die Situation vor Ort. „Gleich nach ihrer Ankunft", so stellte er fest, „betreten die Flüchtlinge einen Raum, in dem an vier getrennten Tischen vier Angestellte sitzen, je einer der drei Alliierten sowie ein Senatsangestellter. Dass es sich bei ersteren um Angestellte der Alliierten handelt, ist nicht ersichtlich. [...] Auf die Beteiligung an der Registrierung legen die Alliierten wahrscheinlich deshalb Wert, um sich zu versichern, dass auch alle Registrierten zu ihrer Kenntnis gelangen."[10] Entgegen der nüchternen und, was die Motive der Alliierten anbelangt, zutreffenden

Beschreibung des Senators war die Aufregung im Bundesvertriebenenministerium groß, da sowohl Berliner als auch alliierte Stellen ihre Befugnisse überschritten hätten. Die Berliner traf zudem der Vorwurf, mit ihrem Verhalten die Kompetenzüberschreitung der Besatzungsmächte zu decken. Schließlich zog sich der Berliner Senat aus der Neuaufnahme zurück. Sie wurde von November 1958 bis zur Einstellung des Notaufnahmeverfahrens 1990 ausschließlich von den Alliierten betreut.

Im Zentrum der Kritik jedoch stand die Alliierte Sichtungsstelle selbst. Als besonders problematisch empfanden die deutschen Stellen ihren Umgang mit Jugendlichen und jungen Erwachsenen: Immer wieder versuchten sie, diese Personengruppe von den alliierten Befragungen auszunehmen. Da aber gerade die „interessanten" Flüchtlinge, etwa Angehörige der Kasernierten Volkspolizei, zu dieser Gruppe gehörten, zeigten sich die Alliierten unnachgiebig. Die Anwerbung von „Spionen" war dabei sicher nicht zentraler Inhalt der Gespräche, aber möglich, wie man im gesamtdeutschen Ausschuss des Bundestags vermutete: „Herr Neumann erwähnte z.B., dass Jugendliche in ihre Heimatorte zurückgeschickt werden würden, um dort bestimmte Dinge auszukundschaften. Herr Blachstein führte aus, dass für jeden Flüchtling ein Fragebogen für eine Agentenkartei ausgefüllt würde, in dem genau die Tätigkeit in der Sowjetzone vermerkt würde und Angaben über zurückgebliebene Familienangehörige usw. verlangt werden."[11]

Für die bundesdeutschen Stellen waren zwei Aspekte der alliierten Befragungen besonders ärgerlich: Zum einen, dass sie selbst Befragungen erst nach den Besatzungsmächten durchführen durften. Und zum anderen konnte die Arbeit der Alliierten Sichtungsstelle tatsächlich zur Gefahr für in der DDR zurückgebliebene Angehörige von Flüchtlingen werden – wenn nämlich die Staatssicherheit davon ausging, dass die Befragten brisante Auskünfte gegeben hatten, und sie deren Freunde und Bekannten unter Druck setzte. Dazu bemerkte der Leiter des Notaufnahmeverfahrens in Berlin allerdings, in den Fällen, die öffentlich würden, seien es meist die Antragsteller selbst, die ihre Befragung zum Pressethema machten. Es handele sich dabei vornehmlich um ehemalige Funktionäre, die so auf jeden Fall ihre Abschiebung in den Osten verhindern wollten.[12]

Was wird aus den Abgelehnten?

Im Notaufnahmegesetz vorgesehen waren auch Beschwerdeausschüsse: Antragsteller, denen die Aufnahme verweigert worden war, konnten vor ihnen noch einmal ihren Fall vorbringen, wenn sie sich ungerecht behandelt fühlten. So legten Herr und Frau B., die als „Wirtschaftsflüchtlinge" nicht aufgenommen worden waren, Beschwerde ein – allerdings erfolglos. Ihr Widerspruch wurde 13 Tage nach der Verhandlung vor dem Aufnahmeausschuss als „nicht begründet" zurückgewiesen.[13] Nun stand ihnen noch der Weg in die allgemeine Verwaltungsgerichtsbarkeit offen, die Verfahrenskosten jedoch hatten sie von diesem Zeitpunkt an selbst zu tragen.

Welche Perspektiven boten sich denjenigen, die mit ihrem Aufnahmeantrag scheiterten? Grundsätzlich wurde niemand in die DDR abgeschoben, doch waren die Abgelehnten gezwungen, am Rande der bundesrepublikanischen Gesellschaft zu leben, wollten sie nicht freiwillig zurückkehren. Die rechtlich unsichere Lage dieser Menschen brachte der Flüchtlings- und Vertriebenenminister Hans Lukaschek 1951 treffend auf den Punkt: „Die Rechtsstellung der so genannten Illegalen ist unterschiedlich. Sie haben überall da eine geminderte Rechtsstellung, wo die Geltendmachung von Rechten und Ansprüchen an eine befugte Wohnsitznahme geknüpft ist. Sie werden infolgedessen nicht als Wohnungssuchende in die Wohnungslisten eingetragen. Sie erhalten keine Leistungen [...]. In öffentlich-rechtlicher Beziehung sind sie in der Ausführung des aktiven und passiven Wahlrechts teilweise beschränkt."[14]

Flüchtlingsunterkunft in der Flottenstraße, 1952. Berliner Wohnlager für abgelehnte DDR-Flüchtlinge waren zumeist nur notdürftig ausgestattet, obgleich sie die Menschen oft über längere Zeiträume hinweg beherbergten.

In einigen Bundesländern existierten bis 1954 Regelungen, nach denen die Personalausweise von „Illegalen“ mit dem Stempelaufdruck „ohne Aufenthaltsgenehmigung“ faktisch entwertet wurden. Diese gingen auf eine Anweisung des Bundesinnenministers aus dem Jahr 1951 zurück. In West-Berlin durften Abgelehnte nicht in reguläre Wohnungen ziehen. Wohnraum war in der von Krieg und Blockade schwer gezeichneten Stadt sehr knapp und wurde nur bei vorliegender Zuzugsgenehmigung vergeben, die „Illegale“ nicht erhielten. Bis Mitte der fünfziger Jahre herrschte hier außerdem eine wesentlich höhere Arbeitslosigkeit als in Westdeutschland. Abgelehnte waren in West-Berlin – im Gegensatz zum Bundesgebiet – vom regulären Arbeitsmarkt ausgeschlossen; sie mussten aber für gemeinnützige Arbeiten zur Verfügung stehen. Weil ihnen der Aufbau einer bürgerlichen Existenz unter diesen Umständen verwehrt blieb, war es gerade für junge, alleinstehende Flüchtlinge sehr schwer, sich in ein geregeltes Leben einzufügen. Die zurückgewiesenen Antragsteller kamen von Übergangswohnheimen in so genannte Dauerlager, die einen längeren Aufenthalt vorsahen, aber weder gut ausgestattete Unterkünfte noch Möglichkeiten einer sinnvollen Beschäftigung boten.

Hinzu kam die Geringschätzung der „Illegalen“. So äußerte etwa Senatsdirektor Fritz Geisthardt 1951 in einem Schreiben an den Sozialsenator, gemeinnützige Arbeiten seien für „asoziale Hilfsbedürftige“ sinnvoll, da sie so zur Einhaltung einer bestimmten Ordnung gezwungen würden.[15] Und der Leiter der Evangelischen Flüchtlingsseelsorge in Marienfelde, die sich als einzige karitative Institution in West-Berlin nachweisbar mit den „Illegalen“ befasste, riet 1957 dazu, diese Menschen zu einer Art „Arbeitsdienst“ heranzuziehen, um ihr „Abgleiten“ zu verhindern.[16] Misstrauen, manchmal offene Ablehnung begleitete die nicht Aufgenommenen.

Die Situation der „Illegalen“ änderte sich erst ab Mitte der fünfziger Jahre. Nach dem Urteil des Bundesverfassungsgerichts vom Mai 1953 nahm der Anteil der abgelehnten Antragsteller stark ab;[17] überdies wurden viele der bisher im Notaufnahmeverfahren Gescheiterten nun nachholend anerkannt. Ausschlaggebend für die Verbesserung ihrer Lage waren jedoch weder Justiz noch Politik: Es war der in der Bundesrepublik und mit leichter Verzögerung auch in West-Berlin einsetzende Wirtschaftsaufschwung, der den Arbeitskräftebedarf erheblich steigerte und die Integration der „Illegalen“ auf diesem Wege ermöglichte. Auch sie konnten nun am regulären Arbeitsmarkt teilnehmen und so unabhängig von staatlicher Unterstützung im Westen Fuß fassen. In den sechziger Jahren war das Problem der „Illegalen“ endgültig in den Hintergrund getreten. Die Quote der im Notaufnahmeverfahren Abgelehnten lag unter einem Prozent; wegen der stark zurückgegangenen Fluchtzahlen war eine Unterscheidung zwischen „echten“ und „falschen“ Flüchtlingen überflüssig geworden.

Das Notaufnahmeverfahren in der Erinnerung von Zeitzeugen

Sich heute an das Notaufnahmeverfahren zu erinnern, fällt vielen Zeitzeugen schwer. Der Aufenthalt in Marienfelde liegt lange zurück, bei manchem mehr als fünfzig Jahre. Auch Gefühle spielen eine Rolle: Nicht alle erinnern sich gern, weil der Neuanfang im Westen oft mit Abschiedsschmerz, Ängsten und Problemen verbunden war. Und schließlich war der Ablauf des Verfahrens kompliziert. Was aus Sicht der beteiligten Behörden selbstverständlich aufeinander folgte, erschien den Betroffenen häufig verworren und undurchschaubar. Wer sich hinter den Bezeich-

Stempel versinnbildlichen das Notaufnahmeverfahren. Jeder Abdruck quittierte die Erledigung einer Station im Verfahren oder gab Hinweise auf die zugeteilte Unterkunft und auf Hilfsleistungen.

nungen der einzelnen Stellen verbarg, wussten sie vielfach nicht. Ehemalige Flüchtlinge und Übersiedler erzählen deshalb heute weniger vom Notaufnahmeverfahren im Zusammenhang als vielmehr von einzelnen Stationen und Ereignissen, die sie besonders beeindruckten. Dazu gehören bei fast allen Zeitzeugen, mit denen die Erinnerungsstätte Notaufnahmelager Marienfelde Interviews führte, die Befragungen bei den Alliierten. Oftmals verunsicherten diese Gespräche die Flüchtlinge. Viele wussten nicht genau, was man von ihnen wollte; Erfahrungen mit Behörden und Staatssicherheit in der DDR verstärkten das Gefühl des Ausgeliefertseins. Hinzu kam die Angst, zurückgelassenen Angehörigen mit Auskünften zu schaden. Andere Befragte indes waren von dem Detailwissen der Alliierten oder schlicht von ihrem ungewohnten Auftreten fasziniert. „Der Amerikaner“, berichtet zum Beispiel Herr B., „war sehr locker, sogar mit Kaugummi, wie man sich so einen Cowboy vorstellt, so die Klischees, die da an einem haften bleiben, der da sehr locker mit einem umging und auch sehr freundlich war.“ Auch die ärztlichen Untersuchungen blieben vielen im Gedächtnis. Vor allem die in den frühen Jahren übliche Entlausung war eine einprägsame, weil als unangenehm empfundene Prozedur. Demgegenüber sind Eindrücke von anderen Stationen des Verfahrens heute nicht mehr deutlich voneinander zu scheiden, sondern fügen sich zu einem Bild: Befragungen über Befragungen nicht nur alliierter, sondern auch deutscher Stellen – zur Person, zu den Fluchtmotiven, zu Polizei und Militär in der DDR wie in der Sowjetunion – bestimmen das Notaufnahmeverfahren in der Erinnerung der Zeitzeugen. Und noch eine Erfahrung war eindrücklich: das Warten, immer wieder aufs Neue vor jeder Stelle und jedem Büro, bis man die Stationen des Laufzettels abgearbeitet hatte. Ein Flüchtling, der 1957 kam, erinnert sich, in Marienfelde habe er „im Stehen schlafen gelernt. […] Es war ja nicht so, dass man das in einem durchgeradelt hat, sondern es ging ja über Tage. […] Die Flure waren voll.“[18] Umso größer war die Erleichterung am Ende. Neben Alliierter Sichtungsstelle und ärztlicher Untersuchung gehört auch der Abflug aus Berlin zu den Eindrücken, die in Erinnerung blieben – nicht nur, weil viele Flüchtlinge zum ersten Mal in einem Flugzeug saßen, sondern auch, weil nun das ersehnte neue Leben im Westen beginnen sollte.

Blick in den Ausstellungsraum zum Notaufnahmelager Marienfelde.

Im Vorzimmer des Westens

Das Notaufnahmelager Marienfelde

Katja Augustin

Nach zehn Minuten Fußweg vom S-Bahnhof die Marienfelder Allee hinunter stand man vor dem Notaufnahmelager Marienfelde: ein Vorplatz, der Eingangsbereich mit einer geschlossenen, unscheinbaren Metalltür, dahinter eine Siedlung aus dreistöckigen Wohnblocks, und überall Menschen, die warteten – auf Einlass, auf ihre Registrierung, die Zimmerzuweisung, den Beginn des Notaufnahmeverfahrens ... Jahrelang bot sich dem Neuankömmling ein solches Bild.

1953 für Flüchtlinge aus der DDR errichtet, war das Notaufnahmelager Marienfelde bis zur Wiedervereinigung 1990 für über 1,35 Millionen Menschen die erste und zentrale Anlaufstelle in West-Berlin. Die meisten von ihnen – mehr als eine Million – verließen ihre Heimat vor dem Bau der Mauer im August 1961. Zusammen mit dem Ausbau der innerdeutschen Grenzanlagen bedeutete die Mauer das Ende der Massenflucht aus der DDR. In Marienfelde wurde es ruhiger. Neben den wenigen, die noch fliehen konnten oder ausreisen durften, wurden nun vor allem Aussiedler aus „Ostblock"-Staaten aufgenommen. Ließen die

Flüchtlinge am Eingang des Notaufnahmelagers, 14. August 1961.

Unterbringungskapazitäten es zu, quartierten die Behörden auch ausländische Flüchtlinge ein. Mitte der 1980er Jahre begann Marienfelde sich wieder zu füllen, als zeitweise mehrere tausend Menschen aus der DDR ausreisen durften. Als die DDR 1989 zusammenbrach, kamen monatlich beinahe so viele Menschen in das Aufnahmelager wie in den fünfziger Jahren. Wieder hieß es für die Ankommenden, Geduld zu bewahren und zu warten, bis die wichtigsten Formalien geklärt waren. Und heute? Noch immer gehen Menschen den Weg von der S-Bahn-Station zu der geschlossenen Wohnsiedlung. Hier wird jetzt vor allem Russisch gesprochen. Marienfelde ist die Zentrale Aufnahmestelle des Landes Berlin für Spätaussiedler, die zumeist aus den Nachfolgestaaten der Sowjetunion kommen.

Wie haben sich Unterbringung, Versorgung und Verpflegung im Aufnahmelager über fünfzig Jahre hinweg entwickelt, wie nahmen die Menschen ihren Aufenthalt wahr? – Fragen, die auf Grund der Quellenlage oft schwer zu beantworten sind. Die Aktenbestände des Berliner Landesarchivs und der für das Notaufnahmelager zuständigen Landesbehörde für Gesundheit und Soziales sind noch nicht aufgearbeitet. Außerdem existieren kaum zeitgenössische Aussagen ehemaliger Flüchtlinge und Mitarbeiter über Marienfelde. Erst nach 1990 wurden eine Reihe Augenzeugen interviewt – zu einem Zeitpunkt, als viele Erinnerungen an den häufig nur wenige Tage dauernden Aufenthalt in Marienfelde bereits verblasst waren. Zwar befragten Fernseh- und Radiomoderatoren bereits vor dem Ende der DDR Flüchtlinge und Übersiedler in Marienfelde. Im Vordergrund standen jedoch deren Erfahrungen in der DDR, der Fluchtweg und ihre Wünsche und Hoffnungen für den Neuanfang in der Bundesrepublik. Der Aufenthalt in Marienfelde blieb ausgeklammert. Dieser Ort war vor allem eine Übergangsstation, auch wenn er für die Bundesrepublik eine wichtige symbolische Bedeutung besaß. Die westdeutsche Öffentlichkeit sah in Marienfelde ein „Tor zur Freiheit". Inwiefern der einzelne Flüchtling diese Einstellung teilte, hing vor allem davon ab, wie sich sein Leben in der Bundesrepublik gestalten sollte.

Berlin und die Flüchtlinge

Die Planung des Notaufnahmelagers ist eng mit der politischen und wirtschaftlichen Situation Berlins nach dem Ende des Zweiten Weltkriegs verbunden. 1945 war jede dritte Berliner Wohnung zerstört, ebenso ein großer Teil des Bahnnetzes. Die Versorgung mit Strom, Wasser und Gas konnte nur langsam wiederhergestellt werden. Lebensmittel waren knapp. Mit dem Wenigen musste nicht allein die Berliner Bevölkerung versorgt werden: Über 1,3 Millionen Vertriebene durchquerten die Stadt. Die Arbeitslosenquote lag noch im Frühjahr 1950 bei 30 Prozent – mehr als 300 000 Menschen waren ohne Arbeit. Nur langsam besserten sich die Verhältnisse. Einen Rückschlag erlitt der Wiederaufbau der Stadt durch die Berlin-Blockade: Die Sowjetunion reagierte auf die Währungsreform in den Westzonen mit der Abriegelung West-Berlins und unterbrach im Juni 1948 jeglichen Personen- und Güterverkehr. Elf Monate lang, bis zum Ende der Blockade im Mai 1949, versorgten die westlichen Alliierten 2,2 Millionen Menschen über eine „Luftbrücke“ per Flugzeug mit dem Nötigsten.

In dieser Situation kamen die ersten Flüchtlinge aus der sowjetischen Besatzungszone. Ende 1948 konnte man von einer Flüchtlingsbewegung sprechen. Im November 1948 richtete der West-Berliner Senat die erste Meldestelle für Flüchtlinge aus der Ostzone im Arbeitsamt Charlottenburg ein. Die Mitarbeiter registrierten die Flüchtlinge, entschieden über ihre Aufnahme und wiesen ihnen – wenn sie nicht privat unterkommen konnten – einen Platz in einem Massenquartier zu. Flüchtlinge erhielten die Lebensmittelkarten mit der niedrigsten Kalorienzuteilung. Zu diesem Zeitpunkt versuchten die verantwortlichen Behörden noch, Menschen in die sowjetische Zone zurückzuschicken, wenn sie zum Beispiel wirtschaftliche Fluchtgründe vermuteten. Im Januar 1949 öffnete die „Zentrale für politische Ostzonen-Flüchtlinge“ in der Charlottenburger Kantstraße. Laut „Tagesspiegel“ vom 5. Januar 1949 meldeten sich am ersten Tag 150 Menschen. Fünf Monate später, im Juni, war das erste Übergangslager nur für Flüchtlinge aus der DDR im südlichen Stadtteil Zehlendorf bezugsfertig. Schon bald wurde aus politischen Gründen beschlossen, auch Flüchtlinge mit wirtschaftlichen

Motiven nicht mehr zurückzuschicken. Zum einen sollten sie vor Repressalien in der DDR bewahrt werden, zum anderen untermauerte ihr Weggang Anziehungskraft und Erfolg der Bundesrepublik. Jeder Flüchtling galt als Beweis für die fehlgeschlagene Politik des DDR-Regimes. Für Berlin bedeuteten diese Menschen jedoch eine zusätzliche finanzielle Belastung.

Im Frühjahr 1951 leitete der Berliner Senat konkrete Schritte für den Bau eines zentralen Notaufnahmelagers ein. Zwar waren, da sich mittlerweile über 4000 Menschen im Monat meldeten, bereits zahlreiche Massenunterkünfte entstanden. Der Senat sah jedoch in dem Bau einer zentralen Aufnahmeeinrichtung entscheidende Vorteile: Dort konnten Flüchtlinge, die im Aufnahmeverfahren standen, zusammen mit den zuständigen Behörden untergebracht werden; so sollte eine schnellere Überprüfung der Ankommenden und damit eine Senkung der Kosten garantiert werden.

Ein mühsamer Weg: Wer finanziert das zentrale Notaufnahmelager?

Für den Bau fehlte es Berlin zunächst an finanziellen Mitteln. Im Juni 1951 kündigte sich allerdings eine Entlastung des Haushalts an. Der Bundestag beschloss die Eingliederung West-Berlins in das Bundesnotaufnahmeverfahren für Februar 1952. Der Bund würde in diesem Fall die Kosten für die Versorgung der Flüchtlinge während des Notaufnahmeverfahrens sowie – im Rahmen der Kriegsfolgenhilfe – 85 Prozent der Baukosten für das geplante zentrale Aufnahmelager tragen. Eine weitere Entlastung versprach die Regelung, dass die Bundesländer 80 Prozent aller in West-Berlin anerkannten Flüchtlinge aufnehmen sollten. Unter diesen Bedingungen schien der Weg für den Bau des zentralen Notaufnahmelagers frei zu sein.

Der Berliner Senat begann mit den Planungen. Nach einigem Suchen war im September 1951 ein geeignetes Grundstück im Stadtteil Spandau gefunden. Die ersten Entwürfe sahen eine Siedlung mit barackenähnlichen Unterkünften für 1 500 Menschen vor: 55 Häuser für jeweils 28 Personen, dazu ein mehrstöckiges Gebäude für die am Aufnahmeverfahren beteiligten Behörden, ein Wirtschaftsgebäude mit Küche und Speisesaal, ein Gebäude für Handwerker sowie ein Heizungshaus. Die Kosten des Vorhabens wurden auf rund vier Millionen DM geschätzt. Doch im Frühjahr 1952 musste der Standort Spandau verworfen werden. Die Bundesregierung hatte mittlerweile angeordnet, so zu bauen, dass das Aufnahmelager umstandslos als Wohnsiedlung genutzt werden könnte, sobald es nicht mehr gebraucht würde. Vor dem Hintergrund dieser neuen Planungen, die nicht mehr Baracken, sondern Massivhäuser vorsahen, erwies sich der Spandauer Baugrund als ungeeignet. Im April fiel die Wahl dann auf den Stadtteil Marienfelde im Süden West-Berlins, wo der Bund über eine geeignete Liegenschaft verfügte.

Doch bevor das Projekt weiter voranschreiten konnte, kam es zwischen Bonn und Berlin zu einem langwierigen Konflikt, der sich vor allem um die Frage der Finanzierung drehte. Das Bundesfinanzministerium verweigerte im September 1951 plötzlich die Übernahme seines Anteils. Da Berlin laut Haushaltsbeschluss des Bundes bereits 20 Millionen DM im Rahmen der Kriegsfolgenhilfe erhalten werde, argumentierte der Minister, könnten keine weiteren Gelder für den Bau bereitgestellt werden. Der Berliner Senat intervenierte: Zum Zeitpunkt des Haushaltsbeschlusses seien das Ausmaß der Flüchtlingsbewegung nach West-Berlin und die damit verbundenen Kosten noch nicht absehbar gewesen. Außerdem stehe der Stadt das Geld zu, da das neue Notaufnahmelager immerhin denselben Rang wie die beiden anderen Zentralen Aufnahmelager in Gießen und Uelzen habe. Es kam zunächst zu keiner Einigung. Notgedrungen trat Berlin in Vorkasse, um die Bauplanungen voranzutreiben. Die Stadt stand unter Zugzwang, da allein im August 1951 rund 6 000 Menschen einen Aufnahmeantrag gestellt hatten.

Ein halbes Jahr später zeichnete sich ein Einlenken des Bundes ab. Am 27. März 1952 stimmten die Bundesministerien des Innern und der Finanzen einer Kostenübernahme „grundsätzlich“ zu. Am 20. Mai verkündeten die Vertreter beider Ministerien die Freigabe von 50 Prozent des Bundesanteils – lediglich die schriftliche Bestätigung stand noch aus. Drei Tage später jedoch kam es zum Eklat: Das Finanzministerium zog die Freigabe zurück. Zum Entsetzen der anwesenden Berliner Vertreter lehnte es nun die Finanzierung des Notaufnahmelagers generell mit der Begründung ab, der Bau sei überflüssig. Man rechne mit einer weiteren Blockade der Stadt, die den Flüchtlingsstrom bald beenden werde[1] – eine Prognose, die sich als falsch erwies: Zwar beschloss die SED Ende Mai 1952 tatsächlich, die innerdeutsche Grenze abzuriegeln. Die Sektorengrenze zwischen Ost- und West-Berlin aber blieb zunächst offen, und ein Großteil aller Flüchtlinge aus der DDR nutzte diesen Weg. Nahezu 45 Prozent aller Anträge auf Notaufnahme entfielen mittlerweile auf West-Berlin. Die Tendenz war steigend.

Angesichts dieser Entwicklung blieb der Berliner Senat hartnäckig. Es folgte ein wochenlanges Hin und Her, ohne dass das Bonner Ministerium seine ablehnende Haltung aufgab. Schließlich schaltete sich Ernst Reuter ein. Der Regierende Bürgermeister von Berlin schrieb am 26. Juli 1952 an Bundeskanzler Konrad Adenauer und forderte vor dem Hintergrund des nicht abreißenden Flüchtlingsstroms – im Juli waren über 9 000 Menschen nach West-Berlin gekommen – die sofortige Realisierung des Gesamtvorhabens. Außerdem sollte ein Teil der Flüchtlinge nach kurzer Vorprüfung regelmäßig in die Bundesländer ausgeflogen werden.[2] Reuter hatte Erfolg. Heftig diskutierte in Bonn am 29. Juli 1952 das Kabinett seine Forderungen. Endlich gab Staatssekretär Hartmann vom Bundesfinanzministerium den Widerstand auf und genehmigte die Freigabe des Bundesanteils von 5 Millionen DM an den mittlerweile auf 5,7 Millionen DM veranschlagten Gesamtkosten. Berlin stand bereits in den Startlöchern: Schon am nächsten Tag, dem 30. Juli 1952, fand die Grundsteinlegung für das Bundesnotaufnahmelager in Marienfelde statt.

Das zentrale Flüchtlingslager Marienfelde im Bau, 12. November 1952.

Bis August 1953 entstanden 15 dreistöckige Wohnhäuser, ein Kinderhort, ein Speisesaal und ein Eingangshaus – geplant für 2000 Flüchtlinge und die am Aufnahmeverfahren beteiligten Dienststellen. Die Büros sollten in den Wohnungseinheiten untergebracht werden, um den für später geplanten Umbau des Lagers in eine Siedlung für die Allgemeinbevölkerung zu erleichtern. Ein früher und heftiger Wintereinbruch verzögerte die Bauarbeiten. So war das Notaufnahmelager noch nicht bezugsfertig, als Bundespräsident Theodor Heuss es am 14. April 1953 einweihte. Heuss hielt seine Rede vor mehreren tausend Flüchtlingen, die mit Sonderbussen aus anderen Flüchtlingslagern nach Marienfelde gebracht worden waren, und vor zahlreichen weiteren Gästen. Wahrscheinlich reagierte der Bundespräsident mit dieser vorverlegten Einweihung auf die sich dramatisch zuspitzende Situation in Berlin. Einen Monat zuvor hatte der Flüchtlingsstrom nach West-Berlin seinen Höhepunkt erreicht. Mehr als 57000 Menschen aus der DDR hatten um Aufnahme gebeten. Theodor Heuss forderte in seiner Rede, die über die Medien verbreitet wurde, Solidarität und Unterstützung für die Flüchtlinge und knüpfte daran auch die politische Forderung, Berlin nicht seinem Schicksal zu überlassen. Noch bevor das Notaufnahmelager in Marienfelde im August 1953 seine Tore öffnete, war deutlich geworden, dass es die ursprünglichen Erwartungen – Verkürzung des Verfahrens durch Unterbringung aller im Notaufnahmeverfahren stehenden Flüchtlinge – nicht erfüllen konnte. Zu groß war der Flüchtlingsstrom. Zudem mussten die Aufnahmebehörden angesichts steigender Flüchtlingszahlen ihr Personal

Flüchtlinge aus Berliner Übergangsheimen nehmen am 14. April 1953 an der Einweihung des Bundesnotaufnahmelagers Marienfelde teil. Noch war das neue Lager nicht bezugsfertig.

aufstocken. Der dementsprechende Bedarf an Büros hätte den für die Flüchtlinge vorgesehenen Wohnraum beschnitten. So wurde entschieden, zunächst nicht alle am Verfahren beteiligten Einrichtungen nach Marienfelde zu verlegen. Trotzdem musste die Zahl der Betten von geplanten 2000 auf 1200 verringert werden. Eine Ausweitung der Kapazitäten brachte die Fertigstellung des zweiten Bauabschnitts: Im Sommer 1955 waren elf neue Gebäude bezugsfertig. Marienfelde bot jetzt Platz für 2800 Menschen und alle am Aufnahmeverfahren beteiligten Stellen. Doch auch die neu geschaffenen Unterkünfte reichten nicht aus: Immer noch wurden Tausende von Menschen während des Notaufnahmeverfahrens in anderen Lagern untergebracht.

Das Leben im Notaufnahmelager Marienfelde

Die Jahre bis zum Mauerbau

Das Notaufnahmelager war ein Kind des Kalten Krieges. Es stand im Spannungsfeld des Ost-West-Konflikts. Für die DDR bedeuteten die Flüchtlinge in der Konkurrenz mit der Bundesrepublik einen schweren Rückschlag. Sie bemühte sich, mittels Propaganda die hausgemachten politischen Ursachen für die Massenflucht zu verdecken: Marienfelde, so hieß es, sei eine „Menschenfalle", die Flüchtlinge seien deren Opfer, vom Westen mit falschen Versprechungen angelockt. Jenseits solcher Losungen versuchte die Staatssicherheit gezielt, auf Flüchtlinge im Westen und auf ihre Angehörigen in der DDR Druck auszuüben. Diese Bedrohung wirkte sich auf die Organisation des Notaufnahmelagers und auf das Leben seiner Bewohner aus.

In Marienfelde durfte zum Schutz der Flüchtlinge vor Spitzeln der DDR-Staatssicherheit nur mit Genehmigung fotografiert werden.

„Fotografieren verboten", „Vorsicht bei Gesprächen", „Vorsicht bei Einladungen" warnten Schilder die ankommenden Flüchtlinge. Der Zugang zum Lager war nur über bewachte Eingänge möglich, das ganze Gelände umgab ein Zaun. Besucher waren nicht erwünscht. Diese Maßnahmen, die von der Alliierten Kommandantur – dem von Amerikanern, Briten und Franzosen getragenen West-Berliner Regierungsgremium – bestimmt worden waren, dienten dem Schutz der Flüchtlinge und ihrer in der DDR zurückgebliebenen Freunde und Verwandten. Die Behörden befürchteten, die DDR werde Spitzel in das Notaufnahmelager einschleusen; vor allem in den fünfziger Jahren herrschte zudem die Sorge, „Republikflüchtlinge" könnten von der Staatssicherheit entführt werden. Die Abgeschlossenheit des Notaufnahmelagers gab vielen Flüchtlingen eine gewisse Sicherheit, doch die Angst vor Spitzeln blieb und beeinflusste das Zusammenleben. „Also, in der Phase, wo sie das größte Vertrauen der neuen Situation entgegenbringen wollten", beschreibt Wilfried Seiring seine Eindrücke in Marienfelde als junger Student 1957, „entstand plötzlich auch etwas, wo sie sich abkapseln mussten und Misstrauen hervorbringen sollten, um sich selbst zu schützen."[3]

Noch in Marienfelde fanden sich manche also von der DDR eingeholt. Gleichzeitig erlebten sie das Notaufnahmelager als einen Ort der Hilfe, wo man sie mit dem Nötigsten versorgte und ihnen die ersten Schritte im Westen ermöglichte. Laut einer Dienstverfügung des zuständigen Senators für Arbeit und Sozialwesen von 1960 hatten die Flüchtlinge auf „Unterkunft und Verpflegung" sowie „Beratung, Taschengeld, Anerkennung für freiwillige Hilfeleistungen, BVG-Fahrscheine [der Berliner Verkehrsbetriebe], Spenden, Schuhreparaturscheine usw." Anspruch.[4] Das Notaufnahmelager glich einer modernen Siedlung mit Küchen in den Wohnungen, sanitären Anlagen und Grünflächen, nicht zu vergleichen mit den zahlreichen anderen Massenunterkünften für Flüchtlinge in Berlin, die sich häufig in Fabrikhallen oder Baracken befanden. Dort schliefen die Menschen teilweise dicht an dicht auf Strohsäcken. In Marienfelde gingen die Behörden ursprünglich von vier Quadratmetern Raum pro Person aus. Doch auf Grund der Vielzahl von Menschen waren auch hier die 30 bis 69 Quadratmeter großen Ein- bis Dreizimmerwohnungen permanent überbelegt. Der Senat legte Wohnungen zusammen und stellte zusätzliche Etagenbetten in den Küchen auf. Zeitzeugen berichten, dass die Wasseranschlüsse in den Badezimmern zeitweise abgestellt wurden, um Verbrauch und Kosten zu kontrollieren. Stattdessen nutzte man Waschschüsseln und – nach Anmeldung – ein Badehaus auf dem Gelände.

Solange die Flüchtlinge im Notaufnahmeverfahren standen, waren Unterkunft und Verpflegung in Marienfelde kostenlos. Die Bewohner erhielten ein Taschengeld, das 1954 wöchentlich für Familien maximal 4,00 DM, für alleinstehende Erwachsene 1,50 DM betrug. Verpflegung erhielten die Flüchtlinge – da eine Benutzung der Wohnungsküchen wegen der vielen Menschen nicht praktikabel war – in einem großen Speisesaal auf dem Gelände. Das Essen lieferte die Bezirksküche Berlin-Neukölln. 1957 war ein täglicher Bedarf von 2800 Portionen Frühstück, Mittag- und Abendessen, 250 einfachen und 150 doppelten Abflugportionen sowie 50 Mittagessen für die Kindertagesstätte vorgesehen.

Taufschale der Evangelischen Flüchtlingsseelsorge für Taufen in Marienfelde und anderen Berliner Flüchtlingslagern.

Viele der Flüchtlinge in Marienfelde hatten auf ihrem Weg in den Westen nur wenige Sachen mitnehmen können. Wer bedürftig war, erhielt Unterstützung vom Senat und von weiteren Einrichtungen, die über Jahre mit Außenstellen im Notaufnahmelager vertreten waren. Dazu zählten unter anderem die evangelische und die katholische Kirche, die großen Parteien und der Bauernverband. Sie standen beratend zur Verfügung und verteilten Spenden. Die Kirchen boten darüber hinaus seelsorgerische Betreuung an und feierten im Aufnahmelage Taufen, Konfirmationen und Hochzeiten. Erhaltene Spenden und andere soziale Leistungen verzeichneten die Behörden auf den Laufzetteln der

Der Speisesaal des Notaufnahmelagers, 7. März 1956.

Flüchtlinge und in der Flüchtlingskartei. So sollte eine gerechte Verteilung garantiert und Missbrauch verhindert werden.
Das Gesicht Marienfeldes war von andauernder Überfüllung und hoher Fluktuation geprägt. Auf Grund des Andrangs veranlassten die Behörden den sofortigen Abflug eines Teils der Ankommenden in die westlichen Bundesländer. Ein weiterer Teil musste auf andere Aufnahmelager in Berlin verteilt werden. Fast täglich pendelten diese Flüchtlinge zwischen ihrer Unterkunft und den Behördenstellen in Marienfelde, um die notwendigen Aufnahmeformalitäten zu erledigen. Zugleich blieben diejenigen, die in Marienfelde Quartier erhalten hatten, häufig nur einige Tage dort. Die Aufenthaltsdauer orientierte sich an der Länge des Notaufnahmeverfahrens. War dieses abgeschlossen, erfolgte der Abflug in die Bundesrepublik oder, wenn die Flüchtlinge eine Zuweisung für West-Berlin erhalten hatten, der Umzug in ein so genanntes Dauerlager. Über Dutzende von Lautsprechern versuchten die Mitarbeiter die Menschen zu koordinieren: Täglich erfolgten Aufrufe, wer sich für den Abflug in die Bundesländer oder die Abfahrt in ein anderes Berliner Dauer- oder Auffanglager bereit zu halten habe. Sonderbusse der Berliner Verkehrsbetriebe waren permanent im Einsatz. „Durch diese Lautsprecheranlagen, das knallte durch alle Räume. […] Man war immer erreichbar. Am Tag passierte das mitunter drei-, viermal, wo so 'ne Liste der Namen abgelesen wurde, und dann kamen wieder Tage, da war es ruhiger. Dann spielte höchstens mal ein Schlager", erinnert sich Regina Paulikat, die 1957 als Neunjährige mit ihrer Familie einige Monate in Marienfelde verbrachte.[5]
Mit Hilfe von Regeln und Kontrollen versuchte die Leitung den Heimbetrieb aufrecht zu erhalten. Vor allem mussten die Men-

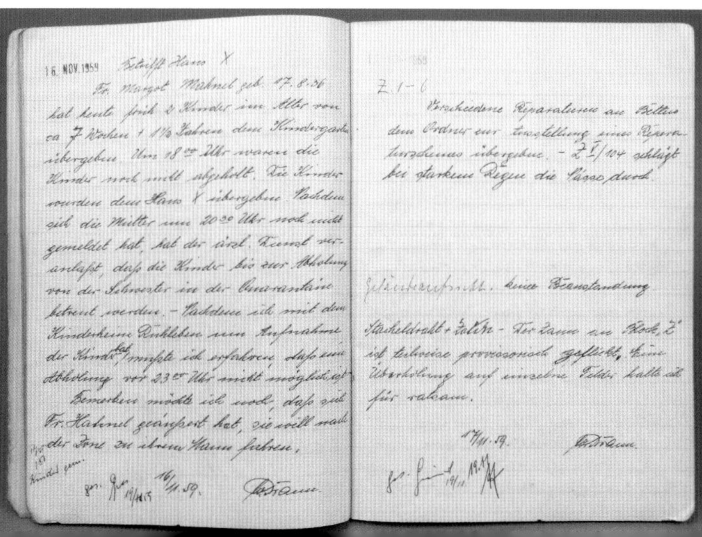
16. NOV. 1959 Betrifft Haus X
Fr. Margot Mahnel geb. 17.8.36
hat heute früh 2 Kinder im Alter von
ca 7 Wochen + 1½ Jahren dem Kindergarten
übergeben. Um 18^{00} Uhr waren die
Kinder noch nicht abgeholt. Die Kinder
wurden dem Haus X übergeben. Nachdem
sich die Mutter um 20^{30} Uhr noch nicht
gemeldet hat, hat der ärztl. Dienst ver-
anlaßt, daß die Kinder bis zur Abholung
von der Schwester in der Quarantäne
betreut werden. – Nachdem ich mit dem
Kinderheim Ruhleben zur Aufnahme
der Kinder [illegible], mußte ich erfahren, daß eine
Abholung vor 23^{05} Uhr nicht möglich ist.
Bemerken möchte ich noch, daß sich
Fr. Mahnel geäußert hat, sie will nach
der Zone zu ihrem Mann fahren.
16/11.59. [illegible]

Z. 1–6
Verschiedene Reparaturen an Betten
dem Ordner zur Erstellung eines Repara-
turzettels übergeben. – Z I/104 schlägt
bei starkem Regen die Nässe durch.

Geländeaufsicht: keine Beanstandung

Stacheldraht + Latten – Der Zaun am Block „Z"
ist teilweise provisorisch geflickt, eine
Überholung auf einzelne Felder halte ich
für ratsam.
17/11.59. [illegible]

Regelverstöße und Konflikte wurden sorgfältig dokumentiert: Wachbuch der Pförtner, 1959.

schen versorgt werden. Außerdem galt es, die Gebäude vor Verschleiß zu bewahren. Angesichts des Massenandrangs war für individuelle Bedürfnisse der Flüchtlinge zumeist wenig Zeit. Ordner und Pförtner hatten laut Dienstanweisung für einen reibungslosen Ablauf und für Ruhe und Ordnung zu sorgen. Im Oktober 1957 gab es in jedem Wohnhaus eine so genannte Ordnerstation, in der vier oder fünf Männer arbeiteten. Sie verteilten an jeden einen Satz Geschirr, Waschschüsseln, Bettwäsche, Decken – eine Ausstattung, die beim Verlassen des Lagers wieder abgegeben werden musste; auch für den Wäschetausch, die Desinfektion der Decken und die Postverteilung waren sie zuständig. Ordnungskräfte und Pförtner kontrollierten zudem in regelmäßigen Abständen Gelände und Wohnungen. Vorkommnisse vermerkten sie in ihren Wachbüchern: von der zerbrochenen Glasscheibe bis zum nicht angemeldeten Wegbleiben über Nacht. Um 22.00 Uhr sollte Bettruhe herrschen. Besuche von Freunden und Verwandten waren nur ausnahmsweise möglich. Wer im Notaufnahmelager wohnte und ausgehen wollte, musste sich abmelden. Die Flüchtlinge sollten jederzeit erreichbar sein, um das Aufnahmeverfahren nicht unnötig in die Länge zu ziehen. Das Verrücken von Möbeln in den Zimmern war anzumelden, Wäsche auf den Zimmern zu trocknen oder Bilder aufzuhängen untersagt. Im Extremfall konnte die Missachtung von Vorschriften zu einem Verweis aus dem Notaufnahmelager führen.

Die strengen Regeln erregten vor allem dann Missfallen bei den Flüchtlingen, wenn sie eigentlich erzieherische Maßnahmen waren. So durften unverheiratete Paare nicht gemeinsam in einem Zimmer untergebracht werden. Und insbesondere für die moralische Entwicklung alleinstehender Frauen zwischen 18 und 24 Jahren fühlten sich die Behörden, dem Zeitgeist der fünfziger Jahre entsprechend, verantwortlich. Die jungen Frauen wurden in einem gesonderten Haus untergebracht und von Fürsorgerinnen betreut. Ausgang nach 22.00 Uhr war ihnen grundsätzlich verboten. Ignorierten die Frauen die Ausgangssperre und pflegten überdies „Männerbekanntschaften“, gerieten sie schnell in den Verdacht, „leichte Mädchen“ zu sein.

Verantwortlich für die Versorgung und Unterbringung der Flüchtlinge, vollbrachte die Senatsverwaltung für Arbeit und Sozialwesen bis zum Mauerbau 1961 eine logistische Meisterleistung. Über eine Million Flüchtlinge „verwaltete" sie trotz einer allgemein schlechten Wirtschaftslage und kaum kalkulierbarer Ausmaße des Flüchtlingsstroms. Die monatlichen Zugänge schwankten von der Öffnung Marienfeldes 1953 bis zum Mauerbau 1961 zwischen 4 000 und 21 000 Menschen. Die Behörden mussten permanent kostenintensive Plätze in Reserve halten. Der einzelne Flüchtling konnte diese Anstrengungen der Behörden nicht immer honorieren, denn für ihn stand das eigene Schicksal im Vordergrund. Letztlich war es den Behörden nur möglich, die Neuankömmlinge mit dem Nötigsten zu versorgen.

Die Situation nach 1961

Der Mauerbau markierte in der Geschichte Marienfeldes eine tiefe Zäsur. Bis zum Jahresende 1961 gelang noch über 20 000 Menschen die Flucht aus der DDR nach West-Berlin. Doch mit dem Ausbau der Grenzanlagen sanken die Zahlen. Im gesamten Jahr 1962 meldeten sich nur mehr 3 614 Menschen im Notaufnahmelager.

Der Senat reagierte auf die veränderten Verhältnisse. Er übergab im Juni 1962 die Hälfte der Wohnblocks an die städtische Wohnungsbaugesellschaft DEGEWO. Marienfelde bot anschließend noch Platz für etwa 600 Menschen. Zeitweise war die Wohnsiedlung unterbelegt. Mitte der sechziger Jahre erhielt das Notaufnahmelager eine zusätzliche Funktion als zentrale Anlaufstelle des Landes Berlin für Aussiedler. Bis in die achtziger Jahre kam die Mehrheit von ihnen aus Polen. Die ersten 21 Aussiedler verzeichnete die Statistik des Notaufnahmelagers am 24. März 1964. Aus der DDR kamen jetzt vor allem Rentner. Sie hatten ausrei-

Die Familie Siks/Setinina kam im Juli 2004 aus Russland/Schadrinsk im Kurganer Gebiet nach Berlin-Marienfelde.

sen dürfen oder waren nach einem genehmigten Besuch im Westen nicht in ihren Heimatort zurückgekehrt. Die Belegungsstatistik vom 1. Juli 1965 verzeichnete 30 Flüchtlinge [denen die Flucht über die Grenze gelungen war], 111 „Rentenbesucher", 119 „Legale" [vor allem ausgereiste Rentner], 106 Aussiedler und 22 „Sonstige". Unter den „Sonstigen" können sich zu diesem Zeitpunkt bereits ehemalige politische Häftlinge aus der DDR befunden haben, die seit 1963 von der Bundesrepublik freigekauft wurden. Im Durchschnitt lebten 300 bis 400 Menschen in Marienfelde. Gab es genügend Platz, dann wurden auch ausländische Flüchtlinge untergebracht, zum Beispiel Tschechen, die ihr Land nach der gewaltsamen Niederschlagung des Prager Frühlings 1968 verlassen hatten.

In das Interesse der Öffentlichkeit rückte Marienfelde wieder Mitte der siebziger Jahre. Auslöser waren dieses Mal keine neuen Flüchtlingsströme, sondern die Verhältnisse im Notaufnahmelager. Ab 1975 erschienen eine Reihe kritischer Artikel in der Berliner Presse: Ausstattung und Zustand des Notaufnahmelagers seien nicht mehr zeitgemäß, und die Betreuung sei unzureichend; trotz offener Kapazitäten müssten die Bewohner auf engstem Raum leben, eine fünfköpfige Familie etwa in zwei Zimmern; Besuche dürften, wenn überhaupt, nur im Aufenthaltsraum empfangen werden; außerdem seien einige Sicherheitsmaßnahmen wie Besucherkontrollen und feste Ausgehzeiten vor allem aus der Sicht der Aussiedler übertrieben.[6] Die Kritik zeigte Wirkung. 1976/77 führte die Senatsverwaltung für Arbeit und Sozialwesen eine generelle Besuchserlaubnis ein. Besucher durften sich nun zwischen 8.00 und 22.00 Uhr auf den Zimmern aufhalten. Der Aufenthaltsraum erhielt einen Fernseher, die Wohnungen bekamen Kühlschränke, eine Telefonzelle wurde installiert. In den Zimmern standen jetzt einfache Betten anstelle der Etagenbetten. Mitarbeiter waren angehalten, jede Wohnung mit nur einer Familie zu belegen. Selbst im Sprachgebrauch schlug sich der neue Zeitgeist nieder: „Durchgangsheim für Aussiedler und Zuwanderer" lautete seit 1977 die offizielle Bezeichnung.

Sicherheitsmaßnahmen und Belegungspraxis veränderte der Senat allerdings nur bedingt. Eine bestimmte Anzahl von Betten musste freigehalten werden, damit man einem plötzlichen Anstieg der Zugänge begegnen konnte. Bei den Sicherheitsvorkehrungen waren dem Senat die Hände gebunden. In diesem Punkt trug die Alliierte Kommandantur die Verantwortung. So standen die Kontrollen am Eingang, die Registrierung der Besucher oder das Fotografierverbot nicht zur Debatte. Im Gegenteil: Den Alliierten gingen diese Vorkehrungen teilweise nicht weit genug. Sie forderten die Wiedereinführung eines Heimausweises für die Bewohner, der 1973 abgeschafft worden war. Die Bewohner reagierten unterschiedlich auf die Vorschriften der Alliierten. Einige empfanden die Maßnahmen als übertrieben, andere fühlten sich sicherer, waren erleichtert, dass auch die Presse nicht unerlaubt auf das Gelände durfte. Sie befürchteten, Zeitungsberichte könnten laufende Ausreiseanträge von Freunden und Verwandten in der DDR gefährden.

Einem Wandel unterworfen war auch die Art, wie die Betroffenen die Verhältnisse in Marienfelde erlebten. Seit den siebziger Jahren nahmen sie das Aufnahmelager kritischer wahr als in den fünfziger Jahren: Gebäude und Einrichtungen zeigten trotz ständiger Renovierungen Verschleißerscheinungen. Die Menschen hatten ihre Spuren hinterlassen. Der Ausstattungsstandard blieb im Gegensatz zu den fünfziger Jahren hinter den Erwartungen der Ankommenden zurück. Leihgeschirr, Leihbettwäsche und Essensmarken wirkten jetzt häufiger abschreckend. Auch das Bedürfnis nach Selbstbestimmung war gewachsen: Kontrollgänge, „Bettruhe“ und eingeschränkte Besuchserlaubnis gaben Anlass zur Kritik, zumal der Aufenthalt in Marienfelde inzwischen meist mehrere Monate dauerte.

Zu den Schwierigkeiten, die im Alltag immer wieder auftraten, gehörte aber nicht nur die Unzufriedenheit von Bewohnern: Es kam auch zu Spannungen untereinander. Das enge Zusammenleben von Menschen mit unterschiedlichem sozialen Hintergrund führte zu Konflikten. Alkoholismus und unerlaubtes Übernachten von Personen, die nicht im Lager wohnten, verursachten häufig Streit. Zudem stellte sich ein besonderes Problem: Unter den freigekauften ehemaligen Häftlingen in Marienfelde gab es immer wieder solche, die in der DDR nicht aus politischen Gründen, sondern wegen krimineller Delikte verurteilt worden waren. Die DDR nutzte den Freikauf, um diese Menschen in die Bundesrepublik „abzuschieben“. Dieser Personenkreis fiel in Marienfelde mehrfach durch ein gestörtes Sozialverhalten auf.

Die achtziger Jahre wurden in Marienfelde noch einmal turbulent. Abhängig von den politischen Entwicklungen in der DDR und in den „Ostblock"-Staaten schwankten die Zugangszahlen. 1981 verhängte Polen das Kriegsrecht und verbot die Gewerkschaft Solidarność. In der Folge verstärkte sich der Zuzug von Aussiedlern. 1980 waren unter den insgesamt 4951 Menschen, die sich in Marienfelde meldeten, 985 Aussiedler, ein Jahr später kamen mehr als doppelt so viele: 2271 Aussiedler verzeichnete das Aufnahmelager; im Ganzen lagen die Zugänge mit 8179 Menschen um 65 Prozent höher als im Vorjahr. Bestimmend für die Belegungszahlen war außerdem die schwer einzuschätzende Ausreisepolitik der DDR. Anfang 1984 genehmigte die SED schlagartig an die 30000 Ausreiseanträge. Daraufhin verdreifachten sich in Marienfelde von Februar auf März die Zugänge.
Die generell steigenden Übersiedler- und Aussiedlerzahlen mit ihren Schwankungen stellten die Behörden vor logistische Probleme, die an die fünfziger Jahre erinnerten. Oftmals war Marienfelde jetzt mit 700 bis 1200 Menschen überbelegt. Schon längst standen in den Zimmern wieder Etagenbetten. Im Mai 1984 existierten wieder 32 Übergangseinrichtungen mit 1408 Plätzen in Berlin. Darüber hinaus wohnten viele Übersiedler und Flüchtlinge aus der DDR – teils schon während ihres Verfahrens – bei Freunden oder Verwandten in West-Berlin. Schwieriger war es für Aussiedler, eine Unterkunft zu bekommen, nicht zuletzt auf Grund des äußerst angespannten Wohnungsmarktes. Sie bildeten in den achtziger Jahren die Mehrheit der Bewohner in Marienfelde.
Was die alltäglichen Abläufe in Marienfelde anging, so hatten sie sich mittlerweile beinahe vierzig Jahre lang bewährt. Noch immer gab es Leihgeschirr und -bettwäsche. Zwei zentrale Veränderungen allerdings hatte der Senat vorgenommen: 1982 beendete die Bezirksküche Neukölln nach 31 Jahren ihre Arbeit für

Grundversorgung: Jahrzehntelang erhielten die Ankommenden im Aufnahmelager Leihgeschirr und Essensmarken.

Marienfelde. Immer wieder hatte es Beschwerden über die Gemeinschaftsverpflegung gegeben, an der immer weniger Bewohner teilnahmen. Zudem konnte sich der Senat die Vollverpflegung nicht mehr leisten. Zwei Jahre experimentierte er mit einer Kombination aus Kaltverpflegung, Dosen zum Aufwärmen und Geldbeträgen. Ab Juli 1984 erhielten schließlich alle Neuankömmlinge einen Barbetrag von 15 DM am Tag, um sich selbst zu versorgen – nur wer nachts oder sonntags eintraf, wurde noch mit Naturalien ausgestattet. Außerdem schaffte der Senat Anfang Januar 1984 die seit mehreren Jahren bestehende Regelung ab, dass die Unterkunft während der ersten vier Monate nach Ankunft im Heim kostenlos war. Statt dessen hatten alleinstehende Erwachsene nun 150 DM im Monat zu zahlen.[7]
In den Jahren 1988 und 1989, als der Zusammenbruch des „Ostblocks" sich abzeichnete, herrschte in Marienfelde ein Ansturm wie kurz nach der Eröffnung. 1989 war mit über 51 000 Übersiedlern aus der DDR und 11 806 Aussiedlern der Höhepunkt erreicht. In Marienfelde standen Notbetten im ehemaligen Speisesaal und in Sitzungsräumen, den Aufnahmebehörden dienten Zelte als zusätzliche Büros. 240 Übergangseinrichtungen gab es darüber hinaus in West-Berlin. In der Nacht vom 9. zum 10. November 1989, als die Berliner Mauer fiel, stellten über 400 Menschen einen Antrag auf Aufnahme in Marienfelde. Viele misstrauten der politischen Entwicklung in der DDR und befürchteten eine erneute Schließung der Grenzen. So meldeten sich bis zum Jahresende noch mehr als 23 000 DDR-Übersiedler in West-Berlin. Die Notunterkünfte in Turnhallen, Wohncontainern und anderen Übergangseinrichtungen reichten nicht mehr aus. In der Not beschloss West-Berlin, ab Dezember 1989 nur noch DDR-Bürger aus Ost-Berlin aufzunehmen.
Mit dem Ende der DDR erlosch am 1. Juli 1990 – dem Tag der deutschen Währungs- und Wirtschaftsunion – Marienfeldes Funktion als Aufnahmestation für Übersiedler und Flüchtlinge aus der DDR. Als Zentrale Aufnahmestelle Berlins für Aussiedler ist die Wohnanlage jedoch eine Durchgangsstation und ein Ort der Hoffnungen geblieben.

SCHÖN, WENN MAN EINANDER VERTRAUEN KANN...

„Feindobjekt" Marienfelde

Burghard Ciesla

Es ist der 2. Februar 1965, gegen 17.30 Uhr. Drei Offiziere der Staatssicherheit in den Uniformen von Grenzsoldaten laufen Streife entlang der amerikanischen Sektorengrenze bei Berlin-Marienfelde. In Höhe des Jenbacher Weges lassen sie sich Zeit und beziehen einen Beobachtungsposten. Alles ist ruhig. Gegen 18.00 Uhr erscheint im amerikanischen Sektor der Mann, auf den sie die ganze Zeit gewartet haben. Er läuft zur üblichen Stelle, sondiert dabei unauffällig die Umgebung und wirft einen Materialbehälter auf die Ostseite. Ohne sich aufzuhalten, geht er weiter den Jenbacher Weg entlang. Der Bericht, den die Männer der Staatssicherheit an diesem Abend bergen, enthält Informationen über „Republikflüchtige", Hinweise auf Schleusungen, Fluchthelfer, „Löcher in der Mauer" und die Situation im Notaufnahmelager Marienfelde. In der Normannenstraße, der Zentrale des Ministeriums für Staatssicherheit (MfS) in Ost-Berlin, wird der Bericht sorgfältig ausgewertet. Tage später findet der MfS-Mann in West-Berlin neue Anweisungen in einem „toten Briefkasten".[1] Derartige Berichte füllen im Archiv der Bundesbeauftragten für die Unterlagen des Staatssicherheitsdienstes (BStU) viele Aktenordner. Doch ist dies nur ein Bruchteil des überlieferten Herrschaftswissens der Staatssicherheit. Bei der Auflösung des MfS war der Bestand so umfangreich, dass die Akten hintereinander gestellt eine Reihe von mehr als 200 Kilometern Länge gebildet hätten. Darunter waren 39 Millionen Karteikarten sowie Hunderttausende Bild- und Tondokumente. Die Staatssicherheit speicherte Daten von schätzungsweise sechs Millionen DDR-Bürgern, Tausenden von Bundesbürgern, West-Berlinern und Ausländern. Während der „friedlichen Revolution" von 1989 versuchte das MfS, so viel Material wie möglich zu zerstören. In welcher Dimension sich diese Vernichtungsaktion vollzog, verdeutlichen die 15 600 Säcke mit bereits zerschnittenen Papieren aus Akten, die für eine Verbrennung vorgesehen waren, aber aus Zeitmangel nicht mehr vernichtet werden konnten.[2]

◄ Blick in den Ausstellungsraum „Feindobjekt" Marienfelde.

MfS-Akten in der ehemaligen Bezirksverwaltung der Staatssicherheit in Erfurt, 1989.

Der Sicherheitsstaat und die Staatssicherheit

Diese Masse an Informationen produzierte ein mächtiger Apparat. Als die Staatssicherheit nach dem Vorbild der sowjetischen Geheimpolizei am 8. Februar 1950[3] per Gesetz gegründet wurde, zählte das Ministerium etwa 1 100 hauptamtliche Mitarbeiter. Doch bereits nach drei Jahren hatte sich deren Zahl mehr als verzehnfacht. Kurz vor dem Mauerfall schließlich gab es 91 015 Hauptamtliche bei der Staatssicherheit. Hinzu kam ein weit verzweigtes, flächendeckendes Netz von Inoffiziellen Mitarbeitern (IM) in der DDR, aber auch in der Bundesrepublik und in West-Berlin. Das Netz der IM war die „Hauptwaffe" der Staatssicherheit. Ihre Zahl wuchs vor allem in den siebziger Jahren rapide. Gab es 1968 rund 100 000 solcher Mitarbeiter, so waren es 1975 etwa 180 000. Dies war der höchste Stand in der Geschichte des Ministeriums. Danach pendelte sich die Zahl der IM etwas unterhalb dieser Größenordnung ein. Zuletzt, 1989, gab es schätzungsweise 175 000 IM, das heißt, etwa jeder hundertste DDR-Bürger war ein IM der Staatssicherheit. Die akute Wirtschafts- und Finanzkrise Anfang der achtziger Jahre führte im Januar 1983 zu einem allgemeinen Einstellungsstopp und zu einer geringfügigen Kürzung des Jahresetats. Doch mit der wachsenden Unruhe der Bevölkerung in der Endphase des SED-Staates erhöhten sich auch die Mittelzuweisungen aus dem Staatshaushalt wieder. Sie lagen im Jahr des Mauerfalls bei 3,6 Milliarden DDR-Mark. Damit bekam das MfS über 600 Millionen Mark mehr als 1983 zugewiesen. Zusätzlich standen 1989 schätzungsweise 33 bis 34 Millionen Valutamark, frei konvertierbare Devisen, zur Verfügung. Hierbei handelte es sich vor allem um D-Mark.[4]

Die Machtbefugnisse des MfS bei der Bekämpfung vermeintlicher oder wirklicher Gegner waren nahezu uneingeschränkt. Einerseits trachtete die Staatssicherheit als Geheimpolizei danach, die gesamte Gesellschaft zu kontrollieren; andererseits entwickelte sich das Ministerium zu einem der erfolgreichsten Nachrichtendienste. „Aufklärung" und „Abwehr" verwoben sich im Lauf der Zeit immer enger, so dass sich die Grenzen zwischen nachrichtendienstlicher Tätigkeit und innerer Repression mehr und mehr verwischten. Die Staatssicherheit bildete unter

Erich Mielke (1957 bis 1989) eine Welt für sich, sie fungierte als „Schild und Schwert der Partei“ und war eine tragende Säule des DDR-Staates. Gemessen an der Bevölkerungszahl verfügte die SED-Führung mit dem MfS über einen extrem überdimensionierten geheimpolizeilichen und geheimdienstlichen Apparat. Zum Vergleich: In der DDR kamen auf 1 000 Einwohner statistisch 5,5 Mitarbeiter der Staatssicherheit (Hauptamtliche und IM). In der Sowjetunion waren es demgegenüber 1,8 und in der Tschechoslowakei 1,1 Staatssicherheitsmitarbeiter auf 1 000 Einwohner. Die Größe des Überwachungsapparates wurde von der Staatssicherheit unter anderem mit der „besonderen Gefahrenlage“ an der Nahtstelle der Gesellschaftssysteme begründet.[5]

Im Visier der Staatssicherheit: Marienfelde

Ein Haupteinsatzfeld des MfS stellte West-Berlin dar. Es gab wohl keine Organisation, Partei, Behörde, Zeitungsredaktion oder Einrichtung, die sich mit der DDR befasste, in der nicht IM des MfS tätig gewesen wären. Hierzu zählte auch das Notaufnahmelager Marienfelde, das im Sprachgebrauch des MfS offiziell als Feindobjekt bezeichnet wurde. Diese Einstufung nahm die Staatssicherheit immer dann vor, wenn von „Objekten“ ständig oder zeitweilig „subversive Handlungen“ ausgingen. Durch „Aufklärung“ und „Bearbeitung“ wollte das MfS Erkenntnisse darüber erlangen, welche Pläne des Gegners existierten bzw. welche Mittel und Methoden dort jeweils eingesetzt wurden. Ziel war es, durch Unterwanderung „dem Feind empfindliche Schläge“ zu versetzen und in weitere, „besonders geschützte Feindobjekte“ einzudringen. Die Marienfelder Mitarbeiter galten dem-

Stets stand das Notaufnahmelager unter fotografischer Beobachtung durch das MfS: Observierungsfoto, um 1960.

nach als „Feinde": Die Staatssicherheit sah in ihnen Menschen, die „dem Sozialismus wesensfremde politisch-ideologische Haltungen und Anschauungen" pflegten und deren Verwirklichung anstrebten. Was unter „subversiv" verstanden wurde, erschließt sich wiederum aus den Akten: Es waren die Fluchten und später die Ausreiseanträge, die als sensibles Dauerthema die Staatssicherheit über Jahrzehnte hinweg beschäftigten. Dem MfS war schon früh klar, dass es von existenzieller Bedeutung war, die „Abstimmung mit den Füßen" unter Kontrolle zu bekommen. Die Ursachen für die Abwanderung der eigenen Bürger suchte das Ministerium aber nicht im politischen System der DDR, sondern beim Gegner. Für die Staatssicherheit waren die meisten Flüchtlinge vom Westen verführte oder mit Versprechungen dorthin gelockte Menschen. Das Notaufnahmelager Marienfelde firmierte in der DDR-Propaganda entsprechend als ein „Lockmittel" des Westens.[6]

Die Ausrichtung der Staatssicherheit auf das Lager Marienfelde hing eng mit der ersten schweren Krise der DDR 1952/53 zusammen. Mit der Verkündung des planmäßigen Aufbaus der Grundlagen des Sozialismus (sozialistische Industrialisierung und Kollektivierung) im Juli 1952 steuerte die SED-Führung das Land in eine tiefe Gesellschaftskrise. Zudem sorgten die Aufrüstung und die Reparationen an die Sowjetunion dafür, dass die Wirtschaftslage immer prekärer wurde und die Versorgung der Bevölkerung zusammenbrach. Verschärfend kam hinzu, dass die SED einen unerbittlichen Kampf gegen die „inneren und äußeren Feinde" führte. Zahlreiche Menschen in der DDR reagierten auf den wirtschaftlichen Notstand und die verstärkte Repression mit Flucht in den Westen. Zum ersten Mal wurde die Abwanderung zu einer Massenbewegung. Ihren Höhepunkt erreichte die Krise am 17. Juni 1953, als es in der DDR zu einem Volksaufstand kam, der nur mit Hilfe der sowjetischen Besatzungstruppen niedergeschlagen werden konnte. Die Ursachen des Juniaufstandes verortete die SED-Führung wiederum im Westen, wo sie die „Drahtzieher" und „Hintermänner" vermutete. Die Staatssicherheit erhielt deshalb den Auftrag, Beweise für die „Weststeuerung" des 17. Juni zu sammeln. Institutionen und Organisationen wurden nun systematisch unterwandert, um zu belegen, dass Bundesrepublik und westliche Geheimdienste den Tag X langfristig

geplant hatten. Darüber hinaus machte die SED-Führung allerdings die Staatssicherheit selbst für den 17. Juni 1953 verantwortlich und warf ihr Versagen auf der ganzen Linie vor. Das Ministerium wurde vorübergehend zu einem Staatssekretariat herabgestuft und dem Ministerium des Innern (MdI) unterstellt – ein Ansporn mehr für die Staatssicherheit, mit allen Mitteln Beweise für die „Weststeuerung" zu erbringen.[7]
Bereits ab 1953 stand daher Marienfelde auf der Liste der „Feindobjekte" an oberster Stelle. Beständig war die Staatssicherheit bemüht, neue IM vor Ort anzuwerben. Wer von Interesse war oder wertvoll erschien, über den wurde ein Aktenvorgang – ein „IM-Vorlauf" – angelegt. Darin trug man Informationen zusammen, die für eine Überprüfung oder mögliche Anwerbung nützlich sein konnten. Mancher „IM-Vorlauf" wurde auch mit dem Ziel angelegt, auf lange Sicht Informationen über eine Person zu sammeln. Zum geeigneten Zeitpunkt wollte man diese Informationen dann zur Anwerbung oder zur Ausübung von Druck nutzen. Im „Vorlauf" überprüfte das MfS die Eignung und Zuverlässigkeit, aber auch etwaige Schwächen des Kandidaten oder der Kandidatin. Unabhängig davon, ob die Betroffenen später tatsächlich für die Staatssicherheit arbeiteten, bekamen sie vielfach einen Decknamen zugewiesen. So wurde in der Kartei des MfS mancher unter einem Decknamen geführt, der nie für das Ministerium tätig gewesen war und nicht wusste, dass man ihn als Kandidaten geführt hatte. Nach erfolgreicher Anwerbung vergab die Staatssicherheit einen neuen Decknamen. Demzufolge sind in den Akten nicht selten mehrere Decknamen für ein und dieselbe Person zu finden.

Topagent „Dr. Lutter"

Im Aufnahmelager waren gleich mehrere „Staatsfeinde ersten Grades" vertreten. Dazu zählte das MfS unter anderem die westlichen Geheimdienste in den Alliierten Sichtungsstellen und die Beratungsstelle des „Untersuchungsausschusses Freiheitlicher Juristen" (UfJ).[8] Dem MfS gelang es, dort Spitzenagenten zu platzieren. Der Mann, der am 2. Februar 1965 den Materialbehälter über die Mauer in den Osten warf, war ein solcher Spitzenagent

Porträtfoto von Götz Schlicht aus seiner MfS-Akte IM „Dr. Lutter“ 1952 bis 1968, fünfziger Jahre.

der Staatssicherheit. Er leitete die Außenstelle des UfJ im Notaufnahmelager Marienfelde. Sein Deckname lautete „Dr. Lutter“. Im bürgerlichen Leben war er unter dem Namen Götz Schlicht bekannt. Sein Lebensweg kann als wendungsreich bezeichnet werden: Obwohhl er auch jüdische Vorfahren hatte, gelang es Schlicht, nach 1933 als „Arier“ anerkannt zu werden. Im Zweiten Weltkrieg diente er bei einer Polizeieinheit in den von der deutschen Wehrmacht besetzten Gebieten. Nach 1945 arbeitete er als Richter in der Sowjetischen Besatzungszone (SBZ). Dort machte er schnell Karriere und erlangte 1949 die Doktorwürde an der Humboldt-Universität in Ost-Berlin. Danach wechselte er als Richter an das Oberlandesgericht Potsdam. Seine Unzufriedenheit mit den Verhältnissen in der DDR führte im Sommer 1951 dazu, dass er Kontakt zum UfJ aufnahm. Er informierte den UfJ über die Verhältnisse in der DDR und über sein Arbeitsumfeld. Doch im Mai 1952 kam das Aus: Schlicht wurde beim Verteilen

Flugblatt des „Untersuchungsausschusses Freiheitlicher Juristen“ (UfJ), um 1955. Der UfJ warnt hier vor Personen, die in der DDR durch Rechtsbeugung aufgefallen waren.

Untersuchungsausschuß
Freiheitlicher Juristen der Sowjetzone
Berlin-Zehlendorf-West, Limastraße 29 Ruf: 84 63 23/24

WARNLISTE NR. 4

Der Untersuchungsausschuß Freiheitlicher Juristen registriert alle strafbaren Handlungen, die in der Sowjetzone auf Weisung oder mit Billigung des augenblicklichen Regimes begangen werden. Es spielt hierbei keine Rolle, ob politische Motive die Ursache waren oder ob die Vergehen und Verbrechen im Rahmen von Korruptions-Affären, in der Absicht der persönlichen Bereicherung oder aus anderen kriminellen Gründen erfolgten. Auch diejenigen sollen strafrechtlich verfolgt werden, die dann als angebliche politische Flüchtlinge in West-Berlin oder in der Bundesrepublik Asyl in Anspruch nehmen wollen.

Der Untersuchungsausschuß veröffentlicht regelmäßig die Namen aller Personen, die glaubhaft der verschiedensten strafbaren Handlungen beschuldigt worden sind. Soweit bereits Anklage erhoben worden ist, erfolgte eine eingehende Prüfung. Sollten die Genannten in der Bundesrepublik oder in West-Berlin auftauchen oder ergriffen werden, wird um sofortige Unterrichtung gebeten.

Gewarnt wird vor

Lfd. Nr.	Name und Vorname	Beruf	Wohnort	Bemerkungen
46	Frau **Gerlach**, Greteliese	Internatsleiterin bei der Oberschule in Bleicherode	Bleicherode/Harz	Beschuldigt der Beihilfe zur Freiheitsberaubung durch pol. Denunziation eines 16-jähr. Oberschülers
47	**Schönewald**, Paul geb. 6. 5. 1893 in Magdeburg	Personal- u. Kulturleiter d. VEB Industrie-Entwurf Magdeburg	Magdeburg Gartenstadt Reform, Bunter Weg 6	Beschuldigt der falschen Anschuldigung u. Beihilfe z. Freiheitberaubung (pol. Denunz.) in über 10 Fällen
48	**Siewert**, Robert	Hauptabt.-Leiter i. Min. f. Aufbau, Bln., Leipziger Str.	Berlin	Angeklagt wegen Anstiftung zum Morde
49	**Wehder**, Arno	ehem. Bürgermeist. d. Gemeind. Wolfen Kr. Bitterfeld	früh. Wolfen, jetzt angebl. Bundesrepublik	Beschuldigt d. Freiheitsberaubung (pol. Denunziation) und der Amtsunterschlagung
50	**Baumann**, Kurt	Ref. i Reichsb.-Amt Zwickau (fr. Vopo-Mst. u. Chef d Abt. K b. Kripo Zwickau)	Zwickau, Hans-Sachs-Straße	Beschuldigt der Amtsunterschlagung

von Flugblättern ertappt und verhaftet. Das Urteil lautete auf zehn Jahre Zuchthaus wegen „Boykotthetze". Nach 1953 durchforstete dann die Staatssicherheit die Gefängnisse, um geeignete Leute als „Maulwürfe" für die Spionagearbeit im Westen anzuwerben – und stieß auf Götz Schlicht. Der willigte 1957 in eine Mitarbeit ein, wurde daraufhin begnadigt und freigelassen. Auftragsgemäß setzte er sich nach West-Berlin ab und meldete sich wieder beim UfJ. Von nun an lieferte er dem MfS brisantes Material über den Untersuchungsausschuss und trug mit seinen Informationen dazu bei, dass die Staatssicherheit mit verschiedenen Aktionen – zum Beispiel Entführungen – erfolgreich war. Interessant ist hierbei, dass Schlicht von demjenigen MfS-Major ausgewählt und mit angeworben wurde, der später für das Häftlingsfreikaufgeschäft der DDR mit der Bundesrepublik verantwortlich zeichnete: Heinz Volpert alias „Krüger". Er unterstand gegen Ende der sechziger Jahre direkt dem Staatssicherheitsminister Erich Mielke und war dessen Mann für besondere Aufgaben.[9]

Geheimdienstliche Unterwanderung

Die Informationen, die Götz Schlicht über das Notaufnahmelager lieferte, wurden für die Staatssicherheit vor allem in der zweiten Hälfte der fünfziger Jahre wichtig. Die SED-Führung setzte um 1958 dazu an, den Aufbau des Sozialismus zu vollenden. Sie rief eine überzogene Modernisierungskampagne ins Leben, die in kurzer Zeit zu einer zweiten Gesellschaftskrise in der DDR führte und am Ende den Mauerbau bewirkte. Die massenhafte Abwanderung von DDR-Bürgern erzeugte in den fünfziger Jahren zudem einen fatalen Mechanismus: Der Verlust von Arbeitskräften verstärkte die wirtschaftlichen Probleme, was wiederum die Fluchtzahlen steigen ließ. Für die SED-Führung stellte sich die Überlebensfrage, und das Fluchtgeschehen entwickelte sich zur Nagelprobe im Systemwettstreit.[10]

Aus Sicht der Staatssicherheit wurde dabei immer mehr zum Problem, dass die Flüchtlinge den „Feinden" detailliert über die misslichen Verhältnisse im „Arbeiter- und Bauernstaat" berichteten. Marienfelde galt deshalb in den Augen des MfS generell als

MfS Mitarbeiterlisten, Telefonverzeichnisse, Organisationspläne, Hausmitteilungen und Dossiers über Personen lieferte. Darunter waren wiederum Informationen über Flüchtlinge und Fluchthelfer. Für seine Spitzeldienste erhielt Schlicht vom MfS im Lauf der Jahre mindestens 345 000 DM Lohn. Zudem hatten seine Führungsoffiziere für ihn ein Ostmarkkonto angelegt, falls er einmal schnell die Seite hätte wechseln müssen. Auf diesem Konto befanden sich Ende 1989 rund 170 000 DDR-Mark. Auch mit Auszeichnungen sparten Schlichts Auftraggeber nicht: Der Agent wurde mehrfach mit Geldprämien und Orden belohnt.[17] Aufschlussreich ist der Vorschlagstext für die Verleihung des Titels „Verdienter Mitarbeiter der Staatssicherheit" vom 3. Februar 1971: „Die Quelle [Götz Schlicht] wurde 1957 auf der Grundlage der Überzeugung angeworben und noch im gleichen Jahr mit der operativen Zielsetzung des Eindringens in eine Feindzentrale durch eine operative Kombination in das Operationsgebiet übersiedelt. [...] Im Ergebnis der Zusammenarbeit wurden weiterhin einige Menschenhändlerbanden aufgeklärt und vor allem Fluchtwege und Schleusungsmethoden festgestellt und durch entsprechende Maßnahmen unterbunden. [...] Die Quelle zeigt eine vorbildliche Disziplin, Einsatzbereitschaft und Standhaftigkeit. [...] Durch eingehende Überprüfungsmaßnahmen und abgeschlossene Operativvorgänge sowie durch die Durchführung anderer operativer Maßnahmen kann darüber hinaus eingeschätzt werden, dass die Quelle unbedingt zuverlässig und unserem Organ treu ergeben ist."[18]

Der Kampf gegen die Abwanderung

Bei der Staatssicherheit machte sich in den späten sechziger Jahren eine gewisse Zufriedenheit hinsichtlich der Fluchtproblematik und Marienfeldes breit. In der Tat schien es so, als ob die Fluchtbewegung voll und ganz unter der Kontrolle des mächtigen Geheimdienstes wäre und die Bedeutung des Aufnahmelagers schwände. Im Februar 1975, zum 25-jährigen Bestehen des Ministeriums, feierten die „Kämpfer an der unsichtbaren Front" daher ausgiebig. Doch nur wenige Wochen später ereignete sich etwas, was in den Folgejahren alles änderte: Im Sommer 1975

unterzeichnete die SED-Führung die KSZE-Schlussakte in Helsinki, in der sie sich unter anderem zur Achtung der Menschenrechte und Grundfreiheiten verpflichtete. Nun beriefen sich Ausreisewillige in der DDR ganz offiziell auf die Reisefreiheit und stellten Ausreiseanträge. Die Ausreisebewegung wurde bald zum größten innenpolitischen Problem. Das MfS interpretierte die neue Situation bereits wenige Monate nach Helsinki als strategisches Mittel des Westens zur Destabilisierung der DDR. Im Befehl Nr. 1/75 vom 15. Dezember 1975 wurde erklärt: „Der Gegner versucht in zunehmendem Maße, durch eine breit angelegte politisch-ideologische Diversion und Kontaktpolitik/Kontakttätigkeit als Elemente seiner psychologischen Kriegsführung Einfluss auf Bürger der DDR zu gewinnen, sie im Sinne der bürgerlichen Ideologie zu manipulieren und unter anderem bei ihnen den Entschluss zum Verlassen der DDR zu wecken.“[19]
Auf Grund des Befehls 1/75 wurde 1976 eine „Zentrale Koordinierungsgruppe“ (ZKG) gegründet. Dem „Angriff des Westens“ sollte sie mit einem abgestimmten Vorgehen aller MfS-Diensteinheiten begegnen. Doch die Koordination erwies sich als schwierig: Innerhalb weniger Jahre kam es mit dem Anwachsen des Ausreiseproblems immer wieder zu Veränderungen in der Struktur der ZKG. Erst zu Beginn des Jahres 1987 fand sie zu ihrer endgültigen Organisation. Aus der Koordinierungsstelle hatte sich eine federführende Abteilung („Federführungskomplex“) für die „Bearbeitung“ aller mit Flucht und Ausreise zusammenhängenden Fragen und Probleme entwickelt. Ihre Aufgabe war es, „Republikflucht“ zu bekämpfen, die Ausreisebewegung zu kontrollieren sowie Ausreisebegehren vorzubeugen bzw. sie zu unterbinden.[20]

Die letzte Phase: Ausspähen und Belauschen

In diesem Zusammenhang wurden die Vorgänge im Lager Marienfelde wieder verstärkt beobachtet und Anwerbungsversuche unternommen. Als das MfS beispielsweise über einen IM erfuhr, dass Marienfelder Mitarbeiter für den Oktober 1984 einen Besuch der Gedenkstätten Sachsenhausen und Ravensbrück planten, bereitete man sich entsprechend vor und erfasste bei der

Grenzkontrolle alle persönlichen Daten der Einreisenden. In den Folgejahren legte das MfS „IM-Vorläufe" über die Mitarbeiter an; spätere Versuche, sie gezielt anzuwerben, scheiterten jedoch. Besuche von Mitarbeitern des Lagers bei Verwandten in der DDR wurden generell häufig genutzt, um Informationen „abzuschöpfen" – sei es mit Hilfe von IM oder durch das Abhören von Gesprächen.[21]

Aus den überlieferten Akten des MfS geht hervor, dass nicht nur die Staatssicherheit an Marienfelde interessiert war. Auch andere osteuropäische Geheimdienste hatten wegen der Vielzahl dort untergebrachter Aussiedler aus Polen oder der Sowjetunion ein Auge auf das Lager und versuchten ihre Agenten unterzubringen.

Seite aus dem „IM-Vorlauf" einer Mitarbeiterin des Notaufnahmelagers von 1987. Die Betreffende war 1984 zu einem Besuch der brandenburgischen Konzentrationslager in die DDR eingereist.

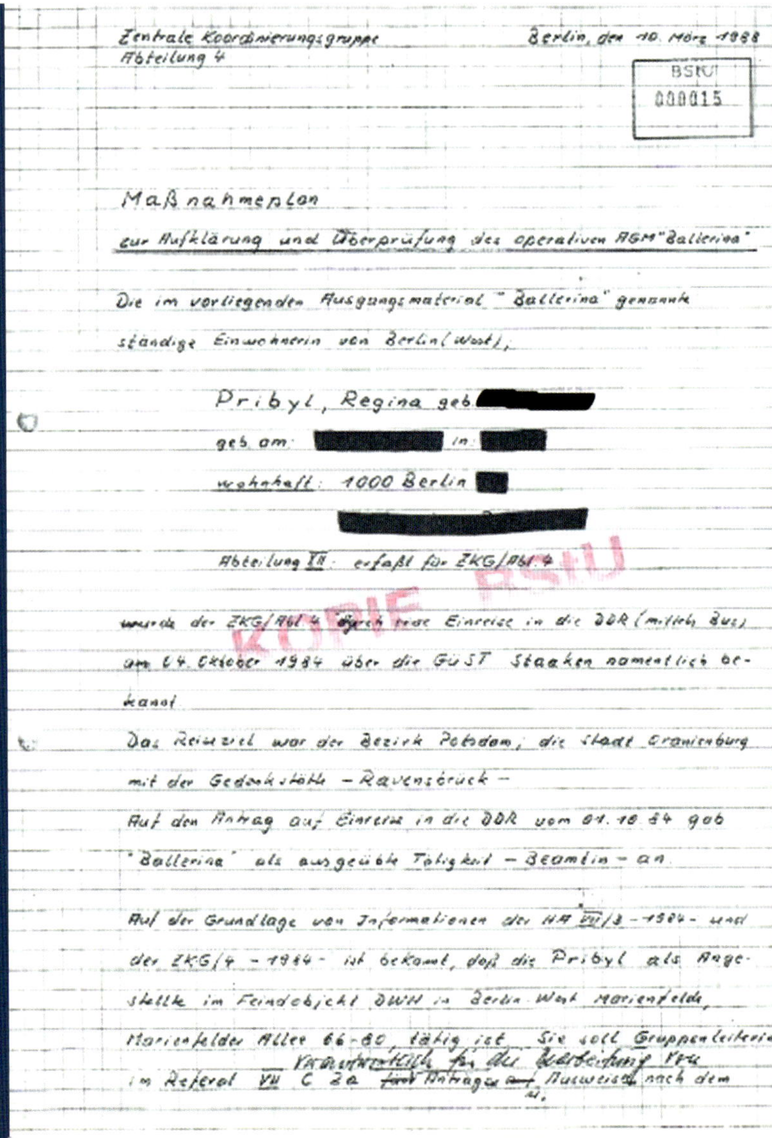

Zentrale Koordinierungsgruppe
Abteilung 4

Berlin, den 10. März 1988

BStU
000015

Maßnahmeplan

zur Aufklärung und Überprüfung des operativen AGM "Ballerina"

Die im vorliegenden Ausgangsmaterial "Ballerina" genannte ständige Einwohnerin von Berlin (West),

Pribyl, Regina geb. [redacted]
geb. am: [redacted] in: [redacted]
wohnhaft: 1000 Berlin [redacted]

Abteilung VII: erfaßt für ZKG/Abt. 4

KOPIE BStU

~~wurde~~ der ZKG/Abt. 4 durch ihre Einreise in die DDR (mittels Bus) ~~am~~ 04. Oktober 1984 über die GÜST Staaken namentlich bekannt.

Das Reiseziel war der Bezirk Potsdam; die Stadt Oranienburg mit der Gedenkstätte – Ravensbrück –

Auf den Antrag auf Einreise in die DDR vom 01.10.84 gab "Ballerina" als ausgeübte Tätigkeit – Beamtin – an.

Auf der Grundlage von Informationen der HA VII/3 – 1984 – und der ZKG/4 – 1984 – ist bekannt, daß die Pribyl als Angestellte im Feindobjekt DWH in Berlin-West Marienfelde, Marienfelder Allee 66–80, tätig ist. Sie soll Gruppenleiterin im Referat VII C 2a ~~für~~ Anträgen ~~auf~~ Ausweisen nach dem [verantwortlich für die Bearbeitung von]

Von Fall zu Fall unterstützte man sich gegenseitig und half dem „Bruderdienst". Gegen Ende der siebziger Jahre stellte etwa der polnische Geheimdienst dem MfS einen 130-seitigen Bericht zur Verfügung, der unter anderem detaillierte Personen- und Ortsbeschreibungen enthielt.[22]

Der „Bereich Funkmedien" des MfS schnitt darüber hinaus eine Reihe von Sendungen in Rundfunk und Fernsehen der Bundesrepublik über das Lager Marienfelde mit. Sie lieferten ergänzendes Hintergrundmaterial oder dienten als Basis für weitere Nachforschungen. Auch durch das Abhören von Telefongesprächen zwischen West-Berlin und der Bundesrepublik erhielt das MfS weit reichende Kenntnisse über das Alltagsgeschäft im Lager und laufende Planungen im Öffentlichkeitsbereich. So kam ihm beim Abhören der Telefongespräche des Bundespräsidialamtes im April 1988 beispielsweise zu Ohren, dass Bundespräsident Richard von Weizsäcker für den folgenden Monat einen Besuch in Marienfelde mit großer Medienpräsenz plante. Bei der Staatssicherheit schnitt man den TV-Bericht über den Besuch des Bundespräsidenten später mit und stellte durch Abfotografieren vom Fernsehgerät Standbilder für die Auswertung her.[23]

Auch in den Jahren zuvor war Marienfelde ein häufig fotografiertes Motiv gewesen. In verschiedenen Personal- und Sachakten der BStU finden sich Bilder vom „Werden und Wachsen" des Lagers über alle Jahrzehnte seines Bestehens hinweg. Gegen Ende der siebziger Jahre plante das MfS sogar die Einrichtung einer Dauerüberwachung mittels Kameratechnik. Der Plan scheiterte jedoch, weil keine geeignete konspirative Wohnung gefun-

Am 13. Mai 1988 war Bundespräsident Richard von Weizsäcker Gast in Marienfelde. Das MfS beobachtete seinen Besuch. In den westdeutschen Nachrichten gesendete Fernsehbilder wurden direkt vom Bildschirm abfotografiert.

Flucht und Ausreise im Spiegel der Kunst

Doris Müller-Toovey

Die Situation der Künstler in der DDR war wie das Leben der Bevölkerung im Allgemeinen von staatlicher Bevormundung und Kontrolle geprägt. Doch kam bei ihnen erschwerend hinzu, dass die Ansprüche von Staat und Partei unmittelbar in ihre Arbeit eingriffen. Bereits vor der Gründung der DDR wurden ab 1948 mit der Umformung der SED zu einer Partei stalinistischen Typs auch die künstlerischen Freiheiten mehr und mehr eingeschränkt. Die Kunst hatte politisch-ideologischen Zwecken zu dienen, das hieß, sich diesen unterzuordnen. Zum Programm wurde der sozialistische Realismus erhoben. Ebenso wie alle anderen Lebens- und Arbeitsbereiche war auch die Kunst von den periodischen Auf- und Abschwüngen der dirigistischen ostdeutschen Politik betroffen. Auf „Tauwetter"-Perioden folgten extrem einengende Phasen. Ein herber Schlag war die Ausbürgerung Wolf Biermanns 1976, gegen die viele Künstler und Intellektuelle in der DDR offen protestierten. Die Folgen waren Gängelung, Bespitzelung, Verhaftungen und ein deutlicher Künstler-Exodus. Anders als in den fünfziger Jahren stellten seit 1980 die Künstler einen großen Teil der Bürger, die ihrem Land den Rücken kehrten, da sie jede Hoffnung auf eine Reformierung des Systems aufgegeben hatten. Mehr als 350 Künstler verließen in den achtziger Jahren dauerhaft die DDR. Viele weitere verwirklichten – versehen mit einem zeitlich befristeten Visum – künstlerische Projekte im Westen. Der SED-Staat sah darin keine substanzielle Einbuße an kreativer, innovativer Energie. 1971 fasste Reiner Kunze, der 1977 selbst aus der DDR ausreiste, die Situation kurz und aussagekräftig in das Gedicht „Gebildete Nation":

Peter Huchel verließ die Deutsche Demokratische Republik
(nachricht aus Frankreich)

Er ging
Die zeitungen meldeten
keinen verlust

◄ Blick in den Ausstellungsraum „Im Spiegel der Kunst".

Der Aderlass an kritischen Geistern war der Entwicklung im Osten Deutschlands ebenso wenig förderlich wie der Verlust an technischem, handwerklichem und wissenschaftlichem Knowhow durch die Massenflucht von Menschen aller Berufszweige. Wer blieb, tat dies aus dem Wunsch nach Selbstbehauptung, aus Beharrungsvermögen, aber auch aus Überzeugung. Vor allem in den fünfziger und sechziger Jahren erschienen in der DDR Bücher und Filme, die entsprechend der staatlichen Propaganda in den Flüchtenden unreife und schwache Menschen oder sogar Saboteure und Kriminelle sahen. Doch entgegen einer solchen Schwarzweißmalerei empfanden viele Künstler selbst eine innere Zerrissenheit. Sie wollten die Hoffnung auf einen „Sozialismus mit menschlichem Antlitz" nicht aufgeben, konnten aber den sinnleeren Phrasen der staatlichen Propaganda keinen Glauben mehr schenken. Gehen oder Bleiben – dieser Frage widmeten sich kritische Künstler in ihren Liedern, Gedichten, Romanen, Gemälden, Zeichnungen und Filmen. Um das Risiko zu vermindern, das mit der Äußerung direkter, offener Kritik in der DDR verbunden war, bedienten sich viele Künstler Metaphern und Mythen – und das Publikum verstand. Die Menschen in der DDR hatten gelernt, „zwischen den Zeilen zu lesen" – ebenso wie die Parteifunktionäre. Viele Künstler erlebten einen Kleinkrieg um Formulierungen, Ausstellungsmöglichkeiten und Auftrittsgenehmigungen. Ihre Arbeitsmöglichkeiten wurden eingeschränkt, sie gerieten in Haft oder wurden ausgewiesen bzw. zur Ausreise gedrängt. Für zahlreiche Autoren begann der Abschied von der DDR mit der Herausgabe ihrer Werke in der Bundesrepublik, bis sie ihnen selbst folgten oder folgen mussten.

Ost und West im Kalten Krieg

In beiden deutschen Staaten entstanden in den fünfziger und sechziger Jahren künstlerische Arbeiten, welche die jeweils andere Seite als negativen Gegenentwurf zum eigenen Staatsmodell zeigen. Fluchtgeschichten stehen im Zentrum zahlreicher Filmplots, öfter im Osten als im Westen. In der DDR kam diesen Erzählungen von gescheiterten Fluchten oder von einem Wechsel von West nach Ost – in das „bessere" Deutschland – vor dem

Hintergrund des Kalten Krieges systemstabilisierende Bedeutung zu. Das gilt auch für Spionage- und Agentenfilme, die das Thema illegaler Grenzübertritte behandeln, oder für die Darstellung geläuterter Rückkehrer aus dem Westen wie in den beiden Streifen „For eyes only" von 1963 (Regie: Jánoz Veiczi) und „Roman einer jungen Ehe" von 1952 (Regie: Kurt Maetzig). Die in der Bundesrepublik produzierten Filme stellen die persönlichen Schicksale und die Gründe der Flüchtenden in den Mittelpunkt. In Streifen wie „Tunnel 28" und „Durchbruch Lok 234" (Regie: Frank Wisbar, 1962, 1963) oder „Flucht nach Berlin" (Regie: Will Tremper, 1960) erscheinen die Flüchtlinge als verzweifelte und mutige Freiheitssucher. Zuweilen scheitern sie an Stacheldraht und Minenfeld oder ganz einfach an den politischen Verhältnissen. So ergeht es etwa dem Flüchtling in der bundesdeutsch-italienisch-französischen Koproduktion „Verspätung in Marienborn" (Regie: Rolf Hädrich / Will Tremper) von 1963, der vergeblich versucht, mit einem amerikanischen Militärzug aus der DDR zu fliehen. Der auch als Fernsehspiel gesendete Film beruhte auf einer wahren Begebenheit. 1963 eröffnete er die X!II. Internationalen Filmfestspiele in Berlin und erhielt im Januar 1965 den Jakob-Kaiser-Preis des Bundesministeriums für gesamtdeutsche Fragen – ein Beleg dafür, dass auch das offizielle Westdeutschland an derartigen parteiischen Stellungnahmen interessiert war.

Die systemtreue ostdeutsche Literatur warnte vor den Gefahren und Verlockungen des Westens, und zugleich beschworen die Autoren die vermeintlichen gesellschaftlichen und wirtschaftlichen Erfolge im eigenen Land, appellierten an Verantwortungsbewusstsein und „Teamgeist". DDR-Flüchtlinge erscheinen als charakterschwach und nicht reif für die sozialistische Gesellschaft. Häufig wurden ihnen positive Identifikationsfiguren gegenübergestellt. Schriftsteller wie Anna Seghers (1900 bis 1983)

Plakat zum Film „Verspätung in Marienborn", Bundesrepublik Deutschland, 1963.

Bei Anna Seghers, Erich Loest, Brigitte Reimann und Hermann Kant erscheinen DDR-Flüchtlinge als Gescheiterte oder Verirrte.

und Hermann Kant (geb. 1926) ergriffen in diesem Sinn in ihren Arbeiten eindeutig Partei für die DDR. Anna Seghers, die 1933 emigriert war und 1947 nach Deutschland zurückkehrte, schilderte in ihrem 1959 erschienenen Roman „Die Entscheidung" die Aufbaujahre in der SBZ/DDR am Beispiel eines Stahlwerks. Nach dem Weggang des Direktors und der Ingenieure gen Westen bewahren die Arbeiter das Werk vor der Schließung. Hermann Kant, der in den neunziger Jahren als Informant des Ministeriums für Staatssicherheit der DDR (MfS) enttarnt wurde, sprach in seinem 1965 veröffentlichten Roman „Die Aula" allenfalls indirekt gesellschaftliche Versäumnisse an: Es gelingt der sozialistischen Umwelt nicht, einen zur Flucht entschlossenen Schüler zum Bleiben in der DDR zu bewegen. Im Grunde aber erscheint sein Weggehen als menschliches Versagen, und im Kontrast dazu werden seine Mitschüler an der neu gegründeten Arbeiter-und-Bauern-Fakultät als Musterbeispiele eines sozialistischen Menschenbildes dargestellt.

Flüchtlinge als fehlgeleitete Menschen mussten in der Logik der DDR am Westen zu Grunde gehen oder bekehrt werden. Eine solche Geschichte von Schuld und Läuterung erzählt die erste Funkoper der DDR. 1958 hatte der Komponist Kurt Schwaen (geb. 1909) vom DDR-Rundfunk anlässlich des jährlichen internationalen Rundfunkwettbewerbs der „Ostblock"-Radiostationen den Auftrag erhalten, eine Funkoper zu komponieren. Als Autor konnte er Günter Kunert (geb. 1929) gewinnen. Das musikalisch moderne Werk wurde von der Jury unter Dmitri Schostakowitsch im Juni 1959 ausgezeichnet. Kurz darauf wurde „Fetzers Flucht" in Radio DDR I ausgestrahlt. Im Stück tötet der Flüchtling Harry Fetzer einen Grenzbeamten. Er landet in West-Berlin in einem Flüchtlingslager, doch sein Gewissen führt ihn letztlich wieder in die DDR zurück. Die Funkoper hatte zunächst großen Erfolg. Ihre Inszenierung als erste Fernsehfilmoper der DDR 1962 zog jedoch heftige Kritik nach sich, und sie

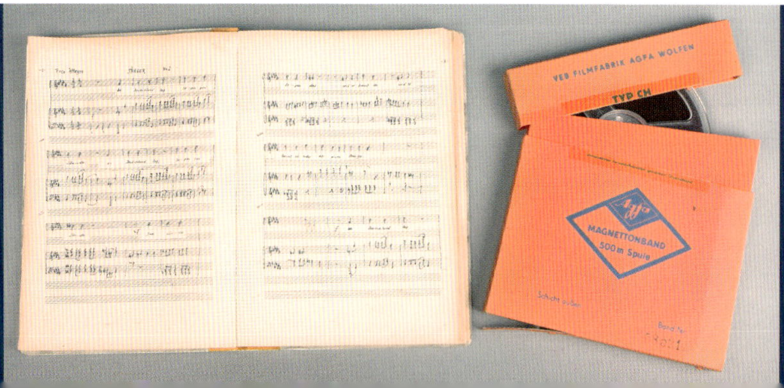

Klavierauszug zu der Funkoper „Fetzers Flucht" und ein Magnettonband mit einem Umschnitt der Oper für den Komponisten Kurt Schwaen, um 1959 und um 1962.

wurde nicht wieder aufgeführt oder gesendet. Schuld und Läuterung, das Wieder-zurück-Finden in die sozialistische Gesellschaft, sind auch Thema des DEFA-Films „Berlin – Ecke Schönhauser“ (Regie: Gerhard Klein) von 1957. Als Gründe für das ziel- und ratlose Protestgebaren der gezeigten Jugendlichen werden hier auch Unverständnis und Ignoranz ihrer Umwelt angeführt. Ganz „auf Linie“ war Klein in der Darstellung des Lagers in West-Berlin. Zwar verzichtete er auf plakative Bilder vom Lagerelend, doch die übrigen Flüchtlinge und die West-Berliner Lagerleitung erscheinen als bloße Abziehbilder von Spitzeln und Verrätern. Die differenzierte Darstellung eines Flüchtlings-Charakters erlaubte sich Christa Wolf (geb. 1929) in ihrem Roman „Der geteilte Himmel“ von 1963. Er schildert das Scheitern einer Liebesgeschichte in Ostdeutschland. Während die Frau eine nicht unkritische, aber unterstützende Haltung gegenüber der DDR entwickelt, wird der Mann immer skeptischer. Als Chemiker findet er nicht die Möglichkeiten und die Unterstützung für seine Arbeit, die er sich erträumt. Schließlich geht er nach West-Berlin, während sie sich entscheidet, in der DDR weiter am Aufbau des Landes mitzuarbeiten. Der Roman fand einen großen Widerhall, auch im Westen. In der DDR zunächst wegen der zahlreichen Tabuthemen umstritten, wurde er schließlich als Paradebeispiel für die so genannte Ankunftsliteratur gewürdigt. 1964 folgte die Verfilmung durch Konrad Wolf für die DEFA.

Ein offenes Wort

Wer Systemkritik äußerte, ging ein hohes Risiko ein – daran änderte sich in der DDR über Jahrzehnte nichts. Künstler, die die Themen Flucht und Ausreise aufgriffen und dabei einen kritischen Blick auf die Verhältnisse im Land richteten, wurden in ihrer Arbeit behindert, einige sogar angeklagt und inhaftiert. Vielen blieb nur, freiwillig oder unter Zwang auszureisen. Erst in den achtziger Jahren bescherte die Liberalisierung in der Sowjetunion unter Michail Gorbatschow auch den DDR-Bürgern mehr Freiräume, und die inhaltlichen und gestalterischen Möglichkeiten für Künstler erweiterten sich. Gleichwohl beobachteten Kulturfunktionäre und Staatssicherheit sie weiterhin argwöhnisch. Zu den systemkritischen Autoren, die Schwierigkeiten hatten, ihre Werke in der DDR zu veröffentlichen, und schließlich in den Westen gingen, gehörten Uwe Johnson (1934 bis 1984) und Thomas Brasch (1945 bis 2001). Johnson ließ die Heldin seines Erstlingswerkes „Ingrid Babendererde. Reifeprüfung 1953" gegen Denunziation und Duckmäusertum aufbegehren und vor den darauf folgenden Repressionen schließlich in den Westen fliehen. Der zwischen 1953 und 1956 geschriebene Roman konnte in der DDR nicht erscheinen. Das verloren geglaubte Manuskript wurde erst im Nachlass gefunden und 1985 in der Bundesrepublik veröffentlicht. Im Westen entstanden weitere Werke Johnsons zur Flucht und zur deutsch-deutschen Teilung, darunter der Roman „Mutmaßungen über Jakob" von 1959, die Erzählung „Zwei Ansichten" von 1965 und die in demselben Jahr erstmals in der Zeitschrift „Kursbuch" veröffentlichte Erzählung „Eine Kneipe geht verloren". In dem Prosaband „Vor den Vätern sterben die Söhne" schilderte Thomas Brasch, der 1968 wegen der Verteilung von Flugblättern gegen den sowjetischen Einmarsch in die Tschechoslowakei inhaftiert worden war, den Generationenkonflikt zwischen Altsozialisten und kritischen Jungen. Die Veröffentlichung in der DDR wurde abgelehnt. Im Dezember 1976 übersiedelte Brasch mit seiner Lebensgefährtin, der Schauspielerin Katharina Thalbach, nach West-Berlin, wo der Band ein Jahr später im Rotbuch Verlag erschien. Nach Motiven dieser

Sieghard Pohl, „Flucht nach drüben", Zeichnung (Foto: MfS), DDR, 1956 oder 1959. © VG Bild-Kunst.

Arbeit entstand 1977 das im DeutschlandRadio Berlin gesendete Hörspiel „Robert, Ich, Fastnacht und die anderen“. Auch hier steht im Mittelpunkt die Abrechnung mit dem politischen System in der DDR, das keinen Platz für Neuansätze und individuelle Lebensentwürfe ließ. Die Zerrissenheit des Protagonisten und seine Wut auf die gesellschaftlichen Verkrustungen werden in Monologen und im Dialog mit einem alten Sozialisten deutlich. Der tödliche Ausgang seiner Flucht steht auch für die Befindlichkeit einer jungen Generation, die sich nicht mehr mit wohlfeilen sozialistischen Parolen abspeisen lässt und die doch ebenso wenig im Westen das „gelobte Land“ erblickt.
Mit Schwierigkeiten auf Grund seiner offensiv vorgetragenen politischen und künstlerischen Anschauungen hatte in der DDR auch der Maler und Graphiker Sieghard Pohl (1925 bis 1994) zu kämpfen. Seine Arbeiten hatten schon während der Leipziger Studienzeit für Verunsicherung und Aufsehen gesorgt. Ihnen fehlte nach Auffassung der Kulturfunktionäre der „parteiliche Standpunkt für die DDR“. Bei Pohls zweiter Verhaftung 1963 beschlagnahmte das MfS auch eine 1956 oder 1959 entstandene Zeichnung, die seither verschollen ist. 1989 wurde ein Foto der Arbeit in den Archiven der Staatssicherheit entdeckt. Unter dem Titel „Flucht nach drüben“ gab Pohl hier nicht nur einen deutlichen Kommentar zu der immer unüberwindlicher werdenden Grenze zwischen Ost- und Westdeutschland ab, sondern brachte auch die „erhoffte Wirtschaftswunder- und befürchtete Nissenhütten-Realität“ in der Bundesrepublik der fünfziger Jahre ins Bild.[1] Die Flucht erscheint als aussichtslos, der Flüchtende wird von den Dornen durchbohrt – geradezu eine Vision der Grenze mit Todesstreifen und Schießbefehl, wie sie die DDR ab 1961 errichtete. Nach mehrfachen Inhaftierungen wurde Pohl 1965 von der Bundesrepublik freigekauft.

Schießbefehl

Grenzvorfälle und Schießbefehl waren in der DDR Tabuthemen, was die Künstler zu Ausweichstrategien zwang. Derartige Werke blieben entweder im Verborgenen, die Autoren thematisierten die Grenze zwischen den Zeilen oder ihre Bücher erschienen im

Westen, wie Reiner Kunzes (geb. 1933) Prosaband „Die wunderbaren Jahre" von 1976. In bitter-lakonischen Geschichten erzählte der Autor hier vom Alltag junger Menschen in der DDR und in der Erzählung „Schießbefehl" von einem gescheiterten Fluchtversuch, der den Freitod eines Jugendlichen zur Folge hat. Aus der Sicht eines Grenzsoldaten schilderte Katja Lange-Müller (geb. 1951) in ihrer Erzählung „Lebenslauf" nach einer wahren Begebenheit einen tödlichen Vorfall am „antifaschistischen Schutzwall". Ein Grenzbeamter erschießt irrtümlich einen Menschen und kann dies nicht verkraften. Schließlich inszeniert er seine eigene Flucht und liefert sich dabei den Kugeln der Kameraden aus. Die Erzählung erschien 1986 in der Bundesrepublik in dem Band „Wehleid – wie im Leben" und wurde 1988 unter dem Titel „Lebenslauf. Ein Monolog" im Südwestrundfunk als Hörspiel gesendet. Die Autorin, Tochter einer DDR-Funktionärin, war 1984 nach West-Berlin ausgereist.

Hans Ticha, „Die Mauer", Öl auf Leinwand, 156 x 156 cm, DDR, 1980.

Hans Ticha (geb. 1940) gehörte zu den bildenden Künstlern in der DDR, deren Werk inhaltlich wie formal in keiner Hinsicht mit dem sozialistischen Realismus übereinstimmte; dennoch gelang es ihm, in Ost-Berlin als freiberuflicher Künstler zu arbeiten, unter anderem als Buchgrafiker und Kinderbuchautor. Seine systemkritischen Arbeiten entstanden im Verborgenen und wurden vor 1989 nicht gezeigt. Die starkfarbigen, formenvereinfachenden Bilder nutzten das Mittel der ironischen Brechung, um Selbstdarstellung und Rituale des SED-Staates zu karikieren. Um 1979/80 hat sich Ticha in mehreren Studien und Zeichnungen mit dem Erscheinungsbild der deutsch-deutschen Grenze beschäftigt. In diesem Zusammenhang entstand 1980 auch das Ölgemälde „Die Mauer". In einer farbkräftigen, symbolischen Bildsprache ironisierte er hier einerseits das kriegerische Gebaren der DDR-Truppen an der so genannten Friedensgrenze und andererseits die Übernahme althergebrachter militärischer Rituale wie des großen Zapfenstreichs mit Flötenspiel und Trommelwirbel. Westdeutsche Künstler behandelten das Thema „Grenze" nur ausnahmsweise. In erster Linie erregten dramatische Vorfälle ihre Aufmerksamkeit, wie der Tod des jungen Peter Fechter. Im August 1962 war der 18-jährige Maurergeselle beim Versuch, die Berliner Mauer zu überklettern, angeschossen und im Todesstreifen liegen gelassen worden, so dass er verblutete. 1965 fertigte

Wolf Vostell (1932 bis 1998) eine Materialcollage mit dem Titel „Peter Fechter“ aus Leinwandfoto, Spraydosenfarbe, Siebdruck auf Leinwand und Heizsonnenreflektor an. Vostell gehörte zu den westdeutschen Künstlern, die sich wiederholt mit Ereignissen der Zeitgeschichte auseinander setzten.

Die Verletzung thematischer Tabus zog für Künstler in der DDR harte Konsequenzen nach sich. So wurde beispielsweise Roger Loewig (1930 bis 1997) wegen „staatsgefährdender Hetze“ verhaftet und 1963 inhaftiert. Er hatte 1962 in privaten Räumen unter dem Titel „Aus deutscher Geschichte und Gegenwart“ zwanzig Zeichnungen gezeigt, die auch den Bau der Berliner Mauer und damit verbundene menschliche Tragödien behandelten. 1964 erwirkte die Bundesregierung seine Freilassung, doch Loewig blieb zunächst in der DDR. Nach sehr schwierigen Jahren, in denen er aller Wirkungsmöglichkeiten beraubt gewesen war, entschied er sich 1972 zur Ausreise. In seinem graphischen und literarischen Werk haben sich einerseits die Erlebnisse der Flucht 1945 – Loewigs Familie stammte aus dem schlesischen Striegau/Strzegom – und andererseits die Erfahrungen der Enge und Gängelung in der DDR niedergeschlagen. Das wird deutlich in Blättern wie „Eine Getroffene im Kanal“ aus der oben erwähnten Folge von 1962 oder „Gefangener“ von 1971 und auch in seinen Gedichten. 1963 schrieb er: „Jede Brücke war gesperrt, / jede Straße war verriegelt, / jeder Schatten war durchleuchtet, / jeder Strauch war vermint, / jeder Wald war verbrannt, / jedes Floß war versenkt, / jede Mauer schrie: Halt! / Über die Wolken führte noch ein Pfad, / aber am Feld unten standen Posten.“ Entwurzelung, gescheiterte Hoffnungen und das Motiv der Grenze durchziehen sein gesamtes Werk. Kaum verschlüsselt klang das Thema „Tod an der Grenze“ auch in der „Rockballade vom kleinen Otto“ an, die die Mitglieder der Leipziger Rockgruppe Renft 1975 nach dem Verbot der Band illegal produzier-

Roger Loewig, „Eine Getroffene im Kanal“, Rohrfeder und Pinsel in Tusche, 42 x 60 cm, DDR, 1962. © VG Bild-Kunst.

ten. Otto zieht es nach Hamburg, auf der Flucht wird er gefasst, kommt in Haft und macht dann seinem Leben ein Ende: „Nach dem Tütenkleben / Wollt er nicht mehr leben / Er fuhr nach Wittenberge rauf / Und ging in die Elbe / Die Stelle war dieselbe / Vielleicht taucht er in Hamburg wieder auf." In demselben Jahr verließ Bandchef Klaus Jentzsch (geb. 1942) die DDR. Keyboarder Christian Kuhnert (geb. 1952) und Texter Gerulf Pannach (1948 bis 1998) wurden inhaftiert und 1977, Sänger Thomas Schoppe (geb. 1945) 1978, von der Bundesrepublik freigekauft.

Ikarus

Um ihre Arbeiten vor staatlichem Zugriff zu schützen, griffen Künstler in der DDR oft auf Mythen zurück, da die diesen eigene Vieldeutigkeit die Zensur erschwerte. Die Geschichte des Ikarus gehörte zu den beliebtesten Vorlagen und erfuhr zwischen

Wolfgang Mattheuer, „Und die Flügel ziehen himmelwärts", Öl auf Hartfaser, 125 x 100 cm, DDR, 1987. © VG Bild-Kunst.

1978 und 1982 weite Verbreitung in der Kunst der DDR. 1980 fand in Magdeburg eine Ausstellung zu diesem Thema statt, die von den Kulturfunktionären misstrauisch beäugt wurde, da sie hier – ganz richtig – eine politische Stellungnahme vermuteten. Die griechische Sage um den Sohn des Daedalus, der bei der gemeinsamen Flucht aus dem kretischen Labyrinth des Königs Minos mit seinen Wachsflügeln zu nah an die Sonne fliegt und ins Meer stürzt, lässt zahlreiche Deutungen zwischen Aufbruch und Scheitern zu. Der Mythos stand in der DDR für Wagemut und für Erfindungsgeist, für Hoffnungen und für Sehnsüchte, den Drang nach Freiheit und die Flucht aus der Enge. Ebenso konnte er das Versagen technischer und gesellschaftlicher Utopien andeuten und so für die Künstler zu einem Mittel der Staatskritik werden.
Diese Deutungsvielfalt nutzten auch Liedautoren in der DDR. Sie erweiterten dabei das ikarische Motiv oft um andere Sehnsuchtsthemen. In dem lange verbotenen Song „Wand an Wand“ der Gruppe City von 1987 (LP „Casablanca“) erscheint die unerreichbare Frau von nebenan als Metapher für die Sehnsucht nach einer Überwindung der deutsch-deutschen Teilung. Die „Verlorenen Kinder“ in dem gleichnamigen Song der Gruppe Silly von 1989 (LP „Februar“) sehnen sich nach „fernen Ländern“, in die sie gerne zögen, die aber – zwischen den Zeilen gelesen – unerreichbar sind. Auch das Fernweh in dem Song „Nach Süden“ der Gruppe Lift von 1978 (LP „Meeresfahrt“) bleibt unerfüllt und erstarrt im Bild des Schnees. Dies sind nur einige wenige Beispiele. Wie alle Arbeiten Wolf Biermanns (geb. 1936) seit 1965 konnte auch der Lieder- und Gedichtband „Preußischer Ikarus“ nur im Westen erscheinen. Er wurde 1978 in Köln verlegt. In der vor seiner Ausbürgerung entstandenen „Ballade vom preußischen Ikarus“ kommt Biermanns Weigerung zum Ausdruck, die DDR freiwillig zu verlassen: „Und wenn du wegwillst, musst du gehen / Ich hab schon viele abhaun sehn / aus unserm halben Land / Ich halt mich fest hier, bis mich kalt / Dieser verhasste Vogel krallt / und zerrt mich übern Rand.“ Das Cover des Taschenbuchs schmückt ein 1975 entstandenes Foto von Alan Ginsberg, das Biermann auf der Weidendammbrücke in Ost-Berlin vor der Brückenfigur des Adlers zeigt, als wüchsen die „grauen Flügel aus Eisenguss“ aus seinen Schultern.

Unter den bildenden Künstlern in der DDR war es vor allem Wolfgang Mattheuer (1927 bis 2004), der das Ikarus-Thema wiederholt gestaltet hat. Ihn interessierte das Gegensatzpaar von Aufstieg und Fall, denn zum Fliegen gehört das Wissen um die Möglichkeit des Sturzes. Die gescheiterten Flugversuche, die er ins Bild gebannt hat, lassen sowohl politische, gesellschaftliche, philosophische als auch persönliche Deutungen zu. Arbeiten wie „Der Nachbar, der will fliegen" von 1983 oder „Und die Flügel ziehen himmelwärts" von 1987 thematisieren den Wunsch nach Ausbruch aus der gegebenen Situation und aus gesellschaftlicher Enge. Ein dem Gemälde von 1987 sehr ähnlicher Holzschnitt von 1985 war mit „Fluchtversuch" betitelt. Arbeiten dieser Art waren eindeutige politische Kommentare. Mattheuer, der in den achtziger Jahren wie Bernhard Heisig, Willi Sitte und Werner Tübke zu den DDR-Künstlern gehörte, die auch in der Bundesrepublik Anerkennung fanden, fühlte sich „seinem Land" – trotz aller Kritik – zu tief verwurzelt, um es zu verlassen. Der Zusammenhang des Ikarus-Themas mit Motiven der Flucht und Ausreise lässt sich auch an Arbeiten weiterer Künstler ablesen, wie Eckhardt Schwandt, Jürgen Linge, Philip Oeser und Robert Rehfeldt. Durch Roger Loewigs graphisches wie literarisches Werk zieht sich das Ikarus-Motiv wie ein Leitfaden. Dabei knüpfte der Künstler nicht an die bekannte Jünglingsgestalt mit Flügeln an, sondern gewann dem Thema zahlreiche ikonographische Varianten ab. Zwischen 1966 und 1979 entstanden 49 Zeichnungen und Lithographien, in denen der Name Ikarus im Titel vorkommt. Während Mattheuers Ikarus der „Andere" ist, identifizierte sich Loewig mit ihm. Ikarus bedeutete für ihn Jugend, Kraft und Tollkühnheit, der doch das Scheitern innewohnt. Dies hatte auch nach seiner Übersiedlung nach West-Berlin kein Ende, wie die Lithographie „In fremden Zellen alternder Ikarus" von 1972 zeigt. Loewig blieb auch im Westen ein Fremder.

Gehen oder Bleiben

Die Entscheidung, die DDR zu verlassen, fiel trotz guter Gründe nicht leicht. Sollte man für eine ungewisse Zukunft alle Brücken hinter sich abbrechen? Wäre es nicht besser, im eigenen

Land weiter für Veränderungen, Verbesserungen zu wirken? War das Fortgehen ein Versagen oder eine Chance? In einigen Werken thematisierten Künstler diese Zweifel und ihre Zerrissenheit und kritisierten damit zugleich Zustände in der DDR. So kann beispielsweise der DEFA-Film „Die Flucht“ (Regie: Roland Gräf) von 1977 verstanden werden. Dieses Entscheidungsdrama um einen ostdeutschen Facharzt, der aus beruflichen Gründen die DDR verlassen will und sich mit einer westdeutschen Fluchthilfeorganisation einlässt, endet zwar mit dem Tod des Arztes, doch der Film bemüht sich deutlich um Verständnis für seine Nöte und Zweifel. Die Hauptrolle spielte Armin Müller-Stahl, der 1980 selbst in den Westen ging. Wenn die Hoffnung auf Veränderung deshalb verlorengeht, weil die Gesellschaft versagt, erscheinen die, die gehen, nicht als Verräter – und die, die bleiben, tun dies nicht zwangsläufig aus politischer Überzeugung, wie die Geschichte der Heldin in Thomas Braschs Schüler-Drama „Sie geht, sie geht nicht“ von 1970 verdeutlicht: Die unpolitische Studentin Nina ist geneigt, zum Vater in den Westen zu gehen, nur ein Heiratsantrag ihres Verlobten könnte sie daran hindern. Doch dieser, ein SED-Parteisekretär, will ihr nur entgegenkommen, wenn sie aus politischer Überzeugung bliebe. Letztlich geht sie nicht, die Gründe bleiben zwiespältig. Das Stück wurde nach nur zwei Aufführungen in der DDR verboten. In Heiner Müllers (1929 bis 1995) Theaterstück „Der Findling. Nach Kleist“, dem fünften Teil seiner „Wolokolamsker Chaussee“ von 1987, geht es – ähnlich wie in Thomas Braschs Prosawerk „Vor den Vätern sterben die Söhne“ – um das Verhältnis der Jugend zum SED-Staat. Ein junger Mann wird, weil er im Zusammenhang mit dem Prager Frühling Flugblätter verteilt, verurteilt und in Bautzen inhaftiert. Nach der Haft geht er für kurze Zeit in den Westen, dessen oberflächlichen Glamour und kalten Kapitalismus er jedoch ablehnt. Er kehrt in die DDR zurück. Es folgt die Abrechnung mit dem Adoptivvater, einem überzeugten Parteimitglied, der ihn einst denunziert hatte. 1988 schuf A. R. Penck eine Reihe von Lithographien, die assoziativ vor allem Szenen aus dem fünften Teil der „Wolokolamsker Chaussee“ behandeln. 1989 wurde das Stück als Gemeinschaftsproduktion des Südwestfunks, des Bayerischen Rundfunks und des Hessischen Rundfunks in der Bundesrepublik als Hörspiel gesendet. Die „Grenz“-Erfahrung des Weder-

hier-noch-dort drückte Wolf Biermann in einem Lied aus, das noch in der DDR entstand und die Zeile enthält: „Ich möchte am liebsten wegsein und bleibe am liebsten hier". Es erhielt einen besonderen Doppelsinn, als er es 1976 auf dem Kölner Konzert sang, das der SED-Regierung den Anlass zu seiner Ausbürgerung gab. Ein Jahr später antwortete er in einem Interview mit Dietmar Boettcher im Deutschlandfunk auf die Frage, ob er sich schon etwas eingelebt habe, dies sei natürlich nicht der Fall, und beschrieb seine Situation in typisch drastischer Ausdrucksweise: Er sei „vom Regen in die Jauche" gekommen.
Auch westdeutsche Künstler beschäftigte der innere Konflikt, die Frage nach Gehen oder Bleiben der Menschen in Ostdeutschland. Einfache Antworten wurden in diesen Arbeiten in der Regel vermieden. Der persönliche, mit den politischen Gegebenheiten verknüpfte Konflikt der handelnden Personen stand im Vordergrund. Helmut Käutner behandelte in dem 1955 gedrehten Film „Himmel ohne Sterne" die Frage des Gehens oder Bleibens als Zerreißprobe für seine Protagonisten, vor allem für die weibliche Hauptfigur. Sie überquert regelmäßig illegal die „grüne Grenze", um ihren Sohn zu sehen, der im Westen bei den Eltern des im Krieg gefallenen Vaters lebt. Die Sorge um ihre eigenen, bei ihr lebenden Eltern hat sie bislang an der Flucht gehindert, denn „alte Bäume verpflanzt man nicht mehr". Die Ereignisse spitzen sich zu, als sie schließlich nicht mehr auf ihren Jungen verzichten will und sich zudem in einen bundesdeutschen Grenzbeamten verliebt, der sie überzeugt, in den Westen zu fliehen. Beide kommen an der Grenze ums Leben. Der für die damalige Zeit eher sachliche Film erhielt 1955 von der Jury der Evangelischen Filmarbeit das Prädikat „Bester Film des Monats" mit der Begründung, er sei der erste deutsche Film, der mutig das Problem des zweigeteilten Deutschland aufgreife. Unumstritten war der Film nicht, manchem Kritiker war er zu wenig parteiisch geraten. Eine Diskussion löste auch der Fernsehfilm „Besuch aus der Zone" (Regie: Rainer Wolffhardt) aus, gedreht nach einem Roman von Dieter Meichsner und 1958 im Süddeutschen Rundfunk gesendet. Er schildert den Besuch eines Firmenchefs aus der DDR bei seinem ehemaligen, nun im Westen lebenden Geschäftspartner. Hier geht es um Patentraub, Opportunismus, Loyalität und die Frage nach den Konsequenzen einer „Republikflucht". Um seine Angestellten im Osten nicht zu gefährden,

kehrt der Firmenchef wieder in die DDR zurück. Über diesen Film entbrannte eine heftige Debatte im Bundestag. CDU und CSU witterten Ostinfiltration, kritisierten die Darstellung „so genannter westdeutscher Kapitalisten“ und verurteilten eine angeblich verantwortungslose Programmgestaltung des öffentlich-rechtlichen Fernsehens. In den fünfziger Jahren war auch in der Bundesrepublik eine parteiische Haltung von staatlicher Seite erwünscht – aber sie ließ sich nicht erzwingen.

Abschied

Der Abschied war eine nachhaltige und einschneidende Erfahrung für die Menschen, die freiwillig oder unter Zwang die DDR verließen. Hoffnungen und das vertraute soziale und familiäre Umfeld wurden zurückgelassen. Erlittene Enttäuschungen und

Roger Melis fotografierte 1979 die Lyrikerin Sarah Kirsch auf einem Stapel Ausreisekisten.

die Ungewissheit über die Zukunft im „anderen Land" begleiteten die Gehenden. Viele hatten ein „besseres Deutschland" in der DDR erhofft und mussten dieses Scheitern erst verarbeiten. Hinzu kamen die Demütigungen, die das 1975 eingeführte Ausreiseverfahren mit sich brachte. Die widerstreitenden Gefühle vor der Ausreise meint man an den Fotoporträts ablesen zu können, die Roger Melis in den siebziger und achtziger Jahren von den Künstlern Hans-Joachim Schädlich und Manfred Krug (1977), Sarah Kirsch (1979) und Bettina Wegner (1983) machte. Kurt Bartsch (geb. 1937), selbst nach mehrmaligen Konflikten mit den offiziellen Stellen der DDR 1980 ausgereist, fasste diese Empfindungen in einem Gedicht über Sarah Kirsch zusammen, das 1979 in der Bundesrepublik in dem Band „Kaderakte" erschien: „Mit der S-Bahn nach West-Berlin: ZU NEUEN / UFERN. Geröll, die versteinerte Hoffnung / Im Rücken, Vor sich die Weite der Welt: / Rom, das die Wölfe nährt, die es fressen / Unter den Blicken des Engels. Der Tod / Trifft mich nicht, sagt sie, das Leben trifft mich." Die Ausreise thematisierten auch einige der Bleibenden. Der Ost-Berliner Graphiker Martin Hoffmann (geb. 1948) befasste sich in den achtziger Jahren wiederholt mit Eingrenzung, Mauer und Ausreise. Das 1989 entstandene Blatt „Betrifft: Ständige Ausreise" zeigt die wie ausradiert wirkende Silhouette und den Schatten eines Menschen: Der Staat entledigt sich der Ausreisenden, sie verschwinden und müssen die Fragen nach Identität und Zugehörigkeit neu beantworten.

Es war ein langer Abschied. Darin stimmen die Aussagen vieler Betroffener überein, und dies gilt auch für den 1980 ausgereisten Künstler A. R. Penck (geb. 1939), dessen Abschied 1961 mit der ins Kreuzfeuer der Kritik geratenen Ausstellung „Junge Künstler/Malerei" begann. Seine Erfahrungen schilderte er nach der Ausreise in einem Interview: „Die Ausbürgerung ist das Ergebnis eines ziemlich langen Prozesses. Wenn man so will, gibt es eine Linie von der Ausstellung 1961 bis zur Ausbürgerung mit Höhen und Tiefen, die aber alle auf dieses Ziel hinführten. Es war ein ständiger Konflikt. Das Ende ist die Ausbürgerung, als logische Konsequenz der ganzen Entwicklung. Es ist nicht so, dass man von ‚freiwillig' oder ‚zwangsweise' sprechen kann. Es entspricht der Logik des Systems, dass man natürlich selbst den Antrag stellen muss, damit das System frei ist von dem Vorwurf, es hätte einen ausgebürgert."[2] Pencks Arbeiten aus dieser Zeit kreisten oft um die zentralen Themen „Identität" und „Selbstbewahrung", so etwa in dem Gemälde „Ich in Deutschland West" von 1984. In einem Gedicht von 1982 schrieb er: „Der Osten / hat mich ausgespuckt / Der Westen / noch nicht gefressen / jetzt werfe ich / meine Erfahrung / vor die Loewen / ohne den Stolz / des Epiktet / 8 Sprünge / um Beute zu machen / 8 Verbeugungen / nimm dir / was du brauchst."

Die Erfahrung der Ausreise blieb über lange Zeiträume virulent, auch wenn sich die Künstler nicht ständig in ihrem Werk damit auseinander setzten. Peter Herrmann (geb. 1937) erinnerte beispielsweise, vier Jahre nachdem er die DDR verlassen hatte, in dem 1988 entstandenen Gemälde „Zwischen Büchen und Schwanheide" an die Orte, an denen sein Weg in den Westen vorbeigeführt hatte. Einige Künstler und Autoren, wie Klaus Schlesinger, Manfred Krug und Karl Roehricht, verarbeiteten in den neunziger Jahren ihren Übergang von Ost nach West in literarisch-dokumentarischen Werken.

Niemandsland

Viele Künstler haben den Wechsel von Ost nach West als Bruch in ihrer Biografie erfahren. Das Vergangene konnten die wenigsten einfach abstreifen. Verlorenheit, Zerrissenheit und Trauer waren Gefühle, die in diesem Zusammenhang wach wurden. Außerdem war die Ankunft im Westen oft von wirtschaftlichen Unwägbarkeiten, Gefühlen der Enttäuschung und des Scheiterns begleitet. Kaum einer der Ausgereisten oder Geflüchteten fühlte sich im Westen sogleich heimisch, zumal viele Künstler und Intellektuelle dem westlichen Gesellschaftssystem durchaus kritisch gegenüberstanden. Sie blieben auf Distanz und erlebten sich als Nichtangekommene, selbst wenn sie im Kulturbetrieb wieder Fuß fassen konnten. Das Gefühl des Fremdbleibens war aber zuweilen für die Wahrung der künstlerischen und persönlichen Identität notwendig. Thomas Brasch rechnete in seinem Gedicht „ich bin mit 31 jahren in dieses land gekommen" mit dem Kulturbetrieb der Bundesrepublik ab. Auf dem maschinegeschriebenen Manuskript hat er handschriftlich die Bemerkung angefügt:

„Hier werde ich nicht alt." Manche Künstler ließ die überwundene Grenze nicht los, wie Einar Schleef (1944 bis 2001), der 1976 aus der DDR geflohen war. In tagebuchartigen Notizen und kleinformatigen Zeichnungen in der Art von Bildergeschichten hielt er in den achtziger Jahren Beobachtungen und Empfindungen an der West-Berliner Mauer fest, zu der es ihn immer wieder hinzog. Das Thema „Flucht" behandelte er literarisch 1980 und 1984 in dem zweibändigen Prosawerk „Gertrud" und in der Erzählung „Republikflucht" aus dem Band „Die Bande. Zehn Geschichten von deutscher Gegenwart" von 1982. In letzterem beschrieb er unter anderem das bundesdeutsche Aufnahmeverfahren.

Roger Loewig gab seinen Empfindungen der Heimatlosigkeit und der Trauer 1973, ein Jahr nach seiner Übersiedlung in den Westen, in der dreiteiligen Zeichnung „Niemandsland" Ausdruck. Mauer und Grenzstreifen, das reale Niemandsland, findet sich auch im Werk bildender Künstler, die die DDR nicht verließen, so etwa bei Martin Hoffmann, Sighard Gille (geb. 1941) und Wolfgang Peuker (1945 bis 2001). Diese Bilder blieben in der Regel im Verborgenen. Sighard Gilles Ölbild „Berliner Atelierfenster" von 1976 zeigt den Blick von einem Hochhaus an der Leipziger Straße in Berlin-Mitte über den Todesstreifen; in der Ferne erkennt man West-Berlin. Einen Anflug von Schmerz verkörpert der gebeugte Torso, der auch in Wolfgang Peukers Aneignung des Themas „Anatomie einer Stadt – Berlin 1989" erscheint. Die Berliner Grenze brachte Peuker noch in zwei wei-

Aufgeschlagen ein Auszug aus Einar Schleefs „Tagebuch / 14 Tage aus den Jahren 1983 bis 1986", Deckfarbe und Filzstift, abgebildet in dem Katalog „Republikflucht Waffenstillstand Heimkehr", Stiftung Archiv der Akademie der Künste Berlin, 1992.

teren Gemälden ins Bild. Hinter einem Porträt seiner Frau mit dem Titel „A. P., geboren 1949“ von 1986 erkennt man das Brandenburger Tor, und sein „Selbstbildnis im Smoking“ von 1985 gibt im Hintergrund den Blick auf den Grenzstreifen frei.
Auch der Gedanke an Rückkehr erscheint in manchen künstlerischen Arbeiten. Die Protagonisten scheitern aber oder verharren gleichsam im Niemandsland. In Rolf Schneiders (geb. 1932) 1988 in der DDR erschienenem Roman „Jede Seele auf Erden“, einer Satire auf den westlichen Literaturbetrieb, bestimmen Fremdheit und Ausweglosigkeit die Situation der Hauptfigur. Ein ausgereister Schriftsteller versucht in die DDR zurückzukehren und wird dabei an der Grenze von einer Selbstschussanlage getötet. Rolf Schneider lebte seit 1979 mit einem mehrjährigen Visum in der Bundesrepublik. In einem Niemandsland-Zustand verharrt der Protagonist in Gottfried Meinholds (geb. 1936) poetischer Erzählung „die grenze“. Widerstreitende Zweifel und Sehnsüchte führen hier dazu, dass ein potenzieller Flüchtling in dem Grenzort bleibt, von dem aus er fliehen wollte. Der 1969/70 in der DDR verfasste Text erschien erst im Jahr 2000. In Katja Lange-Müllers Erzählung „Kaspar Mauser – Die Feigheit vorm Freund“, 1988 in der Bundesrepublik publiziert, werden Randexistenzen vorgestellt: Eine Frau geht von Ost nach West und bleibt fremd, ein Mann wird nach der Ausreise im Westen zum Totalverweigerer. Auch sie verharren im Niemandsland. Eine bildhaft-symbolische Steigerung erfährt diese Situation in der 1982 veröffentlichten Erzählung „Der Mauerspringer“ von Peter

Sighard Gille, „Berliner Atelierfenster“, Öl auf Hartfaser, 50 x 72,5 cm, DDR, 1976. © VG Bild-Kunst.

Schneider (geb. 1940), der seit 1961 in West-Berlin lebt. Einer seiner Protagonisten fühlt sich weder im Westen noch im Osten wohl. Am Ende balanciert er auf der Mauer. Diese Szene bildete auch den Schluss der Verfilmung, die 1982 in der Bundesrepublik unter dem Titel „Der Mann auf der Mauer“ (Regie: Reinhard Hauff) entstand.

Hoffnung und Sehnsucht nach persönlicher Entfaltung und Freiheit – das war der Antrieb für Millionen Menschen, die DDR zu verlassen. Auch die, die nicht freiwillig gingen, hofften auf Veränderungen, auf eine Liberalisierung, die ihnen vielleicht die Rückkehr erlaubt hätte. Viele künstlerische Werke, die den Themenkomplex „Flucht, Ausreise und Grenze“ behandeln, sind in einem Spannungsfeld angesiedelt, das wesentlich von der Frage nach Gehen oder Bleiben bestimmt ist. Hoffnungen, Zweifel, Ängste und Enttäuschungen waren ständige Wegbegleiter für viele Künstler. Schwarzweiß lässt sich die Situation sowohl für die Dagebliebenen als auch die Ausgereisten in den wenigsten Fällen malen. Trotzige Selbstbehauptung, Klarheit „zwischen den Zeilen“, widerständig-einfallsreiche Nischenbesetzung und die Verweigerung von Anpassung konnten hüben wie drüben Mittel sein, die eigene Situation zu meistern und in der künstlerischen Arbeit Stellung zu beziehen.

Anhang

Anmerkungen

Flucht im geteilten Deutschland

1 Rede von Bundespräsident Theodor Heuss zur Eröffnung des Notaufnahmelagers Marienfelde am 14. April 1953, in: Stiftung Bundespräsident-Theodor-Heuss-Haus Stuttgart, Bundespräsidialamt, Amtszeit Heuss, B 122, 228 (= Bundesarchiv Koblenz).
2 Ansprache des Regierenden Bürgermeisters von West-Berlin, Ernst Reuter, auf einem Neujahrsempfang für die im Rathaus Schöneberg akkreditierten Journalisten, zit. nach „Der Tagesspiegel", 1. Januar 1953.
3 Presseerklärung von Bundesminister Ernst Lemmer in Berlin, zit. nach „Der Tagesspiegel", 2. August 1961.
4 Interview des Staatschefs der DDR, Walter Ulbricht, mit der Londoner Zeitung „Evening Standard", zit. nach „Die Welt", 3. August 1961.
5 Erika von Hornstein: Flüchtlingsgeschichten. 43 Berichte aus den frühen Jahren der DDR. Mit Fotografien von René Burri, Nördlingen 1985, S. 441.
6 Ebenda, S. 443.
7 Fernsehdiskussion von Übersiedlern aus der DDR mit Bundespräsident Richard von Weizsäcker im ZDF, 19. Mai 1988.
8 Als Beispiele für diese älteren Untersuchungen siehe Helmut Arndt: Die volkswirtschaftliche Eingliederung eines Bevölkerungszustroms. Wirtschaftstheoretische Einführung in das Vertriebenen- und Flüchtlingsproblem, Berlin 1954; Regina Bohne: Die dritte Welle. Zahlen zur Flucht aus der Sowjetzone, in: Frankfurter Hefte 8 (1953), S. 278–285; Günter Granicky: Die Zuwanderung aus der Sowjetischen Besatzungszone als konkurrierendes Problem, in: Die Vertriebenen in Westdeutschland. Ihre Eingliederung und ihr Einfluss auf Gesellschaft, Wirtschaft, Politik und Geistesleben, hg. von Eugen Lemberg und Friedrich Edding, Bd. 3, Kiel 1959, S. 475–510.
9 Zu den wichtigen neueren Arbeiten zählen Volker Ackermann: Der „echte" Flüchtling. Deutsche Vertriebene und Flüchtlinge aus der DDR 1945–1961. Studien zur Historischen Migrationsforschung, hg. von Klaus J. Bade, Bd. 1, Osnabrück 1995; Helge Heidemeyer: Flucht und Zuwanderung aus der SBZ/DDR 1945/1949–1961. Die Flüchtlingspolitik der Bundesrepublik bis zum Bau der Berliner Mauer. Beiträge zur Geschichte des Parlamentarismus und der politischen Parteien, Bd. 100, Düsseldorf 1994; Frank Hoffmann: Junge Zuwanderer in Westdeutschland. Struktur, Aufnahme und Integration junger Flüchtlinge aus der SBZ und der DDR in Westdeutschland (1945–1961), Frankfurt a. M. [u.a.] 1999.
10 A. R. Penck: Ich, der Tourist, fast 7 Jahre, 7 JAHRE WEST (Der Übergang), Roman, Bern / Berlin 1990; ders.: Ich in Deutschland West, Dispersion auf Nessel, 600 x 1 200 cm, Bundesrepublik Deutschland, 1984, Museum Ludwig, Köln; Trakia Wendisch: Berlin – Berlin III, Mischtechnik auf Leinwand, 220 x 200 cm, DDR, 1983, Privatsammlung, Berlin.
11 Katja Lange-Müller: Kaspar Mauser – Die Feigheit vorm Freund, Köln 1988.
12 Zur Geschichte der Aussiedler siehe Klaus J. Bade: Ausländer, Aussiedler, Asyl in der Bundesrepublik Deutschland, Hannover 1994; ders. / Jochen Oltmer (Hg.): Aussiedler: Deutsche Einwanderer aus Osteuropa. Schriften des Instituts für Migrationsforschung und interkulturelle Studien (IMIS) der Universität Osnabrück, Bd. 8, Osnabrück 1999; Barbara Dietz / Peter Hilkes: Russlanddeutsche: Unbekannte im Osten, München 1992; Amanda Klekowski von Koppenfels: Willkommene Deutsche oder tolerierte Fremde? Aussiedlerpolitik und -verwaltung in der Bundesrepublik Deutschland seit den 1950er Jahren, in: Migration steuern und verwalten. Deutschland vom späten 19. Jahrhundert bis zur Gegenwart, hg. von Jochen Oltmer, Göttingen 2003, S. 399–419; Thomas Urban: Deutsche in Polen – Geschichte und Gegenwart einer Minderheit, München 2000.

Die Flucht in Zahlen

1 Gedächtnisprotokoll der vertraulichen Sitzung des Bundesratsausschusses für Flüchtlingsfragen am 1. Dezember 1955, Bundesarchiv Koblenz, B 106/24808. In einem Memorandum des Bundestagsausschusses für gesamtdeutsche Fragen zur Lage unter der Flüchtlingsjugend vom 10. November 1955 hieß es, dass viele „illegal" nach Westdeutschland kämen und „nach Schätzungen von Sachkennern die wirkliche Zahl verdoppeln". Parlamentsarchiv, 2. Wahlperiode, 15. Ausschuss, Anlage zum Protokoll der Ausschusssitzung vom 5. Dezember 1955.
2 Vgl. Helge Heidemeyer: Flucht und Zuwanderung aus der SBZ/DDR 1945/1949–1961. Die Flüchtlingspolitik der Bundesrepublik Deutschland bis zum Bau der Berliner Mauer. Beiträge zur Geschichte des Parlamentarismus und der politischen Parteien, Bd. 100, Düsseldorf 1994, S. 58.
3 Statistisches Jahrbuch, 1951 bis 1992.
4 Dietrich Staritz: Geschichte der DDR, Frankfurt a. M. 1985, S. 212f.
5 Vgl. dazu auch den Großteil der Erfahrungsberichte in: Sabine Krätzschmar / Thomas Spanier: Ankunft im gelobten Land. Das erste Mal im Westen, Berlin 2004.

Die menschliche „Sturmflut" aus der „Ostzone"

1 Für die Darstellung wurden vor allem folgende archivalische Quellen verwendet: Bundesarchiv Koblenz, B 136, Bundeskanzleramt, B 149, Bundesministerium für Arbeit und Sozialordnung; Stiftung Archiv der Parteien und Massenorganisationen der DDR im Bundesarchiv Berlin; Archiv für Christlich-Demokratische Politik der Konrad-Adenauer-Stiftung St. Augustin, Depositum Dr. Norbert Blüm. Das Kapitel über die Flucht im Herbst 1989 fußt auf der Arbeit von Hans-Hermann Hertle: Chronik des Mauerfalls. Die dramatischen Ereignisse um den 9. November 1989, Berlin 1996.
2 Helge Heidemeyer: Flucht und Zuwanderung aus der SBZ/DDR 1945/1949–1961. Die Flüchtlingspolitik der Bundesrepublik Deutschland bis zum Bau der Berliner Mauer. Beiträge zur Geschichte des Parlamentarismus und der politischen Parteien, Bd. 100, Düsseldorf 1994.
3 Zu den Motiven für die Flucht aus der DDR siehe den Beitrag von Henrik Bispinck.
4 Zur West-Ost-Migration siehe den Beitrag von Cornelia Röhlke.
5 Siehe dazu den Beitrag von Christine Brecht: „Integration in der Bundesrepublik: Der schwierige Neuanfang".
6 Zum Notaufnahmegesetz siehe den Beitrag von Elke Kimmel.

Motive für Flucht und Ausreise aus der DDR

1 Vgl. dazu den Beitrag „Die Flucht in Zahlen" von Bettina Effner und Helge Heidemeyer.
2 Wolfgang Mischnick: Die Vorgeschichte der DDR-Gründung. „Die Perspektive eines politischen Zeitzeugen", in: Das letzte Jahr der SBZ. Politische Weichenstellungen und Kontinuitäten im Prozess der Gründung der DDR, hg. von Dierk Hoffmann / Hermann Wentker, München 2000, S. 15–24, hier S. 15.
3 Fritz-Georg Jordan an den Vorsitzenden der CDU Sachsen-Anhalt, Josef Wujciak, 16. August 1950, Archiv für Christlich-Demokratische Politik, VII 011, Nr. A 3026.
4 Beide Zitate nach Joachim S. Hohmann: Lehrerflucht aus der SBZ und DDR 1945–1961. Dokumente zur Geschichte und Soziologie sozialistischer Bildung und Erziehung, Frankfurt a. M. [u.a.] 2000, S. 70 bzw. S. 90.
5 Wilfried Seiring: Mein einsamster Geburtstag oder die Wende meines Lebens. Hintergründe und Folgen der Flucht eines Studenten aus Greifswald, in: Zeitgeschichte regional 8 (2004), H. 2, S. 63–68.
6 Jens Murken: Bodenreform in Mecklenburg-Vorpommern, in: Zeitgeschichte regional 3 (1999), H. 1, S. 4–12, hier S. 7.
7 Christian Nieske: Republikflucht und Wirtschaftswunder. Mecklenburger berichten über ihre Erlebnisse 1945 bis 1961, Schwerin 2001, S. 82–85; ders.: Vom Land und seinen Leuten. Leben in einem Mecklenburger Bauerndorf 1750–1953, Schwerin 1997, S. 330–336.

8 Zahlen nach der Tabelle bei Henrik Bispinck: „Republikflucht“: Flucht und Ausreise als Problem für die DDR-Führung, in: Vor dem Mauerbau. Politik und Gesellschaft in der DDR der fünfziger Jahre, hg. von Dierk Hoffmann / Michael Schwartz / Hermann Wentker, München 2003, S. 285–309, hier S. 307.
9 MfS an Ulbricht, Neumann, Honecker, Grüneberg, Röhlig, 23. April 1960: „Bericht über die Entwicklung der Republikflucht in der Zeit vom 1.4.–20.4.1960“, BStU-ZA, MfS-ZAIG, Nr. 247, Bl. 24–34, hier Bl. 31.
10 Leiter der Hauptverwaltung Deutsche Volkspolizei (HV DVP), Dombrowsky, an Hauptabteilung Innere Angelegenheiten, 30. September 1958, Bundesarchiv Berlin, DO 1/34, Nr. 21725.
11 Leiter des Bundesnotaufnahmeverfahrens in Berlin, Begründung für Erteilung der Aufenthaltserlaubnis, 26. Juni 1959, BStU-ZA, MfS-AS, Nr. 231/63, Bd. II, Bl. 5f.
12 Zitate nach Michael Rauhut: Rock in der DDR 1964 bis 1989, Bonn 1992, S. 25, 30f.
13 Hartmut Richter in einem Interview vom 23. November 2004.
14 Uwe Bennies in einem Interview vom 23. November 2004.
15 Zitate: Leiter der Hauptabteilung K der HV DVP, Odpadlik, 15. April 1959, Bundesarchiv Berlin, DO 1/34, Nr. 21719; G. A. an ihren Vorgesetzten, 20. April 1959, BStU-ZA, MfS-AS, Nr. 2453/67, Bl. 101.
16 Zit. nach Hermann Weber: Die DDR 1945–1990, 3. Aufl., München 2000, S. 100.
17 Brief von L. S., 28. Juli 1956, BStU-ZA, MfS-AS, Nr. 26/59, Bl. 30.
18 Uwe Bennies in einem Interview am 23. November 2004.
19 Karl-Heinz Baum: Die Integration von Flüchtlingen und Übersiedlern in die Bundesrepublik Deutschland, in: Materialien der Enquete-Kommission „Überwindung der Folgen der SED-Diktatur im Prozess der deutschen Einheit“, Bd. VIII, 1, hg. vom Deutschen Bundestag, Baden-Baden 1999, S. 511–706, hier S. 521.
20 Abschiedsbrief des Arztes Dr. R. H. an seinen Vorgesetzten, 12. Mai 1959, BStU-ZA, MfS-AS, Nr. 2453/67, Bl. 54.
21 So Corey Ross: Constructing Socialism at the Grass-Roots. The Transformation of East Germany 1945–65, Basingstoke / London 2000, S. 153 („Alternative homeland“).

Wege in den Westen

1 Albert Hirschman: Abwanderung, Widerspruch und das Schicksal der Deutschen Demokratischen Republik. Ein Essay zur konzeptuellen Geschichte, in: Leviathan 20 (1992), S. 330–358.
2 Vgl. Stefan Wolle: Grenzerfahrungen. Der Bahnhof Friedrichstraße als imaginäres Museum der Erinnerungen, in: Vom Mauerbau zum Mauerfall. Ursachen – Verlauf – Auswirkungen, hg. von Hans-Hermann Hertle / Konrad H. Jarausch / Christoph Kleßmann, Berlin 2002, S. 165–172.
3 Dank an alle, die über ihre Flucht- und Ausreisegeschichten Auskunft gegeben haben. Wenn nicht anders angegeben, stammen die folgenden Zitate aus Zeitzeugen-Interviews der Erinnerungsstätte Notaufnahmelager Marienfelde.
4 Vgl. Ulrike Bretz [u.a.] (Hg.): Bewegliche Habe. Zur Ethnografie der Migration, Tübingen 2003.
5 Vgl. Patrick Major: Torschlusspanik und Mauerbau. „Republikflucht“ als Symptom der zweiten Berlinkrise?, in: Sterben für Berlin? Die Berliner Krisen 1948–1958, hg. von Burghard Ciesla / Michael Lemke / Thomas Lindenberger, Berlin 1999, S. 221–243.
6 Vgl. Achim Walther / Joachim Bittner: Heringsbahn. Die innerdeutsche Grenze im Raum Hötensleben / Offleben / Schöningen 1945–1952, 3. Aufl., Schöningen 2001.
7 Vgl. Corey Ross: „... sonst sehe ich mich veranlasst, auch nach dem Westen zu ziehen“: „Republikflucht“, SED-Herrschaft und Bevölkerung vor dem Mauerbau, in: Deutschland Archiv 34 (2001), S. 613–627.
8 Beim Versuch des illegalen Verlassens der Republik gestellt, in: Der Schöffe. Zeitschrift für Schöffen und Schiedsmänner 5 (1958), H. 3, S. 101f.
9 Vgl. Bernd Eisenfeld / Roger Engelmann: 13. August 1961: Mauerbau, Fluchtbewegung und Machtsicherung, hg. von der Bundesbeauftragten für die Unterlagen des Staatssicherheitsdienstes der ehemaligen DDR, Berlin 2001.

10 Vgl. Werner Filmer / Heribert Schwan: Opfer der Mauer. Die geheimen Protokolle des Todes, München 1991.
11 Vgl. Maria Nooke: Der verratene Tunnel. Geschichte einer verhinderten Flucht im geteilten Berlin, Bremen 2002.
12 Marion Detjen: Fluchthelfer nach dem Mauerbau. Grenzgänger im deutsch-deutschen Beziehungsgeflecht, in: Deutschland Archiv 35 (2002), S. 799–806.
13 Vgl. Bernd Eisenfeld: Die Zentrale Koordinierungsgruppe. Bekämpfung von Flucht und Übersiedlung, Berlin 1995.
14 Vgl. Monika Tantzscher: Die verlängerte Mauer. Die Zusammenarbeit der Sicherheitsdienste der Warschauer-Pakt-Staaten bei der Verhinderung von „Republikflucht", Berlin 1998.
15 Erhard Raschke: Meine Flucht aus der DDR in den Westen, Magdeburg 2000.
16 Wolfgang Welsch: Ich war Staatsfeind Nr. 1. Als Fluchthelfer auf der Todesliste der Stasi, Frankfurt a. M. 2001.
17 Gerhard Riege: Das Staatsbürgerschaftsrecht der DDR, 2. Aufl., Berlin 1986, S. 320.
18 MfS-Befehl Nr. 6/77 zur Vorbeugung, Verhinderung und Bekämpfung feindlich-negativer Handlungen im Zusammenhang mit rechtswidrigen Versuchen von Bürgern der DDR, die Übersiedlung nach nichtsozialistischen Staaten und Westberlin zu erreichen, 18. März 1977, BStU, MfS-BdL/Dok. Nr. 004791.
19 Vgl. Bernd Eisenfeld: Die Ausreisebewegung – eine Erscheinungsform widerständigen Verhaltens, in: Zwischen Selbstbehauptung und Anpassung. Formen des Widerstandes und der Opposition in der DDR, hg. von Ulrike Poppe / Rainer Eckert / Ilko-Sascha Kowalczuk, Berlin 1995, S. 192–221.
20 Vgl. Elker Schmidt: „Die unerträgliche Last der Staatsbürgerschaft", Jenas Weißer Kreis, ein herzerfrischendes Überlisten des Staatsapparates, in: Gerbergasse 18 – Forum für Geschichte und Kultur 2 (1996), H. 2, S. 13–15.
21 Vgl. Wolfgang Mayer: Flucht und Ausreise. Botschaftsbesetzung als wirksame Form des Widerstands und Mittel gegen die politische Verfolgung in der DDR, Berlin 2002.
22 Vgl. Ludwig A. Rehlinger: Freikauf. Die Geschäfte der DDR mit politisch Verfolgten 1963–1989, Berlin / Frankfurt a. M. 1991; Maximilian Horster: The Trade in Political Prisoners between the Two German States, 1962–89, in: Journal of Contemporary History 39 (2004), S. 403–424.
23 Welsch: Staatsfeind Nr. 1, S. 188f.

Integration in der Bundesrepublik: Der schwierige Neuanfang

1 Zit. nach Christian Nieske: Republikflucht und Wirtschaftswunder. Mecklenburger berichten über ihre Erlebnisse 1945 bis 1961, Schwerin 2001, S. 164.
2 Tina Österreich: Luftwurzeln. Ein „Umzug" von Deutschland nach Deutschland, Böblingen 1987, S. 7, 9.
3 Vgl. Karl Heinz Baum: Die Integration von Flüchtlingen und Übersiedlern in die Bundesrepublik Deutschland, in: Materialien der Enquete-Kommission „Überwindung der Folgen der SED-Diktatur im Prozess der deutschen Einheit", Bd. VIII, 1, hg. vom Deutschen Bundestag, Baden-Baden 1999, S. 511–641.
4 Vgl. Volker Ackermann: Integration: Begriff, Leitbilder, Probleme, in: Neue Heimat im Westen: Vertriebene, Flüchtlinge, Aussiedler, hg. von Klaus J. Bade, Münster 1990, S. 14–36.
5 Franz Thedieck: Wer ist „politischer Flüchtling"?, RIAS, 30. März 1957, abgedruckt in: Bulletin des Presse- und Informationsamtes der Bundesregierung, Nr. 63, 2. April 1957, S. 541. Zitat S. 542f.
6 Vgl. Helge Heidemeyer: Flucht und Zuwanderung aus der SBZ/DDR 1945/49–1961. Die Flüchtlingspolitik der Bundesrepublik Deutschland bis zum Bau der Berliner Mauer. Beiträge zur Geschichte des Parlamentarismus und der politischen Parteien, Bd. 100, Düsseldorf 1994.
7 Paul Lücke: Rede vor dem Bundestag am 26. Februar 1958, in: Verhandlungen des Deutschen Bundestages. Stenographische Berichte, Bd. 39, 3. Wahlperiode, 13. Sitzung am 26. Februar 1958, S. 568–576, Zitat S. 569.
8 Vgl. Frank Hoffmann: Junge Zuwanderer in Westdeutschland. Struktur, Aufnahme und Integration junger Flüchtlinge aus der SBZ und der DDR in Westdeutschland (1945–1961), Frankfurt a. M. [u.a.] 1999.

9 Ludwig Landsberg: Das Gesicht des jugendlichen Flüchtlings, in: Jugend zwischen Ost und West, hg. von Harald von Königswald, Troisdorf 1956, S. 23–35, Zitat S. 25.
10 Konrad Grundmann: Es muss gehen, und es wird gehen! Rede im Landes-Durchgangswohnheim Massen am 17. August 1961, in: Der Wegweiser. Zeitschrift für das Vertriebenen- und Flüchtlingswesen 14 (1961), S. 172.
11 Vgl. Volker Ackermann: Der „echte" Flüchtling. Deutsche Vertriebene und Flüchtlinge aus der DDR 1945–1961. Studien zur Historischen Migrationsforschung, hg. von Klaus J. Bade, Bd. 1, Osnabrück 1995, S. 265–280.
12 Horst-Günter Kessler / Jürgen Miermeister: Vom „Großen Knast" ins „Paradies"? DDR-Bürger in der Bundesrepublik. Lebensgeschichten, Reinbek bei Hamburg 1983, S. 10.
13 Frithjof Heller: Aber das Wasser trägt uns. Zur Erfahrung des Übersiedelns von Ost nach West, unveröffentlichtes Manuskript, Heidelberg 1986, Matthias-Domaschk-Archiv, TH 5.
14 Kristina Pratsch / Volker Ronge: Arbeit finden sie leichter als Freunde. DDR-Übersiedler der 84er Welle nach einem Jahr im Westen, in: Deutschland Archiv 18 (1985), S. 716–725.
15 Zit. nach Kessler / Miermeister: Vom „Großen Knast", S. 163.
16 Klaus S., 29, in: Wenn die Fremde nicht zur Heimat wird. Über DDR-Bürger, die zurückkehren wollen, RIAS, 3. Mai 1988.
17 Junger Mann aus Sachsen, in: Heimweh nach drüben. Übersiedler schildern ihren Neuanfang, Deutschlandfunk, 30. Juni 1988.
18 Heller: Aber das Wasser trägt uns.
19 Bernd Eisenfeld, in: Wenn die Fremde nicht zur Heimat wird.
20 Thomas Saur: Gezielte Eingliederungshilfen für DDR-Zuwanderer, in: Zehn Jahre Eingliederungsarbeit mit Aussiedlern und DDR-Zuwanderern – Rückblick und Perspektiven, hg. von Walter Lanquillon im Auftrag des Diakonischen Werkes der EKD, Stuttgart 1987, S. 142–149, Zitat S. 146.
21 Volker Ronge: Von drüben nach hüben. DDR-Bürger im Westen, Wuppertal 1985, S. 31.

Entscheidung für den Osten

1 Volker Ackermann: Der „echte" Flüchtling. Deutsche Vertriebene und Flüchtlinge aus der DDR 1945–1961. Studien zur Historischen Migrationsforschung, hg. von Klaus J. Bade, Bd. 1, Osnabrück 1995, S. 214ff.
2 Andrea Schmelz: Migration und Politik im geteilten Deutschland während des Kalten Krieges. Die West-Ost-Migration in die DDR in den 1950er und 1960er Jahren, Opladen 2002, S. 59f.
3 Jörg Roesler: „Abgehauen". Innerdeutsche Wanderungen in den fünfziger und neunziger Jahren und deren Motive, in: Deutschland Archiv 36 (2003), S. 563–574, hier S. 566f.
4 So die Sprecherin des Ministeriums für innerdeutsche Beziehungen, in: ZEIT-Magazin, 27. Oktober 1989, S. 14. Zu den Problemen, die eine berufliche und soziale Eingliederung im Westen erschwerten, siehe den Beitrag von Christine Brecht: „Integration in der Bundesrepublik: Der schwierige Neuanfang".
5 Schmelz: Migration, S. 303ff., 189ff.
6 Interview mit Erwin Mögelin, 4. Juli 2002, Erinnerungsstätte Notaufnahmelager Marienfelde.
7 Interview mit Margareta Schönherz, 15. April 2004, Erinnerungsstätte Notaufnahmelager Marienfelde.
8 Bericht des Bundesnachrichtendienstes von 1959, S. 31, Bundesarchiv Koblenz, B 137/10123.
9 Vgl. Schmelz: Migration, S. 250ff.
10 Helge Heidemeyer: Flucht und Zuwanderung aus der SBZ/DDR 1945/1949–1961. Die Flüchtlingspolitik der Bundesrepublik Deutschland bis zum Bau der Berliner Mauer. Beiträge zur Geschichte des Parlamentarismus und der politischen Parteien, Bd. 100, Düsseldorf 1994, S. 192ff.; Ackermann: Der „echte Flüchtling", S. 225f.
11 Anna-Katharina Jung: „... das bessere Deutschland". Motive westdeutscher Künstler für ihre Übersiedlung in die DDR, in: Klopfzeichen. Kunst und Kultur der 80er Jah-

re in Deutschland. Begleitbuch zur Doppelausstellung Mauersprünge und Wahnzimmer, hg. im Auftrag der Bundeszentrale für politische Bildung, Leipzig 2002, S. 145–159, 145ff.

12 Wolfgang Kieling: Stationen, Wien 1986, S. 201ff.

13 Butz Peters: RAF: Terrorismus in Deutschland, Stuttgart 1991, S. 11ff.

14 Schmelz: Migration, S. 138ff.

15 Bernd Eisenfeld / Roger Engelmann: 13. August 1961: Mauerbau. Fluchtbewegung und Machtsicherung, hg. von der Bundesbeauftragten für die Unterlagen des Staatssicherheitsdienstes der ehemaligen DDR, Berlin 2001, S. 26f.

16 Interview mit Margareta Schönherz

17 Jens Müller: Übersiedler von West nach Ost in den Aufnahmeheimen der DDR am Beispiel Barbys. Sachbeiträge, Teil 15, hg. von der Landesbeauftragten für die Unterlagen des Staatssicherheitsdienstes der ehemaligen DDR in Sachsen-Anhalt, Magdeburg 2000, S. 13; Schmelz: Migration, S. 225f.

18 Müller: Übersiedler, S. 13.

19 „Neues Deutschland", 6. März 1985.

20 „Neues Deutschland", 8. März 1985.

Das Notaufnahmeverfahren

1 Verhandlungen des Deutschen Bundestages. Stenographische Berichte, Bd. 3, 1. Wahlperiode, 52. Sitzung am 27. März 1950, S. 1879–1890, Zitat S. 1881 (Korspeter), Bd. 2, 1. Wahlperiode, 27. Sitzung am 18. Januar 1950, S. 842-851, Zitat S. 844 (Dehler).

2 Gesetz über die Notaufnahme von Deutschen in das Bundesgebiet, in: Bundesgesetzblatt, Teil I, 26. August 1950, S. 367f., Zitat S. 367.

3 Das Agententhema griff wenig später auch die bunte Presse gern auf; vgl. „Rote Agenten unter uns. Lübeck: Tor und Ohr des Ostens", in: „Stern" Nr. 38, 23. September 1951, und „Rote Agenten unter uns. Das Quartett war mir verdächtig. Stern-Reporter entlarvt Kieler Agentengruppe Schleswig-Holstein", in: „Stern" Nr. 39, 30. September 1951.

4 Im Folgenden wird der Ablauf des Verfahrens im Notaufnahmelager Marienfelde in den 1950er Jahren geschildert.

5 Günter Schneider: Morbidität an Tuberkulose im Berliner Flüchtlingslager, Diss. Berlin 1963.

6 Begründung des Aufnahmeausschusses bezüglich des Antrags von Hans-Dieter D., 3. Februar 1958, Bundesverwaltungsamt Gießen.

7 Alliierte Kommandantur Berlin: Erklärung über die Grundsätze der Beziehungen der Stadt Groß-Berlin zu der Alliierten Kommandantur, 14. Mai 1949, in: Berlin. Quellen und Dokumente 1945–1951. Schriftenreihe zur Berliner Zeitgeschichte, Bd. 4, 2. Halbbd., hg. im Auftrag des Senats von Berlin, Berlin 1964, Dokument Nr. 988, S. 1726–1729, Zitat S. 1727.

8 Schreiben des Bundesministers für Vertriebene, Flüchtlinge und Kriegsgeschädigte, Dr. Hans Lukaschek, an den Ausschuss für gesamtdeutsche Fragen vom 8. Mai 1952, Bundesarchiv Koblenz, B 150/4107, Heft 1, Bl. 38, S. 2.

9 Schreiben des Senatsdirektors Dr. G. Klein an Bürgermeister Amrehn vom 17. Februar 1956, Landesarchiv Berlin, B Rep. 002. Nr. 4800.

10 Schreiben des Sozialsenators Kreil an den Regierenden Bürgermeister von Berlin, Otto Suhr, vom 1. März 1956, Landesarchiv Berlin, B Rep. 002, Nr. 12171.

11 Schreiben des Senatsdirektors Dr. G. Klein an Bürgermeister Amrehn vom 17. Februar 1956.

12 Schreiben des Leiters des Notaufnahmeverfahrens in Berlin, Dr. Zimmer, an den Bundesminister für Vertriebene, Flüchtlinge und Kriegsgeschädigte vom 16. Mai 1955, Bundesarchiv Koblenz, B 150/4107, Heft 1, Bl. 63.

13 Ablehnungsbescheid des Beschwerdeausschusses, 28. Oktober 1953, privat.

14 Zitat aus einem Bericht des Bundesministers für Vertriebene, Flüchtlinge und Kriegsgeschädigte vom 27. Dezember 1951, in: Verhandlungen des Deutschen Bundestages. Anlagen zu den stenographischen Berichten: Drucksachen, Bd. 15, 1. Wahlperiode, Drucksache Nr. 2959.

15 Schreiben des Senatsdirektors Geisthardt an den Senator für Soziales, Otto Bach, vom 10. Juli 1951, Landesarchiv Berlin, B Rep. 008, Acc. 741–344.
16 Denkschrift des Leitenden Provinzialpfarrers für evangelische Flüchtlingsseelsorge, Karl Ahme: Gedanken zum Notaufnahmeverfahren in Berlin, Februar 1957, hier vor allem S. 8, Landeskirchliches Archiv Berlin-Brandenburg, 1/1–185: Akten betr. Flüchtlinge 1954–1957.
17 Vgl. Bundesministerium für Vertriebene, Flüchtlinge und Kriegsgeschädigte (Hg.): 1949–1969. 20 Jahre Bundesministerium für Vertriebene, Flüchtlinge und Kriegsgeschädigte, o. O., o. J., S. 41: Die Zahl der Abgelehnten fiel von 62,6 Prozent 1950 auf 1,5 Prozent 1959.
18 Vgl. Elke Kimmel: Alltag im Lager Marienfelde, in: 1953–2003. 50 Jahre Notaufnahmelager Marienfelde, hg. von der Erinnerungsstätte Notaufnahmelager Marienfelde, Berlin 2003, S. 19–40, hier S. 24–37.

Im Vorzimmer des Westens – das Notaufnahmelager Marienfelde

1 Vermerk der Berliner Senatsverwaltung für Arbeit und Sozialwesen über die in Bonn geführten Verhandlungen wegen des Notaufnahmelagers (Durchgangslager) in Berlin, 26. Mai 1952, Erinnerungsstätte Notaufnahmelager Marienfelde.
2 Fernschreiben des Regierenden Bürgermeisters von Berlin, Ernst Reuter, an Bundeskanzler Konrad Adenauer, 26. Juli 1952, Bundesarchiv, B 136/813, Bl. 152.
3 Das Tor zur Freiheit. Das Notaufnahmelager Marienfelde, Feature von Otto Langels (Autor) und Marcus Heumann (Redaktion), DeutschlandRadio/Deutschlandfunk, 15. April 2003.
4 Dienstblattverfügung der Berliner Senatsverwaltung für Arbeit und Sozialwesen über die Versorgung und Betreuung der Vertriebenen, Heimatvertriebenen, Sowjetzonenflüchtlinge und Zuwanderer ohne Aufenthaltserlaubnis in Berlin, 23. Dezember 1960, Landesarchiv Berlin, B Rep. 077, Nr. 798–797.
5 Das Tor zur Freiheit. Das Notaufnahmelager Marienfelde, Feature von Otto Langels (Autor) und Marcus Heumann (Redaktion), DeutschlandRadio/Deutschlandfunk, 15. April 2003.
6 Siehe unter anderem: „Zu wenig Hilfe im Notaufnahmelager", in: „Berliner Morgenpost", 27. Februar 1975; „Die Missstände in Marienfelde sind nur untypische Pannen", in: „Spandauer Volksblatt", 27. April 1976; „Kritik an Bürokratie und Enge im Aufnahmelager", in: „Berliner Morgenpost", 14. Mai 1976.
7 Protokoll der Arbeitsbesprechung im Durchgangsheim für Aussiedler und Zuwanderer vom 12. Januar 1984, Landesarchiv Berlin, B Rep. 077, Nr. 38.

„Feindobjekt" Marienfelde

1 Bericht und Anhang, 6. Februar 1965, BStU 1725/64, Bd. 9, Bl. 296–317.
2 Rolf Steininger: Deutsche Geschichte. Darstellung und Dokumente in vier Bänden, Bd. 4, Frankfurt a. M. 2002, S. 295.
3 Hervorgegangen war das MfS aus der Hauptverwaltung zum Schutz der Volkswirtschaft und dem Kommissariat 5 (K 5) der Deutschen Volkspolizei. Das Kommissariat 5 wurde 1947 gegründet und fungierte als politische Polizei. Matthias Judt (Hg.): DDR-Geschichte in Dokumenten. Beschlüsse, Berichte, interne Materialien und Alltagszeugnisse, Berlin 1997, S. 438.
4 Jens Gieseke: Die DDR-Staatssicherheit. Schild und Schwert der Partei, Bonn 2000, S. 54f., 86f.
5 Judt: DDR-Geschichte, S. 438f.; Gieseke: Staatssicherheit, S. 5–8.
6 Überwachen, unterdrücken, spionieren. Diesseits und jenseits der Mauer. Wanderausstellung des Berliner Landesbeauftragten für die Unterlagen des Staatssicherheitsdienstes der ehemaligen DDR, Berlin 1998, S. 16–31; Siegfried Suckut: Das Wörterbuch der Staatssicherheit. Definitionen zur „politisch-operativen Arbeit", Berlin 1996, S. 121f.
7 In der Bundesrepublik wurden die Planungen für einen Tag X übrigens nie geleugnet. Dort herrschte Konsens darüber, dass es in der DDR von selbst zum politischen und

wirtschaftlichen Zusammenbruch kommen würde. In Bonn traf man deshalb Anfang der fünfziger Jahre Vorbereitungen, um in diesem Falle den Osten Deutschlands wieder in einen gesamtdeutschen Staat zu integrieren. Burghard Ciesla (Hg.): „Freiheit wollen wir". Der 17. Juni 1953 in Brandenburg, Berlin 2003, S. 10–16, 47f.

8 „Der UfJ war ein Zusammenschluss aus der DDR geflüchteter Juristen und Verwaltungsfachleute, die im Staatsdienst, als Anwälte oder in der Wirtschaft gearbeitet hatten, jedoch Gegner des dort herrschenden Systems waren." Der Untersuchungsausschuss wurde im Oktober 1949 in West-Berlin gegründet. Die politische und finanzielle Unterstützung kam von der Bundesregierung, dem Berliner Senat und den USA. Rüdiger Henkel: Was treibt den Spion? Spektakuläre Fälle von der „Schönen Sphinx" bis zum „Bonner Dreigestirn", Berlin 2001, S. 424.

9 Vgl. Siegfried Mampel: Der Untergrundkampf des Ministeriums für Staatssicherheit gegen den Untersuchungsausschuss Freiheitlicher Juristen in West-Berlin, 4. neubearbeitete und wesentlich erweiterte Aufl., Berlin 1999, S. 89–101; Henkel: Spion, S. 422–428; Personalakte Heinz Volpert, BStU, MfS-KS I, Signatur 6/87, Bd. 1–2.

10 Dierk Hoffmann / Michael Schwartz / Hermann Wentker (Hg.): Vor dem Mauerbau. Politik und Gesellschaft in der DDR der fünfziger Jahre, München 2003, S. 149–164.

11 Arbeitsrichtlinie, 5. Mai 1959, BStU, BVS-Berlin, Signatur 722/59, Bl. 1.

12 Ebenda, Bl. 5.

13 „B.Z.", 29. März 1956.

14 Paul Maddrell: Blütezeit der Spionage. Westliche Nachrichtendienste im geteilten Deutschland 1945–1961, in: Duell im Dunkeln. Spionage im geteilten Deutschland, hg. von der Stiftung Haus der Geschichte der Bundesrepublik Deutschland / Zeitgeschichtliches Forum Leipzig, Köln / Weimar / Wien 2002, S. 29.

15 Ebenda, S. 25.

16 Henkel: Spion, S. 428–430.

17 Bericht „Dr. Lutter", 13. Juni 1964, BStU, MfS, Signatur 1725/64, Bl. 118–120.

18 Henkel: Spion, S. 427–432; Mampel: Untergrundkampf, S. 89–101; vgl. auch den mehrbändigen Bestand zu Schlicht, BStU, MfS, Signatur 1725/64.

19 Bestand Schlicht.

20 Vorschlag, 3. Februar 1971, BStU, MfS, Signatur 8915/91, Bd. 11, Bl. 24–26.

21 Befehl Nr. 1/75, 15. Dezember 1975, BStU, MfS-BdL/Dok., Signatur 004806, Bl. 1.

22 Bernd Eisenfeld: Die Zentrale Koordinierungsgruppe. Bekämpfung von Flucht und Übersiedlung, in: Anatomie der Staatssicherheit. Geschichte, Struktur und Methoden. MfS-Handbuch, hg. von Klaus-Dietmar Henke [u.a.], 2. Aufl., Berlin 1996, S. 3–10.

23 Vgl. hierzu diverse Auskunftsersuchen, IM-Vorlaufakten und Berichte im Bestand der BStU; Arik K. Komets: Das Notaufnahmelager Marienfelde im Visier der Stasi. Die MfS Aufklärungsmethoden zur Gewinnung von IM, Broschüre der Erinnerungsstätte, Bd. IV, Berlin 2001.

24 Nachrichtendienstliche Infiltration der Flüchtlinge im Lager Marienfelde, Übersetzung aus dem Polnischen, o. J., BStU, MfS-HA II, Signatur 29633, Bl. 1–131; für Beispiele für Lagepläne und Phantomzeichnungen vgl. Komets: Visier, Bd. IV, S. 98; Bericht Notaufnahmelager Marienfelde, o. J., BStU, MfS-HA IX, Signatur 3251, Bl. 2–61; Politisch-operatives Auskunftsmaterial, 15. August 1979, sowie verschiedene Fotos, BStU, MfS-ZKG, Signatur 2259, Bl. 2–210.

25 Vgl. Vermerke, Anweisungen, Berichte und Mitschnitte, April/Mai 1988, BStU, MfS-ZKG, Signatur 2281, Bl. 26–44.

26 Arik K. Komets: Das Notaufnahmelager Marienfelde im Visier der Stasi. Die MfS-Aufklärungsmethoden zum „Objekt" Notaufnahmelager Marienfelde, Broschüre der Erinnerungsstätte, Bd. III, Berlin 2002, S. 14–59.

Flucht und Ausreise im Spiegel der Kunst

1 Günter Feist in einem Brief an den Kurator der neuen Dauerausstellung der Erinnerungsstätte Notaufnahmelager Marienfelde, 24. Januar 2005.

2 Staatliche Kunstsammlungen Dresden (Hg.): Ausgebürgert. Künstler aus der DDR und aus dem Sowjetischen Sektor Berlins 1949–1989, mit einleitenden Texten von Werner Schmidt, Dresden 1990, S. 41.

Glossar

BStU	Bundesbeauftragte(r) für die Unterlagen des Staatssicherheitsdienstes der ehemaligen Deutschen Demokratischen Republik
AS	Allgemeine Sachablage (Sachakten, Objektakten, Vorgangshefte)
KS I	Personalakten über ehemals leitende Angehörige des MfS
CDU	Christlich-Demokratische Union
ČSR	Tschechoslowakische Republik
ČSSR	Tschechoslowakische Sozialistische Republik
DDR	Deutsche Demokratische Republik
DVP	Deutsche Volkspolizei
FDJ	Freie Deutsche Jugend
KPD	Kommunistische Partei Deutschlands
KSZE	Konferenz über Sicherheit und Zusammenarbeit in Europa
LDP	Liberal-Demokratische Partei
LPG	Landwirtschaftliche Produktionsgenossenschaft
MfS	Ministerium für Staatssicherheit
BdL	Büro der Leitung – Büro des Ministers für Staatssicherheit bzw. des Leiters einer Bezirksverwaltung, gegründet 1956
BVS	Bezirksverwaltung für Staatssicherheit
HA	Hauptabteilung
HV	Hauptverwaltung
IM	Inoffizieller Mitarbeiter
K	Kriminalpolizei
SSD	Staatssicherheitsdienst
ZA	Zentralarchiv
ZAIG	Zentrale Auswertungs- und Informationsgruppe
ZKG	Zentrale Koordinierungsgruppe
NS	Nationalsozialismus
PDS	Partei des Demokratischen Sozialismus
RAF	Rote Armee Fraktion
Rep.	Repositur
SBZ	Sowjetische Besatzungszone
SED	Sozialistische Einheitspartei Deutschlands

SPD	Sozialdemokratische Partei Deutschlands
StUG	Gesetz über die Unterlagen des Staatssicherheitsdienstes der ehemaligen Deutschen Demokratischen Republik (Stasi-Unterlagen-Gesetz)
UfJ	Untersuchungsausschuss Freiheitlicher Juristen

Literatur

Volker Ackermann: Der „echte" Flüchtling. Deutsche Vertriebene und Flüchtlinge aus der DDR 1945–1961. Studien zur Historischen Migrationsforschung, hg. von Klaus J. Bade, Bd. 1, Osnabrück 1995.

Karl Heinz Baum: Die Integration von Flüchtlingen und Übersiedlern in die Bundesrepublik Deutschland, in: Materialien der Enquete-Kommission „Überwindung der Folgen der SED-Diktatur im Prozess der deutschen Einheit", Bd. VIII, 1, hg. vom Deutschen Bundestag, Baden-Baden 1999, S. 511–641.

Burghard Ciesla (Hg.): „Freiheit wollen wir". Der 17. Juni 1953 in Brandenburg, Berlin 2003.

Friedrich Christian Delius / Peter Joachim Lapp: Transit Westberlin. Erlebnisse im Zwischenraum, Berlin 1999.

Bernd Eisenfeld: Gründe und Motive von Flüchtlingen und Ausreiseantragstellern aus der DDR, in: Deutschland Archiv 37 (2004), S. 89–105.

Bernd Eisenfeld / Roger Engelmann: 13. August 1961: Mauerbau, Fluchtbewegung und Machtsicherung, hg. von der Bundesbeauftragten für die Unterlagen des Staatssicherheitsdienstes der ehemaligen DDR, Berlin 2001.

Erinnerungsstätte Notaufnahmelager Marienfelde (Hg.): Escape to Freedom. The History of the Marienfelde Refugee Centre Berlin, Berlin 2001.

Dies. (Hg.): Fluchtziel Berlin. Die Geschichte des Notaufnahmelagers Berlin-Marienfelde, Berlin 2000.

Dies. (Hg.): 1953–2003. 50 Jahre Notaufnahmelager Marienfelde, Berlin 2003.

Werner Filmer / Heribert Schwan: Opfer der Mauer. Die geheimen Protokolle des Todes, München 1991.

Birgit Frech: Die Berliner Mauer in der Literatur. Eine Untersuchung ausgewählter Prosawerke seit 1961, Pfungstadt bei Darmstadt 1992.

Jens Gieseke: Die DDR-Staatssicherheit. Schild und Schwert der Partei, Bonn 2000.

Manfred Hammer [u.a.] (Hg.): Das Mauerbuch. Texte und Bilder aus Deutschland von 1945 bis heute, 3. Aufl., Berlin 1986.

Helge Heidemeyer: Flucht und Zuwanderung aus der SBZ/DDR 1945/49–1961. Die Flüchtlingspolitik der Bundesrepublik Deutschland bis zum Bau der Berliner Mauer. Beiträge zur Geschichte des Parlamentarismus und der politischen Parteien, Bd. 100, Düsseldorf 1994.

Klaus-Dietmar Henke [u.a.] (Hg.): Anatomie der Staatssicherheit. Geschichte, Struktur und Methoden. MfS-Handbuch, 2. Aufl., Berlin 1996.

Rüdiger Henkel: Was treibt den Spion? Spektakuläre Fälle von der „Schönen Sphinx“ bis zum „Bonner Dreigestirn“, Berlin 2001.

Hans-Hermann Hertle: Chronik des Mauerfalls. Die dramatischen Ereignisse um den 9. November 1989, Berlin 1996.

Dierk Hoffmann / Michael Schwartz / Hermann Wentker (Hg.): Vor dem Mauerbau. Politik und Gesellschaft in der DDR der fünfziger Jahre, München 2003.

Frank Hoffmann: Junge Zuwanderer in Westdeutschland. Struktur, Aufnahme und Integration junger Flüchtlinge aus der SBZ und der DDR in Westdeutschland (1945–1961), Frankfurt a. M. [u.a.] 1999.

Erika von Hornstein: Flüchtlingsgeschichten. 43 Berichte aus den frühen Jahren der DDR. Mit Fotografien von René Burri, Nördlingen 1985 [zuerst als: Die deutsche Not. Flüchtlinge berichten, Köln / Berlin 1960].

Andrea Jäger: Schriftsteller aus der DDR. Ausbürgerung und Übersiedlung von 1961 bis 1989, Frankfurt a. M. 1995.

Horst-Günther Kessler / Jürgen Miermeister: Vom „Großen Knast“ ins „Paradies“? DDR-Bürger in der Bundesrepublik Deutschland. Lebensgeschichten, Reinbek bei Hamburg 1983.

Wolfgang Kieling: Stationen, Wien 1986.

Johannes Kurt Klein: Ursachen und Motive der Abwanderung aus der Sowjetzone Deutschlands, in: Aus Politik und Zeitgeschichte B 24/55 (1955), S. 361–383.

Klopfzeichen. Kunst und Kultur der 80er Jahre in Deutschland. Begleitbuch zur Doppelausstellung Mauersprünge und Wahnzimmer, hg. im Auftrag der Bundeszentrale für politische Bildung, Leipzig 2002.

Günter Köhler: Notaufnahme. Evangelische Flüchtlingsseelsorge. Vierzig Jahre im Dienst für Umsiedler, Aussiedler und Übersiedler in Berlin, Berlin 1991.

Sabine Krätzschmar / Thomas Spanier: Ankunft im gelobten Land. Das erste Mal im Westen, Berlin 2004.

Max Kunze (Hg.): Ost-Westlicher Ikarus. Ein Mythos im geteilten Deutschland, Tübingen 2004.

Patrick Major: Going West. The Open Border and the Problem of Republikflucht, in: The Workers' and Peasants' State. Communism and Society in East Germany under Ulbricht 1945–71, hg. von. dems. / Jonathan Osmond, Manchester / New York 2002, S. 190–208.

Siegfried Mampel: Der Untergrundkampf des Ministeriums für Staatssicherheit gegen den Untersuchungsausschuss Freiheitlicher Juristen in West-Berlin, 4. neubearbeitete und wesentlich erweiterte Aufl., Berlin 1999.

Sabine Meck / Hannelore Belitz-Demiriz / Peter Brenske: Soziodemographische Struktur und Einstellungen von DDR-Flüchtlingen / Übersiedlern. Eine empirische Analyse der innerdeutschen Migration im Zeitraum Oktober 1989 bis März 1990, in: Minderheiten in und Übersiedler aus der DDR, hg. von Dieter Voigt / Lothar Mertens. Schriftenreihe der Gesellschaft für Deutschlandforschung, Bd. 34, Berlin 1992, S. 9–38.

Bodo Müller: Faszination Freiheit. Die spektakulärsten Fluchtgeschichten, Berlin 2000.

Jens Müller: Übersiedler von West nach Ost in den Aufnahmeheimen der DDR am Beispiel Barbys. Sachbeiträge, Teil 15, hg. von der Landesbeauftragten für die Unterlagen des Staatssicherheitsdienstes der ehemaligen DDR in Sachsen-Anhalt, Magdeburg 2000.

Christian F. Ostermann (Hg.): Uprising in East Germany 1953. The Cold War, the German Question, and the First Major Upheavel Behind the Iron Curtain, New York 2001.

Christian Nieske: Republikflucht und Wirtschaftswunder. Mecklenburger berichten über ihre Erlebnisse, Schwerin 2001.

Hans Noll: Der Abschied. Journal meiner Ausreise aus der DDR, Hamburg 1985.

Maria Nooke: Der verratene Tunnel. Geschichte einer verhinderten Flucht im geteilten Berlin, Bremen 2002.

Tina Österreich: Ich war RF, Stuttgart 1977.

Dies.: Luftwurzeln. Ein „Umzug" von Deutschland nach Deutschland, Berlin 1987.

Butz Peters: RAF: Terrorismus in Deutschland, Stuttgart 1991.

Erhard Raschke: Meine Flucht aus der DDR in den Westen, Magdeburg 2000.

Michael Rauhut: Rock in der DDR 1964 bis 1989, hg. von der Bundeszentrale für politische Bildung, Bonn 2002.

Ludwig A. Rehlinger: Freikauf. Die Geschäfte der DDR mit politisch Verfolgten 1963–1989, Berlin / Frankfurt a. M. 1991.

Jörg Roesler: „Abgehauen". Innerdeutsche Wanderungen in den fünfziger und neunziger Jahren und deren Motive, in: Deutschland Archiv 36 (2003), S. 563–574.

Ders.: „Rübermachen". Politische Zwänge, ökonomisches Kalkül und verwandtschaftliche Bindungen als häufigste Motive der deutsch-deutschen Wanderungen zwischen 1953 und 1961, Berlin 2004, (=hefte zur ddr-geschichte 85).

Volker Ronge: Von drüben nach hüben. DDR-Bürger im Westen, Wuppertal 1985.

Corey Ross: Constructing Socialism at the Grass-Roots. The Transformation of East Germany 1945–65, Basingstoke / London 2000.

Andrea Schmelz: Migration und Politik im geteilten Deutschland während des Kalten Krieges. Die West-Ost-Migration in die DDR in den 1950er und 1960er Jahren, Opladen 2002.

Uwe Schwabe / Rainer Eckert (Hg.): Von Deutschland Ost nach Deutschland West. Oppositionelle oder Verräter?, Leipzig 2003.

Gabriele Siedel (Hg.): deutschlandbilder filmreihe. Eine Dokumentation, Berlin 1997.

Staatliche Kunstsammlungen Dresden (Hg.): Ausgebürgert. Künstler aus der DDR und aus dem Sowjetischen Sektor Berlins 1949–1989, mit einleitenden Texten von Werner Schmidt, Dresden 1990.

Dietrich Staritz: Geschichte der DDR, Frankfurt a. M. 1985.

Stiftung Haus der Geschichte der Bundesrepublik Deutschland / Zeitgeschichtliches Forum Leipzig (Hg.): Duell im Dunkeln. Spionage im geteilten Deutschland, Köln / Weimar / Wien 2002.

Dietrich Storbeck: Flucht oder Wanderung? Eine Rückschau auf Motive, Folgen und Beurteilung der Bevölkerungsabwanderung aus Mitteldeutschland seit dem Kriege, in: Soziale Welt 14 (1963), S. 153–171.

Siegfried Suckut: Das Wörterbuch der Staatssicherheit. Definitionen zur „politisch-operativen Arbeit", Berlin 1996.

Überwachen, unterdrücken, spionieren. Diesseits und jenseits der Mauer. Wanderausstellung des Berliner Landesbeauftragten für die Unterlagen des Staatssicherheitsdienstes der ehemaligen DDR, Berlin 1998.

Achim Walther / Joachim Bittner: Heringsbahn. Die innerdeutsche Grenze im Raum Hötensleben / Offleben / Schöningen 1945–1952, 3. Aufl., Schöningen 2001.

Wolfgang Welsch: Ich war Staatsfeind Nr. 1. Als Fluchthelfer auf der Todesliste der Stasi, Frankfurt a. M. 2001.

Abbildungsnachweis

Presse- und Informationsamt der Bundesregierung: Titel, 32, 34, 40, 47, 53, 78
Deutsches Historisches Museum: 8, 39, 55, 135
Landesarchiv Berlin: 10, 12, 13, 14, 18, 21, 24, 72, 86, 87, 89, 124, 130, 140, 141, 144
ENM – Andreas Tauber: 16, 19, 23, 26, 48, 52, 60, 61, 66, 67, 74, 75, 76, 82, 84, 96, 107, 114, 122, 126, 132, 134, 142, 144, 145, 147, 150, 152, 160, 170, 173, 174, 178, 188
Klaus Espermüller: 25
Bundesarchiv: 37, 99, 110, 119
Johannes Beleites: 42
dpa-fotoreport: 41
Ullstein: 44, Umschlagrückseite
Archiv für Christlich-Demokratische Politik: 54
Stiftung Preußischer Kulturbesitz: 58
privat: 56, 59, 71, 79, 85, 88, 93, 94, 104, 122
ENM: 98, 100, 113, 121
S-Bahn-Museum: 70
Barbara Hanus: 77
Bundesverwaltungsamt: 125
BStU: 153, 155, 158, 162, 166, 167
Filmmuseum Berlin: 173
Edda Pohl: 176
Roger Melis: 185

Ausstellung „Flucht im geteilten Deutschland“

Ausstellungsteam:
Dr. Helge Heidemeyer, Bettina Effner
Katja Augustin, Henrik Bispinck, Christine Brecht, PD Dr. Burghard Ciesla, Dr. Elke Kimmel, Dr. Doris Müller-Toovey, Cornelia Röhlke

Umbau und Gestaltung:
tecton GmbH, Reinhard Meerwein, Susanne Wermund
Karin Bieber, Philine Rath, Johanna Zobel

Beratung:
Georg von Wilcken, Museumspädagogischer Dienst
Prof. Jan Fiebelkorn-Drasen, Dr. Andreas von Seggern

Wissenschaftlicher Beirat:
Dr. Hans-Hermann Hertle, Prof. Dr. Christoph Kleßmann, Prof. Dr. Günter Köhler, Prof. Ingrid Stahmer, Dr. Dieter Vorsteher

Projektgruppe mit Zeitzeugen und Vereinsmitgliedern:
Hans-Dieter Dubrow, Edith Anna Haase, Sonja Jaeschke, Hartmut Richter, Wilfried Seiring, Bärbel Simon, Rudi Thurow

Träger:
Erinnerungsstätte Notaufnahmelager Marienfelde e.V.
Vorsitzender: Harald Fiss

Die Ausstellung wurde gefördert durch die Beauftragte der Bundesregierung für Kultur und Medien – Gedenkstättenfonds des Bundes –, die Stiftung Deutsche Klassenlotterie Berlin und die Stiftung zur Aufarbeitung der SED-Diktatur.

Die Autorinnen und Autoren

Katja Augustin, geb. 1967, Germanistin, war als freie wissenschaftliche Mitarbeiterin in zahlreichen Ausstellungsprojekten unter anderem am Deutschen Historischen Museum und bei der Stiftung Haus der Geschichte der Bundesrepublik Deutschland tätig. Ihr Schwerpunkt ist die deutsche Geschichte des 20. Jahrhunderts.

Henrik Bispinck, geb. 1973, Historiker, ist wissenschaftlicher Mitarbeiter am Institut für Zeitgeschichte, Abteilung Berlin, und forscht zur DDR-Geschichte und zur Regionalgeschichte Mecklenburgs im 20. Jahrhundert.

Christine Brecht, geb. 1966, Historikerin, war freie wissenschaftliche Mitarbeiterin in verschiedenen Forschungs-, Museums- und Ausstellungsprojekten. Ihre Arbeitsschwerpunkte sind die Kulturgeschichte des Wissens in der Moderne und die Zeitgeschichte Berlins.

PD Dr. Burghard Ciesla, geb. 1958, Historiker, ist als freier Mitarbeiter in Medien-, Wissenschafts- und Ausstellungsprojekten tätig. Er legte Forschungsarbeiten zur Wissenschafts- und Technikgeschichte des 20. Jahrhunderts sowie zur deutschen Wirtschafts- und Sozialgeschichte nach 1945 vor.

Bettina Effner, geb. 1971, Historikerin, war als Museumspädagogin am Zeitgeschichtlichen Forum Leipzig tätig. Als wissenschaftliche Mitarbeiterin der Erinnerungsstätte Notaufnahmelager Marienfelde seit 2003 kuratierte sie mit Helge Heidemeyer die neue Dauerausstellung und ist für die Bereiche Publikationen und Bildungsarbeit zuständig.

Dr. Helge Heidemeyer, geb. 1963, Historiker, wurde 1992 mit einer Arbeit zur DDR-Flucht promoviert. Er ist wissenschaftlicher Mitarbeiter der Kommission für Geschichte des Parlamentarismus und der politischen Parteien in Berlin. Seit 2003 ist er wissenschaftlicher Leiter der Ausstellung der Erinnerungsstätte Notaufnahmelager Marienfelde und kuratierte mit Bettina Effner die neue Dauerausstellung.

Dr. Elke Kimmel, geb. 1966, ist freie Historikerin und Autorin. Ihre Forschungsschwerpunkte sind die Geschichte des Antisemitismus sowie zeitgeschichtliche Themen.

Dr. Doris Müller-Toovey, geb. 1963, Kunsthistorikerin, war als wissenschaftliche Mitarbeiterin in verschiedenen Sammlungen und kulturwissenschaftlichen Ausstellungsprojekten, unter anderem am Deutschen Historischen Museum und an der Akademie der Künste zu Berlin, tätig. Seit 2003 ist sie Mitinhaberin einer Ausstellungsagentur.

Professor Dr. Gerhard A. Ritter, geb. 1929, lehrte zwischen 1962 und 1994 an der Freien Universität Berlin sowie an den Universitäten Münster und München und hatte Gastprofessuren unter anderem in Oxford, Berkeley und Tel Aviv inne. Von 1976 bis 1980 saß er dem Verband der Historiker in Deutschland vor. 1991/92 war er als Planungsbeauftragter für den Neuaufbau der Geschichtswissenschaft an der Humboldt-Universität zu Berlin tätig. Im Jahr 1998 erschien sein Band „Über Deutschland. Die Bundesrepublik in der deutschen Geschichte". Gerhard A. Ritter lebt in Berlin.

Cornelia Röhlke, geb. 1963, freiberufliche Historikerin, erarbeitete unter anderem für das Grenzlandmuseum Eichsfeld Ausstellungen und Publikationen zur Geschichte der innerdeutschen Grenze, zur deutsch-deutschen Fluchtbewegung sowie zur Kultur- und Handwerksgeschichte.

Erinnerungsstätte Notaufnahmelager Marienfelde
Marienfelder Allee 66-80
12277 Berlin
Geöffnet Dienstag bis Sonntag von 10 bis 18 Uhr